U0579090

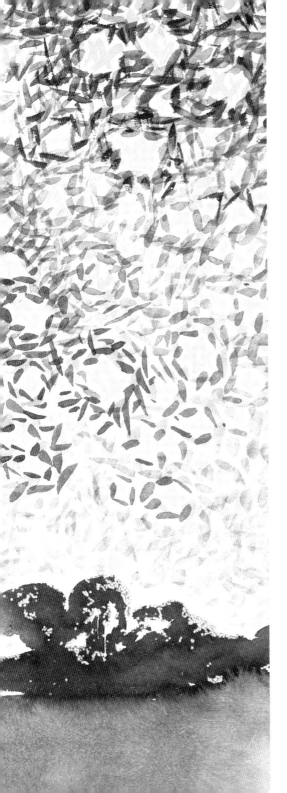

白松与铁轨

WHITE PINE AND RAIL ROAD

梭罗生态 ╳ 思想研究

ON THOREAU'S
ECOLOGICAL
THOUGHTS

唐梅花 著

社会科学文献出版社
SOCIAL SCIENCES ACADEMIC PRESS (CHINA)

本书由闽南师范大学中国语言文学
一级学科博士点建设经费
（1011—Z122010）
资助出版

▲ 瓦尔登湖畔的梭罗塑像和小木屋

▲ 瓦尔登湖畔的树林里写有梭罗名言的木牌

▲ 暴雨即将降临时的瓦尔登湖

▲ 位于 Sleepy Hollow Cemetery 的梭罗墓地

作者在哈佛大学 Widener 图书馆

WALDEN;

OR,

LIFE IN THE WOODS.

By HENRY D. THOREAU,

AUTHOR OF "A WEEK ON THE CONCORD AND MERRIMACK RIVERS."

I do not propose to write an ode to dejection, but to brag as lustily as chanticleer in the morning, standing on his roost, if only to wake my neighbors up. — Page 92.

BOSTON:
TICKNOR AND FIELDS.
M DCCC LIV.

▲《瓦尔登湖》初版

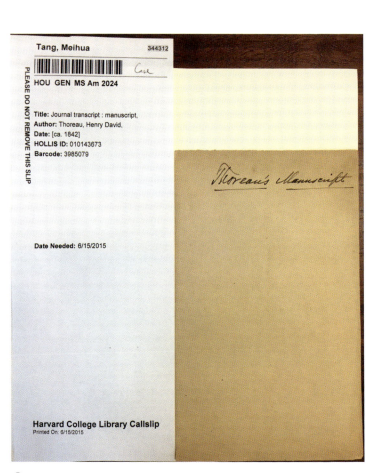

作者向哈佛大学图书馆借阅梭罗手稿

Life in the Woods
Through the Seasons

from THOREAU'S WALDEN

Selected and drawn by Veronica Ruzicka

▲ Ruzicka 绘制的《瓦尔登湖》插图

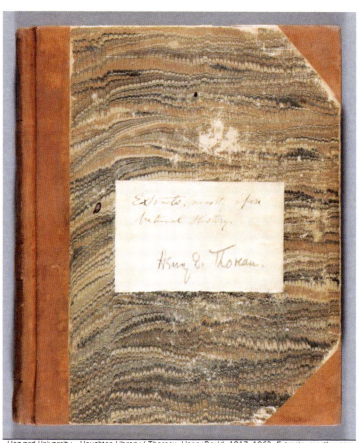

▲ *Natural History* 手稿

▲ 《野苹果》手稿

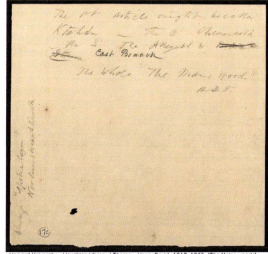

▲ 《缅因森林》手稿

梭罗那里的自然与文明

何怀宏

梭罗是我很喜欢的一位作家，喜欢到对他的任何原著被新译过来以及对他的任何研究取得进展我都感到高兴。现在对这本唐梅花以其博士论文为基础的新著出版自然也是如此，而且我认为它对中国的梭罗及生态思想的研究是一个重要的贡献。研究梭罗的人大多是对他有一些热爱的，这本书的作者也是如此。作者在哈佛访学期间，依据大量有关梭罗的第一手文献资料，借助现代的生态批评理论，梳理了梭罗的生态思想，尤其集中地分析了其中多维性和含混性的特点。

该书以《白松与铁轨》命名。白松是梭罗建造他在瓦尔登湖边上的木屋的基本材料，而铁轨当年也已开始临近湖边。今天白松在美国已经变得稀少了，铁路则大行其道，如果说它已经不像 19 世纪那样大发展，那是因为空中的轰鸣替代了地上的轰鸣。梭罗不完全反对铁轨所代表的文明，这是梭罗的矛盾性或者如书中所说的"含混性"（ambiguity），其中就产生了一种思想的张力。

我与梭罗的因缘始于 20 世纪 80 年代初我读到梭罗《瓦

尔登湖》的第一个译本——徐迟先生的译本。那时这本书还是寂寞的，所以在《读书》上发文介绍他："想为一本寂寞的书打破一点寂寞"。后来因为有的学者针对梭罗早已为人所知的事实对他的为人提出质疑，我又写了一篇文章为他辩护。前几年我写《文明的两端》一书，专门有一节谈到梭罗对现代工业文明的反省与抵制。但我并没有对他的思想做系统和连贯的研究，这里只是想谈谈梭罗那里的自然与文明。

梭罗践行一种简单的生活，但他的思想并不简单，而是相当复杂的。"简单"只是指物质生活简单，他的精神世界却是无比丰富的。他喜欢"给生活做减法"，但"给思想做加法"。他一生只活了44岁，生前只出版了两本书，但他留下了数百万字的日记和手稿。其实我一直有一个自私的想法，就是梭罗这样一个特别的人和他特别的文字和思想，也许留出时间只读他就够了。我愿意努力地欣赏他，阅读他，虽不能践行那种生活，但思考他的思考。我对他的兴趣是一个终生的兴趣。

梭罗热爱大自然，但是以他的一种独特方式热爱的。热爱大自然的人很多，以他那种方式热爱的人却很少。我这里想以他对"野苹果"的详尽观察和记录为例。《梭罗传》的作者沃尔斯说，《野苹果》讲述的是梭罗人生的精髓，甚至可以说是他晚年写的自传。梭罗为此还研究了野苹果的一些历史和民俗，当然，最主要的还是他的直接感受。他首先谈到野苹果的香味，在他看来，人们往往忽视这种香味。那是在大自然中、在活生生的树上发出的香味，这种香味必须你自己在野外靠近它去闻、把它放到一个整体中去欣赏才能感受得到。他说："自然界中的一切产物都会散发出某种令人难以捉摸的气味，而这种容易挥发的气味便是万物最高价值所在，不会庸俗不堪，也无法交易买卖。"然后你自己把它摘下来，注意它的表皮，不要觉得它有瑕疵，如果"把苹果上那层果霜擦掉了，就相当于擦掉了苹果那种转瞬即逝的美好"。它吃起来可能有些酸涩，不如嫁接培育出来的"家苹果"，但就像一个农夫所言："它吃起来很带劲。"当然，那需要强韧的牙口、消化力和品味。而且最好在野外随摘随吃，呼吸着十月或十一月清新飒爽的空气，秋霜冻僵了你的手指，冷风吹动光秃秃的树枝，引得残存的几片树叶沙沙作响，鸦鸟尖叫着盘桓不肯离去，这时，哪怕酸涩不已的果子也会变得香甜可口。

　　在梭罗看来，即便因为这野苹果树长在密密的荆棘丛中或悬崖上你摘不到它，你也应该对它满怀敬意，它就那样随风播撒，生根发芽，渐渐壮大，结出了满树的果实。野苹果树的生长环境常常最为恶劣，结出的果实最为酸涩，但它们却是一种"高贵的水果"。"每一棵野苹果树都像一个野孩子，总会让我们心中充满希望。也许，它是乔装打扮过的王子呢。这真是给人类好好上了一课！人类何尝不是这样？总说人类是天之骄子，能够结出仙果，可最后还是难逃命运的掌控。只有那些最有毅力、最坚强的树才能够保护自己，战胜困难，茁壮成长，最终，让嫩枝向着太阳生长，把最甜美的果实撒向大地。"但他也感叹："野苹果的时代即将落幕。可能以后新英格兰也再不会有野苹果了。"

一般看来，野苹果的确是没有经过了许多试验、嫁接而培育出来的苹果那么好吃的，但梭罗要我们调动起自己的全部感觉、全部身心来感受它，比如说嗅觉所闻到的原初芬芳，视觉所看到的它还在树上的活泼摇曳，以及将它作为人为培育的苹果的源头的感知，甚至还有一个在荒野中长途跋涉、饥肠辘辘的人看到它的感觉。而"野苹果"的形象也的确有些像梭罗的思想自况，它不那么讨文明人喜欢，它需要有一些原始力的强悍读者。

我们说过，梭罗并不完全拒绝文明——虽然他接受的主要是文明最好的那一部分，那就是东西方精神文明的产品——尤其是那些留传下来的古代经典。读书对他几乎同样重要。他也不完全拒绝物质文明，更不奢望和倡导大多数人舍弃物质文明，但他提醒人们要注意人类文明以及生命的本根，那最初可能是野性的、原始的本根。他希望人类注意那本根——哪怕是暂时的一瞥。他个人则努力深入这本根。他甚至为此"不务正业"，不考虑固定的社会职业和一般所说的"财富自由"，因为对他来说，他已经足够自由。自然就已经意味着基本生存的自由。当然，他对自然的需求也不太多。他不囤积，不出售自然物，因为基本生存对他也就够了。在他看来，做到这一点是轻而易举的，一天忙一个小时也许就够了，或者说一年忙六周也差不多了。对社会的不公，他也只是偶尔发出有力的一击。在某种意义上，他甚至是物质"躺平"的一个祖师爷。当然，他并非没有"积极生活"，吸引他的事情多着呢。他的野外生存能力也极其强大，如果哪一天文明世界出现大灾难甚至崩溃，像他那样的人倒是最有可能成为寥寥的"幸存者"。

梭罗的有些观点是不无激烈的，生活也是极其简单的。就绝大多数人不会仿效，甚至不会动心他的生活而言，他的生活和思想是一种"激进"或者说"激退"，但他的态度是温和的，虽然带一点讽刺，好像是说，我知道你们大多数人不会改变自己的生活，但我还是不妨说说啊。他不太需要文明社会，但今天这样一个人类的控物能力已经发展得比梭罗的时代远为强大，而精神自控能力相形之下却变得更加薄弱的文明世界，看来却越来越需要听到他的声音。

梭罗自然还是不可能脱离文明社会，甚至要依靠文明社会，比如依靠它的铁制工具——斧头、铁铲和刀，等等。他也有文明世界的朋友，而且是一些最佳的文明之友——康科德的"思想文学群"。他最后是被文明世界的一种疾病，像桑塔格所说的一种"高雅疾病"——肺结核夺去了生命。他哥哥死于破伤风，也是和金属工具与自然流出的血的接触有关。他不交税，但只被关了一天，就由文明世界的朋友代他补交而放出来了——他甚至不知道那个朋友是谁。但梭罗尽量和文明世界保持距离、减少联系。

更早，卢梭也是热爱大自然的。但卢梭还念念不忘文明社会和政治秩序。梭罗对文明社会却不太理会。卢梭要自食其力还得抄文明世界的乐谱，梭罗靠自己的双手双脚就可以在野外挣得生计。卢梭似乎比梭罗缺少一种野性，他还是主要在文明世界之中，甚至是在文明世界的核心部分生活，他只是有时试图在自然界挖一个自己的洞。梭罗则把大自然当作自己的家，当作自己的灵感之源，自己的衣食父母。而且，梭罗不仅对自然比卢梭认识得更清楚，对人性也可能比卢梭认识得更清楚。

我们还可以看看几个文明人与原始自然接触的例子。《鲁滨孙漂流记》的主人公是一个普通的文明人，他有商业的计算和考虑，他不是主动进入大自然去做一个"野人"，而是完全被风暴抛进了一个原始世界。我们今天会不会也面临自然的以及人为的"风暴"呢？还有康拉德《黑暗的心》里那个进入了非洲腹地的欧洲人，他已经融入了原始人的世界，而且被他们奉若神明。他在那个世界中，即便在虚弱不堪的时候也无比强大，但当文明世界想把他活生生地拽回去的时候，他被撕裂了。还有其他的许多例子也都告诉我们，今天的文明人究竟何去何从真的很不容易选择，但至少我们应该警醒和思考。

后来的生态主义作家、思想家几乎都从梭罗那里得到过灵感和启发，他的思想几乎囊括了所有生态思想的主题。但我以为更重要的还是研究梭罗这个独特的人和他的独特的思想，他这个人不是能够用一个标签，比如说"隐士"或者"大自然之友"标出的，他的思想也无法用一种思想，比如说"生态思想"或"环境哲学"框住。进入他就像进入一个广阔的原始森林地带，里面除了大河，还有无数隐秘的溪流乃至地下的大河。

我们肯定不是很明白梭罗，永远不会很明白。他看来也还是保持深厚的人伦之情。他在自己感情深厚的兄长死后几乎也"死"了一次，并停了六周不写日记。他后来到瓦尔登湖隐居其实还有一件具体的事是想写他和兄长在河上旅行的故事。但是，当这本书写出来之后，我们却没有看到他写对自己兄长的怀恋和哀悼之情，也许他觉得他的感情创伤之深无法付诸笔端。他的父亲去世，他也只是在日记中记下一笔。梭罗不仅有些话说得晦涩，他还将有些东西隐藏起来。

梭罗对自然的热爱是以大自然为本的。人类也是在大自然中演化出来的，但还可以继续追溯大自然的本原。在梭罗的作品中，我们不仅发现了对大自然无比热爱的信念，还有对冥冥中的"超越存在"的信仰。也许唯其如此，他才会如此热爱大自然，也才会如此安心于极其简单的生活。即便我们说梭罗的思想中表现出一种"非人类中心主义"的态度，但是，我们又还是会回到人。因为，在地球上的生物中，毕竟只有人在有意识地生活，是人在思考和追求。梭罗展示了一种独特的生活方式。他说："我们可以像植物和动物那样活着，却要斥绝禽兽气息。这种生活蕴含着永恒的快意和普泛的乐趣，它操于上帝那静默的掌心……我似乎觉得可以随时将生命和使命付与上帝，从而贞洁真纯，如草木和石块那般一无牵挂，无忧无虑。"《白松与铁轨》的作者在"后记"中也写道："世界上只有一种成功，那就是以自己的方式度过一生。"我们最后就以梭罗思考他自己的一生使命的话做结（黑体字为笔者标出）：

　　一切生灵都各有遭际与欢欣，为此，我愿跟它们一道默默受苦。歌雀来了，狐色麻雀稍事驻留，难道今年它们不曾为我捎来什么讯息？难道我还能梦想，世间还有什么比狐色麻雀飞临更为真切，更有意义？它在林间疾飞，时而这里，时而那里，我是否听到了这精致信使的话语？如果我尚未领会而任它飞往鲁伯特的庄田，难道我会原谅自己？上帝创造了这个世界，郑重其事，满怀温情。这迁徙的麻雀身携信息，无不跟我的生命息息相关。它们属于春天，我不会摘去这些果实。飞禽走兽就是神话，我热爱这些作品。那只麻雀在叽叽喳喳，瞬然掠过，那阵阵歌声跟宇宙的崇高匠心相应相辅。世人无法与它交流，也不懂它的倾谈诉说，因为他跟自然存在冲突而扞格不谐。我满心自责，居然一度认为自己优于鸟儿，而对它们的迁徙无动于衷……若不明归宿何在，又怎能一步步地踏上漫漫行程？若不解导向终点的依凭，又怎能指望顺利地跋涉行进？……我能感到，我的造主在为我祈福。心智健全，世界便是一件乐器，轻轻一碰就会发出美妙的乐音……不管是拒绝外物，还是竖起避雷针，其中都有某种信仰意味或正义色彩，不过我觉得，虽然前者相当罕见却效果最佳……趁着年轻，当记念造你的主，亦即将大自然的感化储之记忆。趁着黑暗的日子尚未迫近，**能够吟唱，那就放歌**。只要生有耳朵，那

就聆听。既然感官清新警敏，不妨观看，聆听，闻嗅，品尝……我将永远警醒，以在大自然中察见上帝，发现祂的藏身之所，并聆听天地间的神曲和剧作，这是我的职分和使命。[1]

2023 年 9 月 3 日于碣石

1　〔美〕亨利·戴维·梭罗:《四季之歌：梭罗日记选》，仲泽译，译林出版社，2020。

走近《瓦尔登湖》

生活如此可爱，我不想过没有生命的生活；除非万不得已，我也不想听天由命。

——梭罗《瓦尔登湖》

今天看到《收获》转发了王尧的旧文《别了，瓦尔登湖》，突然很受触动，因为之前我并不知道那个告诉我们应该把心先安静下来、再来读《瓦尔登湖》的徐迟患有抑郁症，并在1996年跳楼自杀了。国内关于《瓦尔登湖》的译本不下百种，但徐迟的译本依然是最经典的。王尧的旧文不免让我难过，就像很多人以为读《瓦尔登湖》可以让自己安静下来，但事实恰恰相反；就像我以为懂梭罗的徐迟应该参透生死，却不想他无法安顿好自己的身心。

我最初接触梭罗便是通过徐迟译的《瓦尔登湖》，因此对那片坐落在美国独立战争起点莱克星顿山林中的湖泊充满了憧憬和幻想。当我终于站在湖边时，心中却有着难以排遣的伤感。我曾无比羡慕梭罗独自一人轻松自在的生活，但当我循着他当年的巡林线路穿行在瓦尔登湖畔的树林中时，却发现自己始终没有走近瓦尔登湖，因为我对自然的亲近如此刻意。

申请去哈佛大学访学时，我提交的研究计划是关于梭罗。我列举出很多理由：梭罗出生、成长在康科德；梭罗毕业于哈佛大学；梭罗是生态文学的先驱；等等。但是，在所有冠冕堂皇的理由之外，还有一个我始终未曾说出口的理由——梭罗的瓦尔登湖承载了许多人的梦想，包括我。

我们都曾希望有那么一处只属于自己的处所，可以安安静静地和自己独处，一个人看太阳西斜、听树叶悄然落地，简简单单地生活；我们也曾希望自己可以和梭罗一样，毅然决然地远离名利，不为工作焦虑，不为人情纠结，一个人种豆，一个人除草，每年只工作六个星期，把剩下的时间都留给自己，轻轻松松地活着。但这些对于我们来说都是遥不可及的梦想。我们依然在繁忙琐碎的工作生活中负重前行，我们依然在物欲的裹挟中忘了心之所往，我们依然在钢筋水泥筑成的城市空间里向往自然。

我与瓦尔登湖

初遇瓦尔登湖是在梭罗说的最美的季节。2014 年 10 月，我刚到美国两周，还未来得及熟悉波士顿的交通和周边情况就匆匆前往，不曾想那日火车停运，等我几经周折到达瓦尔登湖时已近晌午。

"赶上九、十月里这么一天，瓦尔登湖俨如十全十美的森林明镜，四周镶上圆石子，依我看，这些圆石子十分珍贵，可谓稀世之宝。说不定地球上再也没有一个湖，会像瓦尔登湖这样纯美，同时又这样浩渺。"被梭罗视为"上帝的眼泪"的瓦尔登湖并不像梭罗所言的那般浩渺，但静谧深邃，令人心旷神怡。初秋的瓦尔登湖游人不多，它就那么静静地躺在山林怀抱中，周围层林渐染，美得灿然。

还未来得及细细品味，突如其来的瓢泼大雨扰乱了我的节奏，慌乱中我只匆匆看了一眼梭罗在瓦尔登湖的小木屋遗址，却没有找到他的豆田。那片豆田让梭罗虽远离社会却可以自给自足，每年只需要劳作六个星期就可以满足一年生活所需。对于雨，对于豆田，梭罗如此写道："轻柔的细雨洒落在我的豆子上，一整天我都只能待在屋里，但这并没有让我觉得阴沉忧郁。对我而言，这雨也是好的。"在梭罗看来，雨虽然打乱了他的劳作计划，但自然界的一切发生、发展都并非毫无意义，所以他平静、淡然地对待自然的馈赠，无悲无喜，无忧无惧。但着意追寻的我却对此耿耿于怀，一直琢磨着要再去一趟，只是再去时我依然没有找到那片豆田。

再访瓦尔登湖是在 2015 年的盛夏。去之前就计划好要在湖边静静地躺上两个小时，看云彩在天空中游走，看阳光在林缝中穿行。我沿着爱默生和梭罗散步的路线走近瓦尔登湖，再绕着湖悠悠地走上一圈，在湖边躺下，把手枕在脑后，看着太阳慢慢西斜，任静谧的湖水涤尽尘嚣。

忽然间，火车呼啸而过。相隔不到三分钟，先后有两列相向而行的火车驶过瓦尔登湖畔的树林。火车穿过时，整个瓦尔登湖都在震颤。亲身体验到这一点，我才真正明白梭罗的伤痛和矛盾。"不管寒冬酷暑，火车的汽笛声穿过我的树林，好像一只盘旋在农夫院子上空的苍鹰在尖声叫唤，告诉我有许多浮躁不安的城市商人正来到这个村镇的周围，或者说，富有冒险精神的乡村商人正在从相反方向来到这里。"火车，这个战胜距离、助人实现梦想的现代化工具，在梭罗的笔下却泥泞了他的瓦尔登湖，正如在福克纳的笔下摧毁了他的密西西比河荒野。对此，梭罗的内心是矛盾的，因为他不得不承认，铁路的出现颠覆了原有关于距离的概念，火车的通行确实给人们的生活带来了许多便利，使人们能够抵达远方。"一列火车打我身边轰隆轰隆地驶过，我不由得顿觉心旷神怡，我闻得到从长码头到香普兰湖一路上货物散发出来的气味，使我想起了异国他乡，想起了珊瑚岛、印度洋、热带地区，乃至于广袤无边的世界。"那一刻，我理解了梭罗的矛盾。虽然气恼火车打破内心的宁静，但又清楚地认识到这样一个不可否认的事实——正是坐着那列火车，我才来到了瓦尔登湖。

梭罗在瓦尔登湖

梭罗在瓦尔登湖畔独居了两年两个月零两天，这段经历成就了梭罗，也成就了《瓦尔登湖》。梭罗在 1840 年之后的日记和书信中，经常表达他想独自一人待一段时间的愿望。有一次他差点买下霍尔维尔农庄，还有一次他考虑要买下靠近林肯镇的弗林特湖边的小木屋。但由于种种原因，这两次计划都未能实现。梭罗最后来到瓦尔登湖畔，是机缘巧合，也是爱默生的成全。1844 年 10 月，爱默生为了保持森林和湖泊的美丽，买下了瓦尔登湖北面 14 英亩的树林，埃勒里·钱宁戏称这片树林为"荆棘地"。1845 年 3 月底，梭罗开始清除瓦尔登湖北岸的荆棘，"我借了一把斧子，来到瓦尔登湖畔的树林里"，砍下一些白松做木材，建了一座小木屋，并在 1845 年 7 月 4 日美国国庆日当天住进了他亲手建造的小木屋里。

这一时间选择意味深长。在梭罗看来，美国自建国以来并没有多少值得庆祝的事，自然在人类眼里只是可供利用的资源。美国人没有学会珍惜爱护这片新大陆，也没有学会与新大陆的其他自然子民和谐共生，反而与他们在欧洲和其他地方的祖先一样蹂躏剥夺毁灭这个地球。对物质财富的追求和占有成为社会潮流，人们沉迷于爱默生所说的各种俗事中，忘记了对人性的丰富和人格的完善，也根本没有考虑到随之而来的对生态的破坏。梭罗感慨道："在我看来，大多数人并不关心自然，甚至愿意出售他们在自然中的股份……谢天谢地，人还不会飞，所以还能在地球和天空中留下某些荒芜的地方！"梭罗以一种反抗的姿态，用自己的行为告诉人们，只有清楚知道自己需要什么，不为盲目的欲望和需求所驱使，才能真正触摸到生活的本质。梭罗的行为可以说是对美国现行文明的宣战，也是引领人类走向生态文明新领域的探索之战。

让我们一起读读梭罗用简单的文字细腻而生动地描写了他令人向往的诗情画意的生活吧！"每个早晨都是一次令人

愉快的邀请，它让我的生活变得和自然本身一样简单，或者说一样纯洁……一大清早，我就光着脚在豆田劳动，像造型艺术家侍弄沾着露珠的细沙一样……有一次，我在村中的花园里锄草时，有一只麻雀落在我肩上歇了会儿脚……"只有内心丰盈的人才可能放下追逐物质的欲望，只有融入自然的人才能与万物和谐相处。在瓦尔登湖畔，梭罗过着随心所欲、简单惬意的生活。"一年大概只需要工作六个星期，就可以支付生活的所有开销。整个冬天和夏天的大部分时间，我都可以自由而畅快地读书。"大自然的法则是简单的，依从自然法则、遵从内心需求的生活自然也是简单的。

梭罗的"简单生活观"成了当今社会极简生活理念的先驱，也契合了我国现在所提倡的生态文明观。只有将物欲降到最低才能最大限度地保护自然，才有更多的时间和精力观察自然、欣赏自然；只有当人与自然融为一体时，才能抵御人类创造的物质社会或消费社会的诱惑，过上简单的生活。

被误解的梭罗

当然，梭罗在瓦尔登湖的生活也存在着很多令人不解，甚至自相矛盾的地方。比如你以为梭罗是一个隐士，但事实上，独居在瓦尔登湖畔的那段时间反而是梭罗一生中社交最频繁的时候；再比如你以为梭罗迁居瓦尔登湖是一种对文明社会决绝的离弃，但事实上，两年过后他又堂而皇之地回到了文明社会中。20世纪90年代，中国学术界在《读书》上曾有过一场关于梭罗真假隐士的大讨论，但这其实是梭罗作品在传入中国之后的文化镜像变异。熟知《瓦尔登湖》的读者都知道，梭罗从未标榜自己是一名隐士，他来到瓦尔登湖也并非为了隐居，只是为了体验另一种形式的生活。

"我想要从容地生活，每天只面对生活的基本事实，看看我能否学到生活想要教我的东西，省得到临死前才发现自己根本就没有生活过。"到瓦尔登湖生活之前，梭罗未曾预设会有怎样的收获，他只是想从容、自在地感受生活，等待生活的赐予。"如果它被证明是卑微的，那为什么不把它所有的平庸真正认识到，并将之公之于世？如果它是崇高的，那么就亲身体验它，也可在下次远游时做一个真实的记录。"于是，他遵从本心、自然而然地来到瓦尔登湖，两年两个月零两天之后，他也理所当然地结束了这种生活，离开了瓦尔登湖。他说："我离开树林的理由和我来时一样充分。可能在我看来，还有好几种生活要去体验，不能再把时间花在这种独居生活上了。我们很容易在不知不觉间陷入某种生活，然后沿着一成不变的轨迹过着。"所以，梭罗到瓦尔登湖居住不是想出世，而是希望制造适当的距离来对生活中重要的东西进行新的思考，在更接近自然的地方尝试更自然的生活。

与同时代的作家向外寻求支点不同，梭罗将他全部的爱和热情都给予了康科德的田野、山脉、树林和河流，康科德是他唯一的家园。相较于曾经在海上当了四年水手的麦尔维尔，跑到伊利诺伊州的草原居住的埃勒里·钱宁和率领两艘帆船从格陵兰岛出发驶向太平洋的富兰克林，梭罗的一生始终以康科德为基点，他的大部分作品也以康科德为题材。对他而言，最好的处所就是脚下那个地方。他喜欢每件事都以康科德镇的子午线作为参照物，喜欢放大每一个自然的瞬间，在眼前的每一个物体或组合中读出自然规律。在梭罗眼里，瓦尔登湖是一个小的海洋，而大西洋就是一个巨大的瓦尔登湖。

梭罗对自然的热爱和观察，所做的与自然和谐共处的努力，在瓦尔登湖畔的生态生活，甚至包括他对自然的看似矛盾含混的态度，不仅影响了后代作家的创作，而且影响了他们的人生选择。从约翰·缪尔、奥尔多·利奥波德到安妮·迪拉德，从约翰·巴勒斯、爱德华·卡彭特到温德尔·贝里，从郁达夫、海子到苇岸，等等，都曾深受梭罗的影响。

不止《瓦尔登湖》

在喧嚣的尘世中，梭罗成了很多现代人膜拜的偶像，因为他身体力行人们可望而不可即的梦想。他用自己与19世纪追求进步的大多数美国人格格不入的一生告诉世人：诗意地栖居是多么重要！

梭罗一生都在努力追求清醒的生活，他说："一亿人里头只有一个人能欢度富有诗意或神圣的生活。清醒才是真正活着。"他绝不愿意为了金钱牺牲自由，也断不愿意牺牲他在林中漫步的时间去听什么高深的讲座。对于梭罗来说，除了那些为养活自己所必须从事的工作，余下的时间都应该用来安静地思考、认真地阅读、敞开地感悟自然万物。如果他每天没有花四个小时在树林、山岭和田野中漫游，没有办法让自己的身心完全从世俗的事务中脱身开来，他将无法保持身体和精神的健康。梭罗认为，人生若要有意义，就必须与自然零距离接触，看春天第一朵绽放的花儿，感受每个晴朗的冬日早晨的第一缕阳光，欣赏林中每时每刻不断变幻的美景，这些精神享受是那些在尘世中匆忙生活的人所无法理解的。不过，纵使清晰地了解所处时代的文明缺陷，对物质文明的疯狂发展感到失望，梭罗也未想过要对抗社会发展的必然趋势，他所做的只是尽自己之力呼吁人们将对物质的要求降到最低，唤醒人们内心深处对自然的渴望和回归。

因为梭罗，瓦尔登湖成了康科德乃至整个美国不可绕过的文化圣地，正如斯特拉福德镇之于莎士比亚，爱敦荒原之于哈代，密西西比河之于马克·吐温。虽然以一书成名，但梭罗的创作却不止《瓦尔登湖》；虽然梭罗现在被视为生态文学创作的先驱，但他的影响绝不止于文学领域。从时间的纵轴来看，很多在美国环境政策制定中起过重要作用的人物都深受梭罗的影响，包括提出并促成美国建立国家公园的约翰·缪尔、促成国会将约塞米蒂山谷纳入国家公园的西奥多·罗斯福总统、提出土地伦理和生物共同体理论的利奥波德、因批判 DDT 而遭到利益集团封杀的雷切尔·卡森等。从空间的横轴来看，梭罗的影响早已溢出国界，主张非暴力不抵抗运动的印度圣雄甘地、提出心灵辩证法的俄国作家托尔斯泰、志在倡导种族平等的美国社会活动家马丁·路德·金等都曾受益于他。这些都仰赖于他丰富多元的生态思想。

梭罗试图为自然代言，不管是否对人类有用，自然都有其自身存在的价值；他将自然当作一个整体来看待，人类和其他生物一样都只是自然的一分子，尊重自然规律，才能更好维护生态整体利益；他以一己之力反抗非生态的世俗文化和生存方式，将瓦尔登湖的林子当成真正的处所；用切身行动倡导简单生活，进行一场志在唤醒人类生态意识的一个人的革命，建立了简单生活观。

让我们像梭罗一样，将物欲降低，对世界充满好奇，在庸常的生活中保持清醒，用心感受自然之美！

序　言

2020年初，席卷全球的肺炎疫情让全球更为关注和反思人类在自然中的位置，促使人们重新认识自然的价值以及对待自然的正确态度。在这样的背景下，重读160多年前美国作家亨利·大卫·梭罗（Henry David Thoreau，1817~1862）的作品，挖掘其中蕴含的多维又含混的生态思想，不仅具有非同寻常的学术意义，而且具有重要的现实指导意义。

在《诺顿美国文学选集（1820~1865）》中，梭罗被定位为"美国文学史上最引人深思的作家之一"[1]，但悖谬的是，这位美国最重要的自然文学作家在当年并未受到相应的关注，甚至在文学史上沉默了一个多世纪。正如拉尔夫·沃尔多·爱默生（Ralph Waldo Emerson）在为梭罗写的悼词中指出的，如果愿意，梭罗完全可以成为美国文化史上的名人，但他却缺乏文学上的抱负，宁可去当越橘党的领袖。[2] 相对于作家，

1　Nina Baym ed. *The Norton Anthology of American Literature: 1820-1865*, Vol.B. 6thed. New York, NY: W. W. Norton, 2003, p.1792.

2　Ralph Waldo Emerson, "Thoreau." *The Atlantic Monthly*, Vol.X, No.LVIII, August, 1862, pp.239-249.

梭罗更喜欢他身上的其他身份标签，比如漫步者、史学家、林木勘测员、采集者、园丁等，这使得他在 19 世纪美国工业化发展的大潮流中显得格格不入，但也正是由于他对自然的热爱使得他的作品在生态批评兴起之后被不断重读。梭罗在中国的接受和传播经历了一个从沉潜到活跃的漫长而曲折的过程。如今，梭罗作为对全人类生态思想和整个生态文化的发展产生了重大且深远影响的生态文学家和生态思想家的地位已稳如磐石。

梭罗在不到 45 年的人生中著述颇丰，除了生前出版的两部著作《在康科德和梅里马克河上的一周》（*A Week on the Concord and Merrimack Rivers*, 1849）（以下简称《河上一周》）和《瓦尔登湖》（*Walden*, 1854）外，还有大量的散文、政论文和日记存世。在梭罗去世后的最初几年里，他的《远足》（*Excursions*, 1863）、《缅因森林》（*The Maine Woods*, 1864）、《科德角》（*Cape Cod*, 1865）等相继出版，不过这些作品的问世没有给梭罗赢来应有的文学地位。至于 200 万字的日记，梭罗从未想过要出版，但正因为他的日记完全是写给自己的，没有刻意表现或遮蔽自己对自然的态度，也就更具研究价值。在梭罗离世后不久，他的生前好友哈里森·布莱克（Harrison Gray Otis Blake）因对他特立独行的生活着迷，从梭罗的妹妹索菲亚（Sophia）处索要了他的日记原稿，并按四季时序编选成集出版，分别为《麻州之早春》（*Early Spring in Massachusetts*, 1881）、《夏》（*Summer*, 1884）、《冬》（*Winter*, 1888）和《秋》（*Autumn*, 1892）。应该说，这套日记选集的出版为人们了解梭罗提供了很多直接的资料；美中不足的是，布莱克特别注重日记的文学价值，故编选的标准是以描写自然为主并按季节分类，较少考虑日记的整体性、思想性和发展变化性。[1]这个遗憾直到1906年才得以弥补。霍顿·米夫林出版公司因为预见"梭罗将成为继爱默生之后的伟大作家"[2]，整理出版了20卷的梭罗全集，其中包含了他的14卷日记（*Journal*）。在梭罗之前，还没有一位美国作家的日记被全部出版，这个事件也成了梭罗作品经典化过程中的里程碑。遗憾的是，在物质至上的20世纪初，在山林间悠游思考的梭罗并不符合时代的需要，关注者依然寥寥。直至20世纪末，生态问题日益凸显，人类开始注意到自己的行为对地球造成了难以逆转的伤害，才逐渐深入地认识到梭罗这个一百多年前的生态作家、生态思想家的重要性和先见性。

近三十年来，随着生态批评的迅猛发展，梭罗作品中蕴含的生态价值被更多的批评家关注，尤以哈佛大学英文系的劳伦斯·布伊尔（Lawrence Buell）教授为最。布伊尔将梭罗放到整个美国文化中进行考察，认为"没有人像梭罗一样接近并描写自然"，他是当之无愧的"美国历史上最有影响力、

1　Walter Harding, *A Thoreau Handbook*. New York, NY: New York UP, 1959, p.82.

2　Ellen B. Ballou, *The Building of the House: Houghton Mifflin's Formative Years*. Boston, MA: Houghton Mifflin company, 1970, p.489.

最优秀的自然书写者"[1]。在布伊尔的"环境批评三部曲"中，梭罗的作品始终是最重要的研究对象。尽管现在梭罗作为生态文学先驱和生态思想先行者的定位已被学界认可，但迄今为止，不管是美国学界还是中国学界都没有出现全方位考察、分析梭罗生态思想多维性的学术专著，对梭罗生态思想中存在的含混现象的研究更是乏善可陈。这也成了本书的立足点和出发点。

本书立足全球化背景，以生态批评为理论视域，将梭罗正式出版的文学作品作为主要的论述对象，同时结合他的14卷日记、未结集出版的书评等，从跨学科的视角考察梭罗生态思想中的不同维度和交织其中的含混与不确定，力图在文学史和生态批评史中还原一个真实的梭罗，致力于成为国内学界第一部深入分析梭罗生态思想多维性和含混性的专著。

本书由六个部分构成。绪论部分对国内外生态视角的梭罗研究进行全面而精要的评介，辨析得失，将此作为本书对梭罗生态思想研究的学术起点；第一章从时代、地域、家庭及文化四个方面探究梭罗生态思想形成的原因，指出这些因素共同注塑了梭罗生态思想的多维特征和含混表现；第二章将梭罗作品中的自然价值观、生态整体观、生态处所观和简单生活观四个维度作为核心，论述梭罗生态思想的多维性；第三章从梭罗在出世与入世之间的徘徊、自然与荒野之间的

---

1 Lawrence Buell, *The Environmental Imagination: Thoreau, Nature Writing, and the Formation of American Culture.* Cambridge. MA: Belknap Press of Harvard UP, 1995, p.351.

彷徨、认同与否定印第安文化中的犹豫以及为了自然与为了人类之间的挣扎四个方面的来探究梭罗生态思想的含混特征；第四章则从梭罗生态思想对生态创作、生态运动、生态学研究以及中国的回响四个方面，寻溯梭罗生态思想在文学、社会学、生态学及接受美学等领域的辐射影响；结语部分再次指出梭罗生态思想所具有的超前性和预警性，展现其对生态文学、生态批评和生态文明建设的多学科影响和价值体现。

目　录

绪　论　被低估的自然吟游诗人

　　　——梭罗生态思想的研究起点 / 001

　　美国学者生态视角的梭罗研究 / 003

　　梭罗在中国的接受与研究 / 015

　　小　结 / 028

第一章　像一株植物那样单纯

　　　——梭罗生态思想的形成原因 / 035

　　铁路时代 / 037

　　康科德 / 043

　　业余的自然主义者 / 049

　　借来的思想 / 055

　　小　结 / 087

第二章 每一片树叶都是一部史诗

　　——梭罗生态思想的多维表现 / 097

　　谁听到了鱼的哭声 / 100

　　自然知道最好的 / 122

　　我来到瓦尔登湖畔的树林里 / 140

　　简单些，再简单些，更简单些！/ 165

　　小　结 / 177

第三章 我是文明的匆匆过客

　　——梭罗生态思想的含混特征 / 189

　　文明世界的过客 / 194

　　这里才是真正的乐园 / 214

　　我有了负罪感 / 226

　　最明智的依然是关于人类 / 236

　　小　结 / 255

第四章 诗人总能撷取最美好的事物

　　——梭罗生态思想的深远影响 / 265

　　现代自然书写的先驱 / 268

每个城镇都应该有个公园 / 276

生态学出现之前的生态学家 / 279

最富中国特色 / 282

小　结 / 285

结　语 / 290

附录一　梭罗年表 / 295

附录二　生态批评的产生与发展
　　　　——梭罗生态思想研究的理论基础 / 299

参考文献 / 324

后　记 / 335

被低估的自然吟游诗人

——梭罗生态思想的研究起点

如果说蒙田是人道主义者的代表，佩皮斯是搜索逸事的高手，弥尔顿是清教徒的样板，莎士比亚和达·芬奇是通才的别名，那么，梭罗堪称自然诗人的典范。

本书考察梭罗生态思想产生的背景及其多个维度，分析梭罗生态思想的含混特征以及导致含混的思想矛盾，挖掘梭罗生态思想的深远影响。展开这样的论述，离不开前人的研究成果。对国内外学者，尤其是美国和中国学者基于生态视角对梭罗的研究进行系统梳理、发现、评价和借鉴，是本书的研究起点。

美国学者生态视角的梭罗研究

国外关于梭罗的研究主要以美国学界为主。美国学者从生态视角进行的梭罗研究大致经历了三个阶段。20世纪之前，虽有学者注意到梭罗作品中闪现的自然之光，但数量不多，研究尚不深入。进入20世纪，理论界产生了生态批评，以此为界，针对梭罗的研究论文呈爆炸式增长，研究角度也更为多元化。生态批评产生之前，具有生态意味的梭罗研究成果逐渐增多，随着研究的深入，学者们已经注意到梭罗生态思想的各个主要方面；生态批评产生之后，梭罗作品受到了前所未有的关注，出现了以梭罗为主要研究对象、将梭罗视为美国文学先驱的系统性研究专著，也出现了跨学科的研究成果。

初具生态意味（1840~1899 年）

作为梭罗的精神导师，爱默生最早看到梭罗作品中的生态意识。1840 年，爱默生在《日晷》（The Dial）上发表的《林间鸣叫》（Woodnotes）中称梭罗为"森林的先知""自然岁月的吟游诗人"[1]。该文可以说是美国学者从生态视角评论梭罗的起点。同一时期的小部分读者、评论家也看到了梭罗文字中的自然之光，他们赞叹梭罗笔下新奇详细的自然事件，称赞梭罗对自然的爱好，但评论者虽然提到梭罗文字中弥漫的自然气息，却始终未穿越修辞层面，触及梭罗生态思想的核心。

1862 年，阿莫西·布朗森·奥尔科特（Amos Bronson Alcott）发表于《大西洋月刊》（The Atlantic Monthly）的《林中人》（The Forester）指出，梭罗具有与自然交流的天赋，他能感受到别人不易察觉或无从接近的关于自然的秘密，他在自然中的漫步演绎了人与自然如何相处的哲学。梭罗"是一个如此纯粹的村中人、自然之子，他以一种永不消减的热情抚摸着康科德周围的田野、森林和小溪"，他"像自然界的其他居民一样，具有自发的平衡感和洞察力，他还拥有打开每种动物、植物、灌木丛的头脑的钥匙……他所说的话像来自森林之神之口，令人惊讶"。因此，奥尔科特大胆断言："他（梭罗）是天生的学者和作家，尽管他的名声尚未跨越他在书中描述的那些河流的堤岸，但我认为他的散文在内容和意义上都将超越同时代任何一位自然主义者。"[2]奥尔科特的评论有一点特别值得注意：梭罗对自然的描写不再像以往的和同时代的作家那样，只是从人的角度看自然并赋予自然以人格特征或用自然来表现人的精神情感；而是凭借其敏锐深刻的洞察力致力于揭示自然本身的特征，传达自然本身的信息，展现自然本身的价值。从这个意义上说，奥尔科特的《林中人》应该算是第一篇从生态角度解读梭罗的论文。不过，奥尔科特的评论并未带动学术界对梭罗的关注，在梭罗生前和死后的半个多世纪里，梭罗一直被视作爱默生的不甚成功的追随者。比如同时期的文学评论家洛威尔（James Russell Lowell）就认为梭罗盗取了爱默生的思想成果，归隐自然是一种病态的行为[3]。

梭罗逝世后，《波士顿手抄报》（Boston Transcript）、《波士顿公告报》（Boston Advertiser）和《纽约晚邮》（New York Evening Post）等报纸所刊载的悼文中有一些提到了梭罗与自然的关系。梭罗作品的"非凡之处体现在自由的思想、出奇的幽默以及与自然的共鸣"上，梭罗"对松树的了解，相当于印第安人"，等等。[4] 在梭罗看来，相较于已被工业化熏染的美国主流白人，土著印第安人与自然的关系更为密切。当然，身为白人作家，梭罗对印第安人的态度也是矛盾的，梭罗作品中的这种既认同又居高临下的态度构成了梭罗生态思想中含混的部分。1862 年 8 月，爱默生在《大西洋月刊》上发表《梭罗》（Thoreau）一文，对梭罗其人其文做出了整体评价。在爱默生看来，一切自然的东西在梭罗眼里都是美的，"他的眼睛为美景睁开、他的耳朵为音乐敞开"。爱默生指出，梭罗具有透过对自然现象的个体审美指向自然内在法则的能力，"他理解的深度直指自然规则，除他之外，我不认识另一位可以从单一事实迅速推断出普遍规律的天才了"。爱默生总结道，梭罗不仅具有沉思的天赋，而且拥有指导人类的气魄，这样的人本应成为一代文化名人，遗憾的是，他似乎更愿意留在长满野果的田里，而不是走向整个美国，而他的祖国可能还未能意识到自己失去了一个多么伟大的儿子。[5]

1880 年，奥尔科特再次解读梭罗，指出梭罗是自然的代言人，"动物们了解他，并选他作为他们的代表"[6]。奥尔科特的论断意味着 19 世纪后期开始就有梭罗研究者背离了传统的人类中心主义，慢慢靠近了梭罗的生态主义，并开启了当代生态批评中"代言自然"的先河。同年出版的《康科德指南》（The Concord Guide Book）指出了梭罗生态思想的另一个方面，即简单生活观。梭罗"是一个真挚的哲学家，他希望以他的简单生活来对抗那些以耗费大量时间为代价来满足各种需求的愚蠢行为"[7]。这或许是对简单生活观的首次评论，尽管其中的生态意味并不明显。

19 世纪末，评论家开始意识到梭罗所提倡的简单生活不仅是一种生活方式，而且具有更高层面的意义。"梭罗似乎是故意选择自然而非人类作为他的同伴，尽管他对人类的更高价值了解得很清楚。"布莱克（H. D. G. Blake）将简单生活与回归自然联系在一起，指出梭罗一生的意义在于远离社会、远离体制、过一种清新而简朴的生活。因此，梭罗到瓦尔登湖生活是为了追求"顺从最纯粹的本能"的野性和回归

"自然的质朴与真实"的雄心。[8] 菲利普·G. 休伯特（Philip G. Hubert）不仅指出梭罗是美国第一个反对利欲熏心的物质主义的作家，而且还进一步指出他提倡简单生活的目的是"试图在更高的意义上抓住这个世界的美好事物"[9]。这些评论不再局限于从有关生存方式的人生哲学角度讨论简单生活观，而是将讨论引向认识自然、回归自然和保护自然上，从而具有了生态批评的意味。

多维生态意识（1900~1992 年）

进入 20 世纪以后，对梭罗的生态评论逐渐增加，不仅关注其思想层面，而且着眼于艺术层面。保罗·莫尔（Paul More）在其 1901 年的评论中提出："梭罗创造了一种全新的自然书写形式，那是一种独特的、个性的声音，在更深刻的本质层面，他的作品是不可模仿的。后代很多作家从他那儿学到了一些方法，但那些都只是表面的东西，他们缺乏他的天赋与内在的独特性。""他与自然界的动植物进行某种交流、与沉默的土地保持某种亲密关系，但他从未想过在它们无人格的生命里呈现自己的个性，或是在它们身上探视自己内在情绪的反应。他与它们的交流，如同灵魂与身体的交流。"[10] 莫尔的评论揭示了梭罗的作品与传统自然书写的重要不同，梭罗保持着与自然万物的联系，他笔下的自然万物不再只是人类思想情感的载体，而是各自独立的存在。莫尔在梭罗的自然书写与传统的自然书写之间划出了一道明确的界限，前者是生态的，后者是人类中心的。

在跌宕起伏、复杂多变的 20 世纪，社会和文化的进程都影响了梭罗作品的接受。20 世纪 20 年代，梭罗被视为自然书写作家，到了 30 年代美国大萧条期间，梭罗因为在《瓦尔登湖》中提倡自给自足的生活而被视为经济学家，他的简单哲学突然极具吸引力。1941 年，在梭罗传记作家沃尔特·哈丁（Walter Harding）的努力下，美国学界成立了"梭罗研究会"（Thoreau Society），并出版了研究季刊《梭罗研究会报告》（*Thoreau Society Bulletin*）。可以说，从这个时候起，梭罗才进入了美国文学研究的主流领域。

在莫尔发表评论半个世纪之后，佩里·米勒（Perry Miller）将梭罗置于浪漫主义文学传统中进行研究，指出梭罗与爱默生的不同，进一步讨论传统的自然书写与梭罗的自然书写的不同，并以爱默生与梭罗的不同为例给出了具体的阐释："他（爱默生）的声音不像是从自然中发出的，更像是往上面呵气，使它为表达自己的思想服务。当他从自然中撷取事实并转化成精神后，就对它们进行诗意的描写……他的思想是一个世界，而自然的是另一个。"[11] 也就是说，在爱默生的笔下，自然是作者表达思想的一种工具，而在梭罗的笔下，自然是客观存在的主体。这是梭罗高于爱默生的地方，也是梭罗成为生态文学先驱的重要原因之一。

20 世纪中叶，生态思想家罗德里克·纳什（Roderick Nash）在他的专著《荒野和美国精神》（*Wilderness and the American Mind*, 1967）中引用了梭罗的《散步》（Walking）中的名句"荒野中保存着整个世界"（in Wildness is the

preservation of the World）[12]，指出"梭罗打开了后来大部分关于荒野的思想通道"[13]，从整体上提升了美国人对待自然的态度。纳什开启了梭罗生态思想研究的另一个重要领域：荒野描写。尽管纳什对于引导我们如何看待梭罗的荒野观进而如何看待自然保护对人类文明、对生态系统的重要性有着不可忽视的作用，但不得不指出纳什对梭罗存在误读，梭罗选用的词是"wildness"（野性），而非"wilderness"（荒野）。野性既可以来自荒野，也可以来自其他地方，梭罗强调的是在自然中保存的野性，而不是物质意义上的荒野。梭罗笔下的荒野更多来自他对自然的想象，而非真实存在的自然。纳什当时并未看到这一点，但这是梭罗生态思想中存在含混的重要表现之一。

詹姆斯·麦金托什（James McIntosh）发现并论述了梭罗对自然的态度和看法的变化："为了更好地爱这个世界，他不断改变自己对它的态度，感知它的变化；对这个独一无二、却非一成不变的自然，他在作品中表现出自己随之改变的认知。"[14]麦金托什指出，梭罗有关自然的思想变化是趋向于更好地爱自然的变化，是逐渐摒弃不利于爱自然的因素或者说非自然的因素的变化。麦金托什的这些论述对于后人深入分析梭罗思想中自然与非自然因素的矛盾以及由此导致的思想含混奠定了基础。

约翰·希尔德比德尔（John Hildebidle）开启了生态处所视角的梭罗研究。他指出，梭罗笔下的人物"不管多么有趣或者多么有代表性，都只有与某处风景产生联系时才显得有意义",梭罗常常以自然事物为描写对象,"一条河、一个湖、一座半岛、一片森林、一处乡村,这些处所也成了他作品的标题"。[15] 自然处所意识是梭罗生态思想的重要方面,希尔德比德尔的论述为处所视角的生态批评提供了很重要的引导,提醒我们一定要专注于自然处所与人的关系,坚持生态批评的宗旨,不能被人文地理学的处所论和环境主义的处所论牵着鼻子走,走向人文处所或社会处所研究领域,这些都不是生态批评所关注的领域。

整体生态观(1992年至今)

在生态批评成为一个正式的文学批评流派之后,梭罗受到了西方评论界更多的关注。20世纪末,对梭罗的研究终于进入了整体观照或全面研究的阶段,美国出现了两位比较有影响力的研究者:唐纳德·沃斯特(Donald Worster)和劳伦斯·布伊尔。这两位杰出学者对梭罗的研究产生了广泛的影响,确立了梭罗作为西方生态思想史的里程碑和美国第一位生态作家的地位,梭罗的作品从此成为所有生态批评学者不能绕过的经典。

沃斯特在他的专著《自然的经济体系:生态思想史》(*Nature's Economy: A History of Ecological Ideas*, 1985)中将梭罗放在西方生态思想发展史中考察,将他与其他生态思想家进行比较研究,认为梭罗的生态思想是对吉尔伯特·怀特(Gilbert White)、卡尔·林奈(Carl von Linné)、约翰·雷伊(John Ray)等人的自然观的继承和超越。"作为原始森林的探索者，梭罗的生态思想显然属于田园传统……梭罗应该可以算在怀特田园生活的追随者之列，因为他与他们拥有相同的信念：人类必须学会适应自然法则，而不是试图去征服它、改造它。他曾质疑过'究竟是自然需要改变，还是人类需要改变呢？'接着，他继续问道：'是地球需要由人类的双手改善呢？还是人类需要更自然的生活，从而更安全地活着呢？'他用自己的生命来诠释第二种选择的正确性。事实上，在将田园伦理学发展成现代生态哲学的道路上，梭罗功不可没。"[16]

沃斯特通过历史和比较的研究，把梭罗定位为西方生态思想史上的里程碑——从田园伦理学转向现代生态哲学的里程碑，主张人类"应该时刻记得自己在地球上的位置，自然是我们的来源与归宿，我们不能切断与自然的联系"[17]。梭罗也从此被视为西方乃至整个世界最重要的生态思想家，被视为当代生态主义的先驱。这对本书展开对梭罗生态思想中的生态整体观的思考具有重要的借鉴意义。沃斯特还指出了梭罗的一个具有根本意义的思想抉择：究竟是违反自然的规律征服自然、改造自然，还是尊重自然、遵守自然的规律？究竟是冒大风险人为地去改变自然，还是根据自然的许可或生态承载限度来改变人类自己，从而自然且安全地生存？沃斯特看到了梭罗的犹豫、摇摆和矛盾，也看到了梭罗思想中的含混；他也更明确地看到梭罗用他的整个生命——一生的思考和实践——探索这个两难的选择，最终选择了后者，并充分诠释了——以其思想和行动双重诠释了——后者的正确性。

布伊尔在他的专著《环境想象：梭罗、自然书写和美国文化的形成》（*The Environmental Imagination: Thoreau, Nature Writing, and the Formation of American Culture*, 1995）中从梭罗生态思想的形成史和美国生态文化的发展史两条线索入手，进一步明确了梭罗作为自然文学先驱的地位。作为梭罗生态思想系统化研究的重要学者，布伊尔指出了梭罗生态思想的两大主要来源，即古希腊人和北美印第安人的生存观念和自然观念。"（梭罗）最早的梦想是恢复往昔时代的那种简单，比如他所能想到的哥伦布之前的美国，或者更典型的古希腊——那是他在希腊语教科书中读到的关于人类最初时代的象征。"布伊尔还论述了梭罗生态思想的五个表现：田园理想、与自然的共鸣、追求俭朴、对自然历史的兴趣以及走近自然的努力。布伊尔还谈到梭罗对后代作家的影响，比如对亨利·贝斯顿（Henry Beston）和奥尔多·利奥波德（Aldo Leopold）的影响，"他们书写经验的方式不由得让人们将之与梭罗进行比较"。布伊尔指出的影响梭罗生态思想的两个重要因素都不能忽视，虽然梭罗生态思想的形成还有其他致因，比如时代、家庭、超验主义、达尔文主义和中国传统文化等，本书将试图对此加以补充。布伊尔提到了梭罗生态思想中两个非常重要的方面，即简单生活观和自然的内在价值，这对本书展开梭罗生态思想的多维性研究提供了参考。另外，布伊尔在比较了爱默生和梭罗之后写道："我们提到爱默生时往往会联想到一系列值得纪念的宣言、演说和哲学思辨……而对于梭罗，我们更多把他视作和丹尼尔·布恩、本杰明·富兰克林和亚伯拉罕·林肯一样富有传奇色彩和重要历史地位的美国重要人物。"[18]这也对本书深入研究梭罗对美国生态运动的跨学科影响提供了参照。

与《环境想象：梭罗、自然书写和美国文化的形成》同年出版的《剑桥文学指南：亨利·大卫·梭罗》(*The Cambridge Companion to Henry David Thoreau*, 1995)由梭罗研究会主席乔尔·迈尔森(Joel Myerson)教授审定，是较为重要的梭罗研究论文集。该论文集收录了13篇论文，有介绍梭罗的，如沃尔特·哈丁的《梭罗的声名》；有比较研究的，如罗伯特·萨特米耶(Robert Sattelmeyer)的《梭罗与爱默生》；有文本细读的，如菲利普·古拉(Philip Gura)的《"蛮荒之地"：梭罗的〈科德角〉》等，这些论文大都具有生态批评意味。古拉指出，和《瓦尔登湖》一样，与荒野的相遇占据了《缅因森林》和《科德角》的中心，"科德角之行，使梭罗对萦绕在他脑海中的关于人与自然复杂多变的相互影响有了更深入的认识"[19]。古拉提醒人们，虽然不如《瓦尔登湖》来得直接和确定，但是《科德角》中也蕴藏着梭罗对自然的很多思考，比如船难让梭罗重新审视人类在自然中的位置。

罗谢尔·约翰逊(Rochelle Johnson)在比较了梭罗与爱默生的自然观之后，指出梭罗在《瓦尔登湖》之后的日记和后期的自然历史散文中，逐渐超越了爱默生修辞性自然观中所蕴含的人类中心主义，转向生态主义。他认为，只有在超越了爱默生在《论自然》中提出的"整个自然都是人类思维的隐喻"之后,梭罗才达到真正的生态审美。约翰逊还指出,梭罗的这种超越是渐进的,以接受和继承为基础,也就是说,梭罗在接受并实践了超验主义自然观之后又逐渐将之摒弃,因此他的思想里难免存有人类中心主义自然观的残留。[20]

劳拉·达索·沃尔斯(Laura Dassow Walls)将梭罗的自然书写放到 19 世纪的自然科学史语境中进行论述。她比较了达尔文、洪堡和梭罗的自然观之后,认为梭罗的自然观是对洪堡有机整体观的实践,"洪堡和梭罗都为我们指出了从棕色世界回到绿色世界的道路",他们试图用自己独特的方式来为我们指出一条与万物和谐的生态之路。[21]沃尔斯的研究开启了生态文明建设研究的先声,显示了人文学者试图用自己独特的方式观照现实的向度。

综观美国学者对梭罗的生态批评不难发现,大多数学者只着眼于梭罗作品中传达出来的一种或两种较为明显的生态思想,迄今为止尚没有从多个维度全方位考察分析梭罗生态思想的学术专著;对梭罗有关人与自然关系的思想中的矛盾、梭罗对自然态度的摇摆不定以及由此导致的梭罗生态思想的含混更缺乏深入研究,有的学者偶有提及,也只是一带而过。细读梭罗,我们可以发现这种矛盾随处可见:为了亲近自然,他离开镇上的人们,到瓦尔登湖畔独居,却又时不时步行到镇里、回家吃饭、参加聚会;为了诗意生活,他唾弃物质,却津津乐道于自己如何"经济"地建造房子和耕种生活;他热爱自然,却在面对真正的荒野时心生恐惧,怀念温暖的家园；他悲叹科技和商业的弊端，却又不无炫耀地记述自己对瓦尔登湖的科学勘测，并感叹商业为人们生活带来便利。在生态批评的初期阶段，着重挖掘作品局部表达的生态思想的做法是可以理解的；但随着生态批评日益成熟，不忽视含混、不回避矛盾地全面审视作品的生态思想，理应成为生态批评理性发展的趋势。

梭罗在中国的接受与研究

我国的梭罗研究相对来说总体滞后于美国。梭罗的第一部中译本作品出版于 1949 年新中国成立前夕，由徐迟翻译，上海晨光出版公司出版，当时译为《华尔腾》（1982 年修订版正式更名为《瓦尔登湖》），但这本倡导回归自然的书在当时没有引起学术界的关注。之后梭罗作品的翻译出版在中国陷入了长达三十多年的空白。其间，只有香港在 20 世纪50 年代出版了一本署名吴明实（无名氏）的盗印本《湖滨散记》，1976 年出版了梭罗的《论公民的不服从》和张爱玲选译的几首诗歌。直至 1982 年，上海译文出版社出版了徐迟的第二版译本《瓦尔登湖》。20 世纪 90 年代，梭罗其他作品的中译本才相继出现，如《林中生活》和罗伯特·塞尔（R. F. Sayre）编选、陈凯等翻译的两卷本《梭罗集》。进入 21 世纪，除了徐迟的译本由 5 家出版社出版了 11 次外，市面上还出现了一百多种不同译者的译本。比如泰勒（E. M. Taylor）编选、陶文江等译的《自然之书》，王家湘的译本，许崇信和林木椿的合译本，仲泽的译本，李继宏的译本等。《梭罗日记》《河上一周》《种子的信仰》也得以翻译出版。随着国内生态批评的兴起，梭罗晚期作品的中译本也于近几年相继问世，比如《秋色》《野果》《复乐园》等。此外，还有五部梭罗传记中译本出版，分别为《重塑梭罗》（*Re-imaging Thoreau*）、《梭罗》（*On Thoreau*）、《梭罗传：瓦尔登湖畔的心灵人生》（*Henry Thoreau: A Life of the Mind*）、《瓦尔登湖的隐士——梭罗传》（*Life of Henry Thoreau*）和《梭罗传：完整的一生》（*Henry David Thoreau: A Life*）。

需要指出的是，梭罗在中国传播的起点远在中译本出现之前。1913 年，时任商务印书馆编辑的孙毓修在第 5 期《小说月报》上评点了几位 19 世纪的美国作家，其中就包括梭罗。孙毓修在之后结集出版的被誉为我国"第一部具有开创意义的外国文学研究"[22]《欧美小说丛谈》中，将梭罗与霍桑、马克·吐温等其他四位美国著名作家放在一起进行评介，认为梭罗"淡泊宁静，怡志林泉"[23]。孙毓修指出了梭罗创作的重要实质，只是将梭罗与四位小说家并置是对长于非虚构写作的梭罗的极大误解。随后，郑振铎对梭罗"直接原始"[24]地观察自然的态度的强调，曾虚白对梭罗"崇拜自然"[25]态度的肯定，林语堂对梭罗"享受休闲生活"[26]的自然性的推崇，都在中国的外国文学研究界激起过涟漪，但此时的梭罗对于中国的读者来说依然遥渺如星空中的晨星，模糊如铜镜里的初月。

由于我国特殊的政治文化语境，徐迟初译版《华尔腾》

问世后梭罗研究就进入"沉潜期"[27]。直至"文革"结束，中国学界才开始慢慢恢复对梭罗的关注，当时不少作家对梭罗有过评论，比如林语堂、海子、苇岸、葛红兵、余杰以及台湾的龙应台、朱天心等，但真正意义上的梭罗研究是从20世纪末才逐渐兴起的。颇为遗憾的是，虽然部分英语语言文学专业的美国文学选读教材选录了梭罗的作品，但时至今日中国语言文学系的外国文学史教材却始终没有给梭罗留出应有的篇幅，只是在概述中将他视为爱默生之后的超验主义作家一笔带过，更不用说设置专节了。可以说，在中国的外国文学研究界，梭罗至今未赢得与他的文学贡献相匹配的文学地位。

到目前为止，我国学界以梭罗为研究主题的专著也不多，虽然有相当一部分生态批评学者将梭罗作为生态文学发展史中的一个环节进行论述，但对梭罗生态思想的多维性和含混性进行全面阐述的著作至今尚未出现。尽管每年都有相当数量的梭罗研究论文发表，但在研究路径和研究结论上均未有太大的突破。下面按照主要的研究角度，即真假隐士的论争、梭罗与中国文学的交互影响、梭罗生态思想的内涵和梭罗在生态文学史中的地位简要评述与梭罗生态思想研究有关的文献。

真假隐士

20世纪90年代的中国学界，曾以《读书》为核心阵地，掀起了一场关于梭罗真假隐士的论争。程映红在《瓦尔登湖的神话》中提出了一些梭罗"闭口不提或是轻轻带过"的事实，希望打破关于梭罗与瓦尔登湖的神话。这些事实包括瓦尔登湖并非与世隔绝，距人类社会只有咫尺之遥；梭罗搬到湖边生活，乃是为了扭转他因造成公平天堂湾火灾而带来的名誉危机；梭罗一方面抨击社会生活，另一方面即便是住在湖边的两年也经常回家、走访朋友；等等。程映红对于梭罗的评价带着浓烈的感情色彩，过于感性又居高临下，结论难免偏颇，认为梭罗做作、矫情、虚伪，"虽然我们常说天才或伟人往往不被同时代人所理解，但对梭罗而言，这似乎不是一个被理解的问题，而是一个被宽恕的问题"。[28] 汪跃华和石鹏飞也相继发文指出梭罗的言行不一。但大部分学者还是认可梭罗的隐逸行为，比如何怀宏发表了《事关梭罗》回应上述批评，指出尽管那些事实不假，但批评者倘若囿于个别事实则容易片面，强调了解梭罗的最好方式是"仔细读他的书"[29]，因为文字是不会骗人的。用中国古代隐士的标准来衡量梭罗隐居瓦尔登湖畔的行为有失公允，也可以说是梭罗在中国接受过程中的镜像变异。不过，在今天看来，这场论争依然具有重要的启发性，提醒研究者梭罗的思想和行为存在矛盾，可以从分析这些矛盾入手探究梭罗生态思想含混的内在原因。

东学西渐和西学中渐

台湾学者陈长房的《梭罗与中国》可以算是中国首部研究梭罗的著作，主要探讨了中国儒家思想对梭罗的影响，兼论老庄思想与梭罗思想的异同。陈长房指出深深吸引梭罗的是孔孟思想中"弃物质尚精神的高贵心灵；和万物有神的观念"[30]，这为本书考察梭罗生态思想与中国古代生态智慧的关系提供了重要提示。

李洁的博士学位论文《论梭罗与中国的关系》以比较文学为研究视域，不仅指出"梭罗笔下的山色水景、动植物情态、人物和社会环境……都充满着中国式的氛围和意象"[31]，还以"隐逸"为共同点将之与陶渊明进行比较；而且以张爱玲、海子、苇岸、葛红兵四位作家对梭罗的接受为例探究了梭罗在中国被认识和被接受的方式。张爱玲译介了梭罗的三首诗《冬天的回忆》《烟》《雾》；海子对梭罗田园牧歌式生活和精神的向往；苇岸对《瓦尔登湖》的喜爱溢于言表，"当初我读这本举世无双的书时，我幸福地感到我对它的喜爱超过了任何诗歌"[32]；葛红兵对梭罗精神的深入挖掘，都从不同侧面展现了中西文化互通的必然性和必要性。

谢志超的《超验主义对儒家思想的接受研究》全面考察了爱默生、梭罗等人在个人价值、社会观和自然观三个方面对"四书"的引用吸收和借鉴继承。尽管作者仍然坚持人类中心主义，"人是宇宙的中心，而不只是与物质的自然相对等的自然的一部分"[33]，但该书试图寻求恢复人之为人的精神价值、恢复人与自然的和谐之道，对论证梭罗生态思想的异文化来源颇有裨益。周晓立的《〈瓦尔登湖〉中的东方思想辨析》梳理了《瓦尔登湖》十处引用儒家"四书"的内容，解读了梭罗意欲借以表达的思想[34]，为后来的研究者提供了不少方便。程爱民的英文论文《人作为自然的一部分：梭罗的自然观与道家自然观之比较》（Humans as "A Part and Parcel of Nature": A Comparative Study of Thoreau's and Taoist Concepts of Nature, 2000）对梭罗的自然观和道家的自然观念进行比较研究，指出梭罗"从不掩饰中国传统哲学对他的强烈吸引，是它们增强了他对人与自然的统一性、整体性的兴趣"，"梭罗认识到人类只是地球上相互联系的许多自然物种中的一个"。[35]值得重视的是，程爱民同时又指出了梭罗思想中的一个矛盾：既将自己看作自然的一部分，又视自己为自然之外的一个存在。赵英的硕士学位论文《〈瓦尔登湖〉生态思想和中国的接受》通过一系列细致的中英文对照和分析，指出对梭罗生态思想没有充分了解所导致的中译本《瓦尔登湖》出现了误译和漏译，凸显了深入、全面地研究梭罗生态思想的重要性。[36]刘略昌在《祛魅与重估：对梭罗与中国古代文化关系的再思考》中试图跳出西方学者的结论指引，对梭罗与中国古代文化的关系进行重新审视，认为应该客观看待二者之间的关系，任何贬低或夸大都是不科学的。[37]

鲁枢元在《陶渊明的幽灵》中呼吁应该从生态批评的角度将陶渊明和梭罗这两位生活年代相差 1500 年的生态文学作家进行并置研究，并指出两者之间的五点相似之处，分别为拒斥现行社会体制、退避山野、持守清贫、崇尚精神自由和对各自民族文学做出杰出贡献。[38]刘略昌的《苇岸生态散文与梭罗自然写作：影响与契合》主要从苇岸接受梭罗影响的媒介，接受梭罗影响的表现和接受梭罗影响的原因三个方面论述梭罗对中国生态散文的影响，指出因为受到梭罗的影响，"苇岸对生态问题的认识、对生态生活的践行和对投身于生态创作无疑是高人一筹的"[39]。该文属于梭罗影响的个案研究，突破了之前中国学者对梭罗生态思想与中国文化交互影响泛泛而谈的局限，取一点而深入挖掘，展示了对梭罗作品的影响深入研究的可实践性。在随后出版的专著《梭罗与中国：东学西传后的西学中渐》中，刘略昌以时间为序分四个阶段介绍梭罗在中国的译介和研究情况，评述中国学界对梭罗作品的自然观、政治观和教育观等主题思想的研究，然后以林语堂、徐迟和苇岸为例研究梭罗与中国作家之间的关系。[40]

自然·生态·简单生活

梭罗的作品中流露出的对自然的热爱也受到了研究者的关注。程爱民的博士学位论文《论梭罗的自然观》阐述了梭罗关于自然是生命有机体的观点，对梭罗生态整体观和生态联系观进行了论述，发现了梭罗自然观中存在着矛盾。[41]龚晓辉在《进入〈瓦尔登湖〉》中比较了梭罗与爱默生的自然观，认为爱默生的自然观太过抽象，而且缺乏实践的力量；而梭罗则超越了他的导师，不仅强调自然的审美价值和精神价值，还看到人身上的动物性以及动物身上的精神性，从而对人在大自然中的位置有了准确的定位。[42]这篇文章在人类中心主义自然观与生态主义自然观之间划出了明确的界限。陈茂林的《和谐交融：梭罗的自然观及其启示》认为，在梭罗笔下，自然是相互联系、相互依赖的有机整体；对梭罗而言，自然是活性的有机体。但该文论述的基点依然是人类中心主义的，作者始终用人类的情感去感受梭罗作品中的自然，"梭罗笔下的自然是一个拥有人类性格和情感的活的有机体，会说话，是动态而不是静态的，甚至拥有人的性格"。不过该论文的文本分析十分细腻，作者细读了《瓦尔登湖》中梭罗对潜鸟的描写，指出和谐交融才是人与自然应有的关系，是解读梭罗作品的一个很好的范例。[43]李静的《论梭罗自然观的当代意义》指出梭罗的自然观至少拥有三个层面的意义：唤醒人们的环境保护意识、提倡尊重非人类之外的其他物种的生命以及简单生活观。[44]后两个层面涉及梭罗生态思想中非常重要的、不能被忽视的组成部分。

李小重的《在荒野中保留着一个世界——论梭罗的生态保护思想》堪称国内第一篇从生态角度解读梭罗的论文。文章虽然简洁，但其中已有生态整体主义、生态联系观的思想萌芽，尽管最后还是旨归于人类精神生活的提升上。[45]在《生态批评与生态思想》中，王诺将梭罗的作品当作诠释生态思想的重要文本，指出"梭罗的自然观总体上看是整体主义的"，因为他的自然观总体来看是一种"不以人的得失而以自然整体利益来看待自然的思想"。[46]苏贤贵的《梭罗的自然思想及其生态伦理意蕴》将梭罗定位为"生态学之前的生态学家"，指出梭罗"对自然的热爱，他对自然的和谐关系的洞察，他对自然的精神意义和审美意义的强调，以及他对他那个时代所流行的物质主义和资本主义经济的批判，都为生态伦理提供了独特的灵感和支持"。[47]该文对梭罗作品中的自然思想、生态伦理进行了较为全面的解读，是梭罗生态思想研究史的重要成果之一。他强调梭罗眼中的自然是有生命的、自然是自足的，而人类是属于自然的。朱新福的《美国经典作家的生态视域与自然思想》将爱默生和梭罗并置一章，作为美国浪漫主义的代表作家来介绍。该书简述了梭罗几部主要作品的成书过程与内容，指出梭罗生态思想的来源，即爱默生、东方及北美印第安人思想，并以《瓦尔登湖》为主要分析对象，论述梭罗对自然的态度以及对生态保护运动的影响。[48] 尽管该书的论述在"环境"与"生态"理论之间摇摆，但对梭罗生态思想的来源和影响的分析却值得借鉴。张群芳的硕士学位论文《绿色荒野的生命体悟——论梭罗的自然观与生态思想》谈到梭罗对自然的观察、对文明的反思、对荒野的热爱；不过作者又说"梭罗在《瓦尔登湖》中所表达的自然思想无疑是超验主义"[49]，尚未明确认识到生态主义自然观与超验主义自然观的不同。陈初的硕士学位论文《梭罗的生态思想研究》详细梳理了 19 世纪以来美国生态视角的梭罗研究，对梭罗各个时期蕴含生态思想的文本进行细读和分析。不过该文以梭罗作品的发表时序为纲，导致观点零散而重复；但作者发现并初步论述了梭罗所流露的思想矛盾和挣扎，并试图对这些矛盾做合理化的解释，"因为他深入自然内部生活后大量的残酷现象激发他内心偏向高级文明的'精神洁癖'"。[50] 陈艳君的硕士学位论文《绿色的呼唤：梭罗生态思想研究》按梭罗作品发表顺序论述梭罗生态思想的发展历程。以《河上一周》为代表的萌芽期，主要表现是对自然风景的热爱；

以《瓦尔登湖》为代表的发展期，主要表现是从社会人到自然人的立场变化；以《缅因森林》为代表的成熟期，主要表现是生态视野的扩大；以《科德角》为代表的完善期，主要表现是对死亡的正视。[51] 虽然该文考察的文本较多，阐述的生态思想也较多，思想发展看似清晰，论文结构看似完整，却是将论者想象或希望中的思想线性发展路径和模式强加给梭罗，强加给文本，忽视甚至有意无视与论文观点和框架不相符的文本。比如梭罗的生态整体观、简单生活观在《瓦尔登湖》就已经成熟，后来并无明显发展；即便在所谓的萌芽期，梭罗也表现过尊重自然生死转化规律的思想，绝不是只在所谓完善期才正视自然界的死亡。梭罗对大自然的爱贯穿他一生，无论是后期还是早期。这些都是学术上的不严谨，也是本书在写作过程中努力规避的问题。

王诺在《外国文学——人学蕴涵的发掘与寻思》中指出梭罗的简单生活观及其实践的现实意义，"'根据可能而生活'，不是为了满足欲求而生活"，"不再无止境地追求物质生活的丰裕舒适"，而是"根据自然条件的许可程度来生活"。[52] 王诺、陈初的《梭罗简单生活观的当代意义》进一步明确指出梭罗的简单生活观之于当代的意义在于"把人的物质需求和消费需要限制在生态系统能够承载的范围之内，并腾出时间尽可能多地与自然交流和保护自然"[53]。程顺溪的硕士学位论文《处所视角的梭罗作品研究》从处所依附、处所剥夺和处所想象三个方面对梭罗的处所意识展开研究和论述 [54]，但该论文在实际论述中没有明确区分生态处所观与人文地理学的处所论，将社会处所、文化处所与生态处所混为一谈甚至相互等同，逾越了或者说没有恪守住生态批评的原则与界限。

最伟大的生态作家

程虹的《寻归荒野》是我国最早以美国自然文学为研究对象的学术专著。该书以史为经，梳理了美国自然文学从 17 世纪到 20 世纪的发生发展史，指出美国自然文学从以自我为中心到以生态为中心的重要转向，对我国生态批评的产生和发展起到了促进和参考作用。该书主要从梭罗与爱默生、梭罗与康科德的关系来解读梭罗，将梭罗视为"美国自然文学源流中最有影响的作家"[55]，因为梭罗预见了文明与自然的矛盾，发现了荒野的价值。尽管《寻归荒野》没有展开详细的梭罗生态思想论述，但将梭罗置于自然文学生态转向进程中的关键位置，并特别提出荒野自然与文明社会的矛盾，显示了作者超前的学术敏感性——在我国生态批评尚未兴起之时就抓住了重要的生态思想问题。2011 年，作者出版的《寻归荒野》修订版，基本保持了原书的结构和内容，增加了一章对贝斯顿、威廉斯和斯奈德等另三位较有影响的作家及其代表作的评述。2013 年又出版了《美国自然文学三十讲》。这两次修订在对梭罗生态思想的研究上并没有新的补充。

《欧美生态文学》是我国第一部生态文学研究专著。作者王诺对梭罗在生态文学史上的地位做出断言："梭罗是浪漫主义时代最伟大的生态作家。"通过对比爱默生和梭罗不同的自然描写,王诺明确指出二者在人与自然关系问题上截然不同的立场:前者以人为中心,而后者认为自然有其独立于人的自身价值,而揭示自然的独立价值正是梭罗最有价值的贡献。[56]

章海荣的文章指出:"当今的人们尊崇梭罗,因为他是早期非人类中心主义的生态学者、生态文学作家。我们赞赏瓦尔登湖开辟的生态事业,与其说是为梭罗辩解,不如说是广泛的谅解。因为就在人类文明进程使无数'山'、'田'被'废'之时,是生态伦理学者和环保志士们首先提出如何才能让人类文明与自然环境共同繁荣发展的问题。"[57]该文在对梭罗在瓦尔登湖畔的实验进行客观评价的同时,旗帜鲜明地指出了梭罗生态思想的非人类中心主义特性。

陈茂林的《诗意栖居:亨利·大卫·梭罗的生态批评》(Poetic Dwelling: An Ecocritical Study of Henry David Thoreau)是国内第一部试图从生态批评的角度研究梭罗的英文专著。该书采用广义的生态批评方法,从自然生态、社会生态和精神生态三个方面分析论述梭罗的生态思想。作者指出梭罗生态思想的五个主要来源,包括"梭罗童年的成长环境、梭罗时期康科德的文化环境、美国超验主义的影响、美国印第安文化以及东方文化的影响",还论述了梭罗对自然的非工具价值(审美价值、休闲价值)和内在价值(多样性、主体性)的强调,并且得出结论:"梭罗认定自然是人类的母亲,而人类只是自然的一个部分。他最大的心愿就是重建人与自然的和谐。"[58] 该书对梭罗的思想根源、梭罗对人与自然之间关系的研究，对本书论述梭罗生态思想的来源、梭罗对自然权利论的强调、梭罗的生态整体观都有参考作用。

夏光武的《美国生态文学》是我国学界第一部对美国生态文学做系统研究的专著，该书将梭罗定位为热爱自然的实践家，指出"受到自然启迪的梭罗对生活的基本态度是简单生活，那么他的实践方法就是他对自然的书写"[59]。在该书作者看来，将自然的观察和体验详细记录下来并赋予通俗易懂的哲学意义和身体力行是梭罗的两大贡献，展示了生态批评从理论研究转向实践诉求的发展趋势。

胡志红的《西方生态批评史》认为梭罗是"一个彻底的生态中心主义者"和"坚定的自然生态的守护神"[60]，因为梭罗不仅放弃对自然的占有、与自然融为一体，而且反对种族霸权、反对物种霸权，是后代环境非正义批评的先驱。

陈凯在《绿色的视野——谈梭罗的自然观》中指出，梭罗将自然视为审美的对象，自然中蕴含着健康的天性，"重温梭罗描写自然的著作——它们不仅是可以流传久远的文学作品，而且是弥足珍贵的绿色读物，将永远为人类的绿色事业提供启示和力量"[61]。换句话说，梭罗生态思想对当时乃至现在的生态保护运动都具有非常重要的价值和意义。

综上所述，国内生态视角的梭罗研究已经涌现了不少优秀的成果，但也呈现了一种奇怪的反差，局部性研究爆炸式增长，系统性研究则相对缺乏，不仅缺少对梭罗生态思想全方位、多维度的审视研究，而且在努力从梭罗作品中寻找生态思想资源时，不同程度地忽视甚至无视其间所蕴含的含混表现。由于梭罗的行为在当下不具有可操作性而质疑其生态意义是求全责备的，同样，无视真实存在的矛盾而一味对梭罗生态思想高唱颂歌也是不公正、不客观的。

小　结

在全面梳理美国与中国学者已有研究的基础上，本书将针对现有研究的缺失与不足，汲取借鉴、引申拓展已有的学术观点，将梭罗生态思想的多维特征和含混表现作为两个主要研究视域，并确立具体观点上的创新方向。

本书将站在人类命运共同体的高度，认同"所有的有机体，包括人类，都是一个更大的生物网络或共同体的一部分，整体的利益将限制、引导和控制人类的利益"[62]；以生态主义为指导思想，认同阿伦·奈斯（Arne Naess）、安德鲁·多布森（Andrew Dobson）、马克·史密斯（Mark Smith）等生态主义者的论断，"将生态系统作为整体，根据是否有利于生态系统的福祉繁荣来确定价值；坚持认为整个生态系统及其每一个组成部分都具有内在价值"[63]，"生态主义的关键是用生态系统取代人类中心"[64]；以生态哲学为观照，以生态批评为视角，同时借鉴比较文学、社会生态学、接受美学、后殖民批评、文本细读等多种批评方法，探讨梭罗作品中表现出来的生态思想的不同维度，辨析其中存在的含混现象，力图多角度、全方位地认识梭罗的生态思想，争取成为国内学界第一部深入分析梭罗生态思想多维性和含混性的专著。

　　本书力图从以下几个方面进行创新：从研究方法来看，将严格采用生态批评的研究方法，对梭罗的生态思想进行全面的研究，力图从生态批评的视角还原一个立体、完整的梭罗；从资料搜集来看，本书不仅使用国内的文本资料，还包括作者在哈佛大学访学时收集的美国最新的原文资料和研究成果；从研究内容来看，传统的梭罗生态思想研究只侧重其中一两个方面，以偏概全，本书在以往研究的基础上，注重挖掘梭罗生态思想的各个方面，揭示其生态思想的多维和含混，探究梭罗生态思想的广泛来源和深远影响，促进中西方文化与文学的对话和交流；从现实意义来看，随着全球生态危机愈演愈烈，作为最大的发展中国家，中国的经济发展和生态保护面临着更为严重的冲突和矛盾，本书的研究将帮助寻求生态文明的理论支撑，积极促进公众生态意识的养成，推进生态文明建设的深入开展。

注 释：

1. Ralph Waldo Emerson, "Woodnotes." *The Dial,* October 1840, pp.242-245.

2. Amos Bronson Alcott, "The Forester." *The Atlantic Monthly*, Vol. IX, No. LIV, April 1862, pp.443-445.

3. James Russell Lowell, "Thoreau's Letters." *North American Review*, Vol. 101, 1865, p.605.

4. Kenneth W. Cameron, *Transcendental Log*. Hartford, CT: Transcendental Books, 1973, p.151. Firstly printed as S. Ripley Barlett, "Walden." *Concord Monitor, or American Saturday Review*, 17 May, 1862, pp.33-34.

5. Ralph Waldo Emerson, "Thoreau." *The Atlantic Monthly*, Vol.X, No.LVIII, August, 1862, pp.239-249.

6. Kenneth W. Cameron, *American Renaissance Literary Report*, Vol.2, Hartford, CT: Transcendental Books, 1988, pp.123-124. Firstly printed as "Mr. Alcott on Thoreau." *Concord Freeman,* 19 August, 1880, p.8.

7. George B. Bartlett, *The Concord Guide Book*. Boston, MA: D. Lothrop, 1880, pp.60-65.

8. H.O.G. Blake, "Introduction." *Early Spring in Massachusetts*. Boston, MA: Houghton Mifflin Company, 1881, pp.iii-vii.

9. Philip G. Hubert, Jr. *Liberty and a Living*. New York, NY: Putnam's Sons, 1889, pp.180-199.

10. Paul Elmer More, "A Hermit's Notes on Thoreau." *The Atlantic Monthly*, Vol. LXXXVII, No. DXXIV, June, 1901, pp.860, 862-863.

11. Perry Miller, "Thoreau in the Context of International Romanticism." *The New England Quarterly*, Vol. XXXLV, No. 2, June, 1961, pp.150-151.

12. Henry David Thoreau, *Wild Apples and Other Natural History Essays*. Athens, GA: U of Georgia P, 2002, p.75.

13. Roderick Nash, *Wilderness and the American Mind*. New Haven, CT: Yale UP, 1967, p.84.

14. James McIntosh, *Thoreau as Romantic Naturalist: His Shifting Stance toward Nature*. Ithaca, NY: Cornell UP, 1974, p.17.

15. John Hildebidle, *Thoreau: A Naturalist's Liberty*. Cambridge, MA: Harvard UP, 1983, p.148.

16. Donald Worster, *Nature's Economy: A History of Ecological Ideas*. Cambridge, UK: Cambridge UP, 1985, pp.75-76.

17. Donald Worster, *Nature's Economy: A History of Ecological Ideas*. Cambridge, UK: Cambridge UP, 1985, p.111.

18. Lawrence Buell, *The Environmental Imagination: Thoreau, Nature Writing, and the Formation of American Culture*. Cambridge, MA: Belknap Press of Harvard UP, 1995, pp.126-132, 147, 373.

19. Philip F. Gura, "'A Wild, Rank Place': Thoreau's *Cape Cod*." *The Cambridge Companion to Henry David Thoreau*. Ed. Joel Myerson. Cambridge, UK: Cambridge UP, 1995, p.143.

20. Rochelle L. Johnson, *Passions for Nature: Nineteenth-Century America's Aesthetics of Alienation*. Athens, GA: U of Georgia P, 2009, p.14.

21. Laura Dassow Walls, "Greening Darwin's Century: Humboldt, Thoreau, and the Politics of Hope." *Victorian Review*, Vol. 36 (2), Fall 2010, pp. 92-103.

22. 杨克敏:《图景误读范式——从孙毓修的〈欧美小说丛谈〉说起》,《中国比较文学》2014 年第 3 期。

23. 孙毓修:《欧美小说丛谈》,商务印书馆,1916。

24. 郑振铎编《文学大纲》(下册),上海书店,1986。

25. 曾虚白:《美国文学 ABC》,世界书局,1929。

26. 林语堂:《生活的艺术》,赵裔汉译,陕西师范大学出版社,2008。

27. 刘略昌:《梭罗与中国:东学西传后的西学中渐》,九州出版社,2018。

28. 程映红:《瓦尔登湖的神话》,《读书》1996 年第 5 期。

29. 何怀宏:《事关梭罗》,《读书》1997 年第 3 期。

30. 陈长房:《梭罗与中国》,三民书局,1991。

31. 李洁:《论梭罗与中国的关系》,博士学位论文,复旦大学,2008。

32. 苇岸:《我与梭罗》,《世界文学》1998 年第 5 期。

33. 谢志超:《超验主义对儒家思想的接受研究》,北京大学出版社,2012。

34. 周晓立:《〈瓦尔登湖〉中的东方思想辨析》,《华侨大学学报》(哲学社会科学版)1998 年第 1 期。

35. Cheng Aiming, "Humans as 'A Part and Parcel of Nature': A Comparative Study of Thoreau's and Taoist Concepts of Nature." *Thoreau's Sense of Place*. Ed. RichardJ.

Schneider. Iowa City, IA: U of Iowa P, 2000.

36. 赵英:《〈瓦尔登湖〉生态思想和中国的接受》,硕士学位论文,厦门大学,2009。

37. 刘略昌:《祛魅与重估:对梭罗与中国古代文化关系的再思考》,《上海对外经贸大学学报》2016年第3期。

38. 鲁枢元:《陶渊明的幽灵》,上海文艺出版社,2012。

39. 刘略昌:《苇岸生态散文与梭罗自然写作:影响与契合》,《江苏大学学报》(社会科学版)2018年第6期。

40. 刘略昌:《梭罗与中国:东学西传后的西学中渐》,九州出版社,2018。

41. 程爱民:《论梭罗的自然观》,博士学位论文,南京大学,1998。

42. 龚晓辉:《进入〈瓦尔登湖〉》,《名作欣赏》2005年第12期。

43. 陈茂林:《和谐交融:梭罗的自然观及其启示》,《外语教学》2015年第5期。

44. 李静:《论梭罗自然观的当代意义》,《西南农业大学学报》(社会科学版)2008年第1期。

45. 李小重:《在荒野中保留着一个世界——论梭罗的生态保护思想》,《高等函授学报》2001年第5期。

46. 王诺:《生态批评与生态思想》,人民出版社,2013。

47. 苏贤贵:《梭罗的自然思想及其生态伦理意蕴》,《北京大学学报》(哲学社会科学版)2002年第2期。

48. 朱新福:《美国经典作家的生态视域与自然思想》,上海外语教育出版社,2015。

49. 张群芳:《绿色荒野的生命体悟——论梭罗的自然观与生态思想》,硕士学位论文,广西师范大学,2005。

50. 陈初:《梭罗的生态思想研究》,硕士学位论文,厦门大学,2007。

51. 陈艳君:《绿色的呼唤:梭罗生态思想研究》,硕士学位论文,湖南师范大学,2015。

52. 王诺:《外国文学——人学蕴涵的发掘与寻思》,科学出版社,1999。

53. 王诺、陈初:《梭罗简单生活观的当代意义》,《烟台大学学报》(哲学社会科学版)2009年第3期。

54. 程顺溪:《处所视角的梭罗作品研究》,硕士学位论文,厦门大学,2015。

55. 程虹:《寻归荒野》,生活·读书·新知三联书店,2001。

56. 王诺:《欧美生态文学》,北京大学出版社,2003。

57. 章海荣:《可持续发展背景下的生态阅读》,《读书》2005年第2期。

58. 陈茂林:《诗意栖居：亨利·大卫·梭罗的生态批评》，浙江大学出版社，2009。

59. 夏光武:《美国生态文学》，学林出版社，2009。

60. 胡志红:《西方生态批评史》，人民出版社，2015。

61. 陈凯:《绿色的视野——谈梭罗的自然观》，《外国文学研究》2004 年第 4 期。

62. Lawrence Buell, *The Future of Environmental Criticism, Environmental Crisis and Literary Imagination*. Malden, MA: Blackwell Publishing, 2005, p.137.

63. Arne Naess, "The Deep Ecological Movement: Some Philosophical Aspects." Zimmerman ed., *Environmental Philosophy*, Upper Saddle River, NJ: Prentice-Hall Inc., 1998, p.215.

64. Mark J. Smith, *Ecologism: Towards Ecological Citizenship*. Buckingham, UK: Open University Press, 1998, p.1.

第一章

像一株植物那样单纯

—— 梭罗生态思想的形成原因

我耐心地等待微风吹拂，依照大自然所限定的那样生长。或许会过一种类似一株植物、一只动物或不具有动物生态的生活。

在所有传记作家中，梭罗的生前挚友埃勒里·钱宁（William Ellery Channing）应该是最了解他的，他曾与梭罗并排坐在榆树下谈论荷马，他将梭罗的形象定位成诗人和自然主义者，但钱宁的疑问在今天依然回响：到底是什么促使梭罗将他的一生与河流、树林、天空紧紧相连？无疑，梭罗的生态思想不是偶然产生的，而是各种因素相互作用的必然结果。时代、环境、家庭、结交的朋友以及阅读过的书籍，共同注塑了梭罗的生态思想。

铁路时代

1817年7月12日，梭罗出生在康科德，正如他后来在日记里写到的"时间刚好合适"[1]。刚刚经历第二次独立战争的美国人自信满怀，颇为自得地认为自己在西半球占据主导地位，而且没有任何劲敌。彼时的美国，表面上看是一个欣欣向荣的新兴国家，经济飞速发展，科技和工业突飞猛进，人们的物质生活前所未有的丰富和舒适；但从内在看，工业社会的到来不可避免地对人的价值取向、道德观念以及文化审美造成巨大冲击。

1830 年，美国在学习英国轨道技术的基础上建成了第一条铁路，虽然长度仅 13 英里[2]，却开启了美国的"铁路时代"。"铁路既是美国工业革命和技术发明的结果，也是促进美国工业革命、技术发明和现代化的重要因素"[3]，对美国经济的发展起了巨大的促进作用。1833 年，梭罗进入哈佛大学学习，他离开家乡前往剑桥市，充满着对陌生而崭新的世界的憧憬。然而，四年后他从哈佛大学毕业，遭遇了美国历史上最糟糕的经济危机。

1835 年，美国农业普遍歉收。1836 年，英国发生经济危机，大量减少对美国棉花的进口，而当时美国南部的棉花种植和出口是美国经济的引擎，棉价下跌引发的市场恐慌情绪导致了金融机构的信贷瘫痪[4]。为了补充财政缺口，州立银行过量发钞，加剧了通货膨胀。1836 年 7 月，杰克逊总统发布铸币流通令，更加动摇了流通纸币的信用，各家银行因无力兑换铸币而失去信用，纷纷倒闭，很多商人濒临破产，成千上万人失去了自己的土地。"这种种因素到 1837 年春天汇成了一股无情的洪流，猛烈冲击着美国经济，引发了一场严重的危机。"[5]金融恐慌摧毁了一切，引发了一系列政治动荡和暴力行为，威胁着这个年轻的国家。"一次可怕的商业萧条像病虫害那样降临全国，照例给农民和工匠比给'富家名门'带来更多的痛苦。"[6]这对于当时面临就业、普通家庭出身的梭罗来说无疑是一次强烈的冲击，"梭罗感到他脱离了原先的自我"[7]。

虽然这场经济危机不像 20 世纪 30 年代的大萧条那样给

公众留下深刻的印象，却给美国造成了深远的影响。19世纪英国浪漫主义诗人华兹华斯（William Wordsworth）曾于1839年向费城的一位朋友透露："很多我最重要的朋友可能会受到美国经济混乱的影响。"[8]19世纪初人们努力追求的自由和独立被这场经济大萧条所裹挟，如何赚钱、如何挺过艰难的时刻成为美国人首先需要面对的问题。在这种背景下，人与人、人与自然之间的和谐关系被物质利益和金钱关系所遮蔽。

身处其中的梭罗见证了经济的迅猛发展和财富的增长，也亲历了美国人自信的崩塌和对未来的迷茫。他曾高歌过日新月异的社会变化，但也发现在时代的裹挟中、在对物质的追求中，人们忘了自己的初衷，也忘了自己的来处。对此，梭罗深感悲哀，他敏锐地穿透了这种漫无目的甚至愚不可及的忙碌，并以其独特的人文关怀敏感而迅速地做出调整和批评。对于梭罗而言，对物质利益的过度追求和疯狂占有带来的不是享受，而是无穷无尽的桎梏，这样的生活无异于浪费时间、虚度生命。梭罗认为，除了赚钱和占有财富，我们还应该保有对生命的热情，对自然的向往。

或者，因生活所缚，生活在树下；或者，像毛毛虫一样，用身体来丈量帝国的广袤土地；或者，独脚站在柱子顶上——然而啊，即便是这种有意识的赎罪苦行，也不见得比我每天看见的景象更不可置信，更使人心惊肉跳。[9]

　　1842 年，随着经济的逐渐恢复，美国慢慢度过了这场危机。此时的铁路已经沟通了纽约、波士顿、费城、芝加哥等重要城市。就在梭罗搬到瓦尔登湖之前，铁路修到了康科德，而在他逝世前，铁路已经几乎遍布美国东部的所有地区。1848 年到 1858 年的十年间，美国建成的铁路总长超过了其他国家所建铁路的总和，约达 33000 公里。这场声势浩大的运输革命带动了美国经济的全面发展。工厂遍布新英格兰各个有利可图的角落，新的发明经由专利局涌向市场，进步的颂歌传遍各个角落。据 1860 年的调查报告，当时美国全部人口的 1/3 由制造业供养 [10]，依靠工业化带来的工资生活的美国白人人数甚至超过了种植园中的奴隶人数，这从某种意义上也预示着美国社会的基础将随着经济的发展和财富的增长从农村转向城市。

　　作为独立战争的起点，波士顿的城市化进程比美国其他城市更早一些。梭罗见证了美国的城市化进程，但他不喜欢这个变化。他在日记中抱怨道："几乎我们所谓的所有发展都在把乡村变成城镇。" [11] 在南方庄园、港口、乡村、工业集中区、郊区等不同的地方居住，带给人的体验是不同的。梭罗尽可能地避开城市，他说波士顿最吸引他的地方是那些码头，因为在那儿他可以远眺大海和火车站，从那儿他可以回到康科德。码头也是现代文明发展中一个独特的意象，从那里人们可以离开家乡、去到远方，从那里人们也可以回到故乡。

　　在给爱默生当了两年助手之后，梭罗觉得自己的工作没有什么价值，于是想离开康科德到纽约去碰碰运气。经由爱默生的推荐，1843年5月6日，梭罗跟随爱默生的哥哥来到纽约的斯塔滕岛。但纽约之旅令他感到失望。虽然"纽约也为梭罗打开了风头正劲的现代科技的大门：现代化大生产、全球经济、城市扩张"，但城市的纷繁却让他不知所措，梭罗"听到了两种声音：海的咆哮和城市的喧嚣"，"他在城市里看到的越多，他对城市的厌恶也越深"[12]。到纽约后，梭罗看到人们为建设新世界准备了各种技术层面的解决方案，却没有人在意包括人类在内的这个世界是否会变得更好。

梭罗认为，城市将人类与自然相分离，造成了无法挽回的伤害，"他相信，城市在迫切地将自然排除在外、并将都市的图景强加进周围的地区时，已经破坏了它们自身的活力源泉"[13]。城市使人们失去了与自然交流的机会，也失去了从自然中获取生命之源的机会。人们不能再在田野里采集蓝莓，也就不能再采集健康和快乐。"梭罗检审着纽约街道和办公室诞生的商业世界，他的超验主义信念越发坚定：自然不允许走捷径；改革必须从自我内部而不是从外部环境开始。"[14] 梭罗的观点不能见容于当时的纽约文学市场，可他依然坚持自己的立场，没有退缩。

工业革命、技术发明、铁路的建设、城市化使美国的经济取得了巨大的进步，人们的物质生活获得极大的改善，也对自然造成不可逆转的破坏。以梭罗修建小屋所用的白松为例，它是美国极具代表性的树种，是美国独立的象征，在独立战争中，白松图像被装饰在邦克山战旗上。白松也具有很高的经济价值，从17世纪开始，一直到南北战争以后，它被用来建造船只、谷仓、桥梁、房屋等，是美国经济的引擎，创造的财富是加州淘金热的三倍，可以说美国是建立在白松之上的国家。但是，经过约三个世纪的大量砍伐，到19世纪末，美国的大部分白松林都已灭绝，白松也被列为濒危物种。如今，美国的自然学家、林务人员和科学家正在致力于恢复白松林。[15]

工业化的过程也导致人对自然的疏离和心理焦虑，梭罗在瓦尔登湖畔的人生实验正是为了远离工业化浪潮的裹挟。在梭罗看来，人生若要有意义，就必须与自然零距离接触，看到春天第一朵绽放的花儿，沐浴在每个晴朗的冬日早晨的第一缕阳光里，感受林中每时每刻不断变幻的美景。这些精神享受是那些在尘世中匆忙生活的人无法理解的。对梭罗来说，除了那些为养活自己所必须从事的工作外，余下的时间都应该用来安静地思考、认真地阅读、敞开地感悟自然万物。如果他不能每天花四个小时在树林、山岭和田野中漫游，或无法让自己的身心完全从世俗的事务中脱身开来，他将无法保持健康和精神。

不过，如果就此认为梭罗是个拥护原始主义的作家则是偏颇的。梭罗"清晰地了解所处时代的文明缺陷"[16]，甚至对物质文明的疯狂发展感到失望，但梭罗没有想过要对抗社会发展的必然趋势，他只是想以自己的力量呼吁人们将对物质的要求降到最低，唤醒人们内心深处对自然的渴望和回归。他的本意是"在不破坏自然利益的前提下，接受文明带来的好处"[17]。正因为如此，梭罗一边认为自然中隐藏着最深的秘密，一边又如饥似渴地在各个图书馆和博物馆里大量涉猎、阅读相关书籍，在晚期的作品中梭罗也肯定了城市作为人类知识储存库的价值。

只是正如纳撒尼尔·霍桑（Nathaniel Hawthorne）所言，梭罗在道德上和智慧上没有找到真正的向导，这使得他的健康状况总是欠佳。[18]这不仅体现在身体上，他患有支气管炎、嗜睡症，并最后演变成令他英年早逝的肺结核，而且体现在精神上，他的思想常常存在矛盾，这令他痛苦不堪。梭罗看到了高速发展的文明对自然的漠视与践踏，但他没有完全否定文明带来的便利，他只是想在尽量遵从自然规律的前提下享受现代文明。只有认识到梭罗看待文明的矛盾态度，才能更好地理解梭罗在很多作品中看待城市、自然和发展的含混思想。"天亮的日子多着呢，太阳不过是一颗晨星。"[19]

康科德

梭罗的出生地是位于马萨诸塞州康科德弗吉尼亚路的一座农庄。当时的康科德是与新罕布什尔州的首府同名的一个小村镇，梭罗称他的出生地为"全世界最可敬的地点之一"[20]。康科德是美国独立战争的起点，新英格兰的中心。

梭罗家老式的房屋四周围绕着果园和草地，紧挨着贝德福特平原。这使得梭罗坚信，美国之所以独特与优越、美国人民之所以能够保有人性的最高本质，主要原因之一就是美国相较于过度开发的欧洲拥有更为原始的自然，"就像植物、蔬果是为动物而生的，美洲则是旧大陆人的新生之地"[21]。山峦与平原，河流与湖泊，这片还没被人类的脚步完全践踏的土地，赋予了梭罗丰富而又多元的生态意识。

在欧洲殖民者到来之前，康科德曾是印第安人的古老居住地。"1635 年，马萨诸塞的殖民者从印第安人的手中买下了这片土地，将它变成了第一个内陆种植园。"[22]康科德（Concord）的命名也源于那次以和平方式进行的交易，意为和谐、和睦。康科德在波士顿西北部，从波士顿到康科德途经莱克星顿，因此被莱克星顿抢去了 1775 年美国独立战争第一枪的殊荣，但康科德仍是美国独立战争的起点。康科德也是美国知识分子的集中地，但在 19 世纪中叶美国著名的"康科德团体"中，梭罗是唯一出生在康科德的作家。[23]其他人来到康科德，要么因为它宁静美丽，要么因为它距离波士顿不远或者生活成本比较低，不管是寡言少语的霍桑，还是善于言辞的奥尔科特，抑或多才多艺的钱宁，他们都只是住在康科德而已。只有梭罗生在康科德，长在康科德。谁也不会想到，从此以后康科德将与梭罗的名字一起镌刻在文学史上，就像斯特拉福德镇之于莎士比亚，伦敦之于狄更斯，塞尔伯恩之于怀特，密西西比河之于马克·吐温。

除去到哈佛求学和到缅因州、科德角的几次短途旅行以及到加拿大的一次长途旅行，梭罗的一生基本都在康科德度过。对于梭罗来说，康科德是他唯一的家园，不仅"为他提供了很多教育，并成为他的大多数文学作品的素材。康科德是他的世界，他的情感、智力以及物质生活的支点"[24]。"他就像这地方的守护神或神人，就像在斯堪的纳维亚神话里，那些北方海岸和山脉的守护神一样。"[25]

梭罗出生时，康科德是个居民不足两千人的小村落，主要以农业为主，工业刚刚萌芽。生活在康科德的大部分人都是健壮的农民，他们舒适地生活在旧式田园之中，过着真诚而勤俭的生活。直到梭罗长大，康科德的风貌和社会风气依然如昔。这是一个典型的新英格兰小镇，林荫小径两旁是白色的房子，村里的牧师是这个小社会中地位最高、最受人尊敬的人，酒店老板则最不受尊重。

康科德四面都是山林野地，其间生长着很多飞禽走兽。数条小河流过这个安静的小乡村，艾莎贝特河和萨德伯里河汇成了康科德河，在流经沼泽和草地后，注入梅里马克河。梭罗写道："这条流经康科德草地的主动脉，穿越村镇时悄然无息，几乎听不到它脉动的声音……充沛的河水流过坚实的平原和河谷，就像脚踏鹿皮靴的印第安战士，匆匆忙忙从高地奔涌冲入古老的水库。"[26]只要到梅里马克河上划动船桨，就可以和自然紧紧相拥，时间在这里停止，科学也被抛在脑后。梅里马克河因为梭罗的文字与世界上很多著名的河流如密西西比河、尼罗河、恒河、克珊托斯河等齐名。除了河流众多，康科德也有茂密的植被，梭罗的童年和新英格兰村落里大多数男孩一样在这样甜美的田园中度过，在草原牧牛，赤脚奔跑，在河边钓鱼。在去哈佛大学上学之前，梭罗就是在这样一个和谐而自足的自然处所中自由成长的。

对于梭罗来说，康科德是他一生的挂牵，是他无法离开的处所。

虽然当时的新英格兰已经开始工业化的进程，但康科德还保有它众多的湖泊和沼泽，村北有百特曼湖，村南有怀特湖、瓦尔登湖等。景色怡人的瓦尔登湖周围生长着松树、阔叶林、枫树、桧树、越橘果，还有一个名叫"美丽庇护所"的小丘，瓦尔登湖及附近的整片林地仍保留着荒野的风貌。梭罗四岁时初见瓦尔登湖就深深地迷恋上了它。这也许解释了为什么许多年以后他只身来到这个林子里，度过了他人生中最重要的岁月，也解释了为什么他能在此处写下被奉为生态文学圭臬的《瓦尔登湖》。在书中，梭罗深情地回忆了他四岁时初见瓦尔登湖的情景，他说："如今，我清晰地记得，我四岁时从波士顿被带到我的这个家乡，当时就是穿过这些树林和这块地，来到这个湖边。这是印刻在我记忆里的最久远的景象之一。"[27] 在瓦尔登湖畔的两年两个月零两天，很可能正是把梭罗从紧紧禁锢着他的北方村庄习惯中释放出来所必需的催化剂。从这个意义上讲，瓦尔登湖畔的生活是他最终发展变化的前奏。

瓦尔登湖因为梭罗而成为康科德乃至美国的文化圣地，曾有学者评价道："康科德就是梭罗的纪念碑，上面有他自己写就的碑文。"[28] "如今的康科德更像一个博物馆，有爱默生的故居、奥尔科特的故居、爱默生和霍桑住过的'老宅'、莱克星顿和康科德战役遗址，还有康科德博物馆。在康科德博物馆里，在一根绒绳后面可以看到当年梭罗在瓦尔登湖的家具。这是康科德现存少有的没有用牌匾来显示年代久远的东西了。博物馆里还有一个展示新英格兰美丽秋日的视频，其间穿插着摘自《瓦尔登湖》和《论自然》的朗诵片段。但在刻着'简单些，再简单些，更简单些！'的咖啡杯上却很难找到梭罗的身影。"[29] 瓦尔登湖畔的岁月成就了梭罗，自那以后，不论在什么地方，梭罗总可以找到与自然密切接触的方法。罗伯特·D. 理查德森（Robert D. Richardson）总结说，梭罗"所有的阅读与旅行都可以反过来作用于康科德，而他在康科德的经验又为他在别处的经历涂抹上色彩"[30]。

梭罗对康科德的热爱已经成为一种深入骨髓的强烈情感，他喜欢和哥哥约翰散步到康科德河边的山坡上看太阳升起，喜欢俯视父亲的花园安静地沉思，他发现了自己待在"家"里的天分。对于梭罗来说，康科德的资源是无穷无尽的。这个拥有着燧石和箭矢的印第安记忆的村庄，这个有着清澈小溪、缤纷野花、如茵绿草、宁静湖泊的村庄，不仅注塑了梭罗的性格，也影响了他的生活态度，就连"远足，在一定程度上也是康科德对他向心力的体现，因为每次离开之后他都会迫不及待地回到康科德"[31]。康科德更是他大多数文学作品产生的背景和描写的主体，正如兰斯·纽曼（Lance Newman）所言，在梭罗的日记和未出版的自然史中，随处可见康科德"不可忽视的物质环境"对他的"创作甚至他的意识"的影响。[32] 可以说，康科德是梭罗迈向自然的首个实验场，是梭罗生态思想的萌芽地和回归点。

业余的自然主义者

如果说康科德是梭罗的"大家"，那么父母和兄弟姐妹则是梭罗的"小家"。在这个"小家"里，每个人都对自然怀着热爱，在他们的带领下，梭罗早早感受到人与自然亲密相处的快乐。

梭罗的祖先混合了苏格兰、法国和英格兰的血统。祖父在美国独立战争以前就移居美国，是活跃于波士顿商界的富贾；父亲为人谨慎、低调，靠着出色的铅笔制造工艺赢得了声誉。他的外祖父毕业于哈佛大学，曾放弃在新罕布什尔州法律部的职位。梭罗的母亲辛西娅是一位充满活力的女性，善于言谈，对周围的自然世界充满热忱。梭罗不是同辈孩子中出类拔萃的，他的写作才能也不是天生的。

梭罗的父母对植物学、自然地理和自然史都怀有很高的热情，常常"带他们的孩子到康科德附近的山峦、池塘散步，经常在他们的目的地做晚餐"[33]，人们经常可以在理士山、瓦尔登湖、艾莎贝特河附近看到梭罗家的孩子们在收集植物、动物、鱼类、昆虫和岩石。在梭罗孩童时期，母亲辛西娅经常在阳光明媚的下午带他和兄弟姐妹出门远足。她是如此热爱自然，如此喜欢在大自然中散步，据说她的一个孩子差点在她散步时出生在田间。梭罗的哥哥约翰是整个家庭中活力四射的核心人物，也是业余的自然主义者，毫无疑问是他把弟弟引到田野和树林中去的[34]。在同时代的村民眼里，约翰无疑是家里的天才，获得了亨利·梭罗的崇拜。梭罗兄弟俩是户外活动的战友和自然研究的伙伴。

1827 年，年仅 10 岁的梭罗写出了他人生中第一篇关于自然的作品《季节》（The Seasons），可以看出他对自然万象的兴趣和运用文字的娴熟。1833 年，16 岁的梭罗进入哈佛大学。在优秀学子如云的哈佛校园，梭罗并未受到很大的重视，据他的同学约翰·魏斯（John Weiss）回忆，梭罗在大学时是一个"害羞、腼腆，多少有点古怪的学生，几乎被同学完全忽视"[35]。

很长一段时间，梭罗在大学里的成绩排名并不靠前，这经常被评论家认为是他的创作天才还不成熟的论据，但现在的很多梭罗研究学者更正了这种看法。据梭罗的传记作家记载，梭罗在大三时曾因病休假，这不仅拉低了他的平均成绩，也为梭罗最后因肺结核英年早逝埋下了病根。如果梭罗成绩平平，我们该如何解释他被邀请在哈佛大学毕业典礼上演讲，并且这是一场非常成功的专题演讲？"他的嘴角上扬，带着志得意满的表情。现在看来应该是他在展望未来，怀着对自己未来之重要性的欣赏。"[36] 当时的梭罗已经表现出了强烈的对自我生活的关注，这也成为他思想成熟时期特立独行的原始依据。

在哈佛大学期间，梭罗对户外生活的热爱丝毫未减，尽管身在哈佛，他的心却时常返回故乡的森林和湖泊。梭罗是个勤奋的学生，他对自然史的热爱不亚于修辞学和古典文学。1837 年 8 月 16 日，梭罗在哈佛大学毕业典礼上发表演讲：

　　我们所居住的这个奇妙的世界，不只是合宜的，而且还是美妙的；不仅用处无穷，而且还是美好的；我们除了利用它，更应赞美它、享受它。有些事物的顺序应当略加变换，比如每周的第七天应为大家的工作日，一个人在这一天要辛勤工作以赚取生活，而其余六天是情感和灵魂的安息日，应当徜徉于宇宙的大花园中，汲取大自然潜移默化的影响及其超卓的启示。[37]

　　年仅20岁的梭罗提出了他对自然的独特见解：不仅肯定了自然的使用价值，而且指出了自然的内在价值；认清生活的本质，抛弃多余的物质需求；提倡人与自然和谐共处。可以说，梭罗的生态思想在大学时就已经显出雏形。

　　对于梭罗来说，在自然中散步和徜徉不仅是内心强烈的渴望，而且具有修复创伤的力量。1840年11月，梭罗受到双重打击，他鼓起勇气向心中理想的女子艾伦求婚被拒，投稿给《日晷》被拒。梭罗在冬日的树林里走了很久，他看到凛冽冬日里依然挺拔的松树，看到忙于过冬迁徙的水獭，看到历经千万年依然耀眼的太阳洒落在湖面上的光影。在田野中，在树林里，在河流边，梭罗在自然中看到了那个渺小而自怨自艾的自我。自然的丰足、富饶给予了他修复创伤的力量。

　　家庭和家人对梭罗的影响是深刻而深远的，在一定程度上决定了梭罗对生存方式的选择。1837年大学毕业后，面对经济危机造成的工作机会减少，梭罗也曾到外地求职。他带

着哈佛校长和爱默生的推荐信到缅因州求职，但不知道是面试不成功还是对康科德的眷恋，梭罗很快就回到康科德只有一间教室的小学教书，然而就在两周后，据说是因为不能接受校方要求的用教鞭体罚学生的教育方式，他辞职了。他和哥哥约翰都没有再找到特别合适的工作。第二年夏天，梭罗在家里设立了一所私立学校，他开明而现代的启发式教育理念吸引了一大批学生。几个月后哥哥约翰加入，他们把学校迁入当时空置的康科德学院。遗憾的是，1841年3月，约翰病倒离世，学校只能停办。4月，梭罗搬进爱默生的家，在爱默生外出演讲时帮忙料理家事。虽然有书可读，有地可住，有人陪伴，但梭罗无法摆脱丧失独立性带来的危机感。梭罗也到父亲的铅笔制造厂帮忙。1843年，梭罗搬出爱默生的家。在这两年间，梭罗从一个懵懂的年轻写作者成长为一位多产自信的作家，这归功于爱默生对他潜移默化的影响。

梭罗还运用在哈佛求学期间阅读的关于德国和法国铅笔制造技术的文章，在1844年改进了制作工艺，使得他们的铅笔优于其他美国牌子。梭罗本有机会成为一名出色的铅笔制造商，但当朋友们恭喜他找到属于自己的前途时，他却回答说自己不会再制造另一根铅笔了，因为他不想也"不会重复做已经做过一次的事"[38]。

在将财富视为人生目的的19世纪中期，梭罗的这种宣言听起来与同时代人格格不入，所以当时小镇的居民一直将他视为异端。但在今日看来，梭罗非常有预见性地认识到工作只是生活的手段，而非目的，他不愿意为了任何狭隘的职业放弃伟大的抱负，因为他找到了命中注定的职业——研究自然。此后余生，梭罗再没有过正式的工作，他将人生中大部分时间都用来散步、观察、与自然交流。

梭罗总是特立独行，在阳光和煦的星期天上午，当他的邻居们整齐地坐在教堂做礼拜时，他却步入康科德河齐肩深的河水，观察水里的生物；当他的邻人们忙着耕地时，他却爬上最高的松树去找鸟窝、松球，或欣赏风景。他只想花极少的时间工作（这也不过是因为生活必需），其他时间则统统用来与身边的草木、动物交流。

19 世纪 40 年代后期，梭罗对自然历史的兴趣迅速增长。在瓦尔登湖生活的第二年，梭罗将更多的注意力放在专心致志地观察和研究鱼类上，他曾帮助哈佛大学的博物学家路易斯·阿加西（Louis Agassiz）教授收集各种鱼类、爬行动物和小型哺乳动物来制作标本。阿加西来自瑞士，是当时著名的鱼类研究者，他在哈佛教授动物学，奠定了美国动物学研究的基础。梭罗不仅帮助阿加西收集样本，而且阅读他的著作《动物学原理》。梭罗贡献过一只美国苍鹰给自然史博物馆波士顿协会，并因此于 1852 年成为他们的通信会员。1858年，梭罗开始大量阅读动物学文献。但梭罗不是一个严格意义上的博物学家或动物学家，确切一点说，梭罗只喜欢用科学的思维方式来看待自然，正如他的传记作家雷金纳德·库克（Reginald Cook）说的，将梭罗看成一个诗人和自然主义者比科学家更为合适，因为"他的目标是试图从他在自然现象中发现的意义里窥见自然的神秘"[39]。

优美的自然环境，原生的生活环境以及崇尚自然的母亲、哥哥、妹妹的影响，使得梭罗生来就热爱自然，并且一生钟情于自然。从一个在康科德的树林、溪畔玩耍的孩子成长为山间、林中狩猎的少年，到瓦尔登湖畔实验性居住的青年，以及用科学研究自然的中年，梭罗的一生都与自然有着不可分割的联系。梭罗本可以成为一名出色的教育工作者，如果他愿意对当时的教育体制妥协；梭罗也可以成为一位杰出的企业家，如果他愿意继续发挥自己在铅笔制造上的天赋并以此为业。但这些都非他所愿。对于梭罗来说，从生活中获得的知识比书里更多，而最好的生活是什么都不做，仅仅用生命来感知、体认这个世界。

借来的思想

虽然梭罗经常强调说，从自然中获取的知识远甚于学者的思想，但他始终是波士顿各个图书馆的忠实读者，他一生博览群书并广泛汲取前人的精神营养。"我们知道梭罗常去哪些图书馆，它们中大多数都保留了他的借阅记录。我们知道梭罗自家图书馆里的藏书目录。我们知道他在康科德学院和哈佛大学时所修课程的必读书目。而且，我们还能从他日记里经常引用和所做的评论中知道他看过的卷帙浩繁的书籍。"[40]每日在书桌旁苦读对于梭罗来说和外出散步一样重要。在《瓦尔登湖》的《阅读》一章中，梭罗曾用最为雄辩、深情、动人的辞藻向他阅读过的经典致敬。

梭罗一生涉猎广泛，可以自如地阅读意大利语、法语、德语著作，在西方古典文学、英语文学、美国历史、东方文学及有关印第安人的著作等多个领域都用力颇勤。他的传记作家坎比（Henry Seidel Canby）曾指出："他（梭罗）的思想都是借来的；他的独创性存在于混合性中。"[41] 这一判断在一定程度上是成立的，虽然梭罗的生态思想并不只是简单混合了各种"借来的"思想，但这也提醒着我们重视不同思想渊源对梭罗生态思想形成所起的促进作用。爱默生以及超验主义思想对自然精神的崇尚、达尔文主义与进化论思想中所蕴含的生态整体观和联系观、东方文化中的天人合一观、印第安人与自然和谐共存的精神，使原本沉迷于自然的梭罗创造出自己的独特生态思想。

爱默生与超验主义

1837 年 10 月 22 日，梭罗在一本空白的笔记本上写下这样的话："'你现在在做什么？'他问，'你写日记吗？'于是，我从今天开始写日记。"[42]

从那天开始，梭罗开始写日记，这个习惯一直保持到他逝世前几个月。这些日记里出现了梭罗绝大部分作品的主题，蕴藏着他丰富而含混的内心世界。虽然梭罗从未直接说出建议他写日记的人是谁，但从他生前接触的人和爱默生的回忆来看，那个人就是爱默生，是他鼓励梭罗开始记录与自然的交流，也是他最终促成梭罗书写自然、研究自然。

虽然梭罗发自内心地喜欢自然，却并非天生的自然作家，

他的自然知识是零散的，生态理念是感性的。在他的文学成
长道路上，爱默生的影响不容忽视。爱默生不仅是引导梭罗
创作的领路人，更是 19 世纪美国文坛的领袖。在梭罗的青
年时期，新英格兰兴起了一场重要的文化运动——超验主义，
以爱默生、奥尔科特等人为主要代表。后来的事实证明，超
验主义是当时美国文学和政治中最强劲的力量，这场运动对
梭罗的整体性格、人生选择和文学创作都产生了非常重要的
影响。

　　超验主义的源头是 18 世纪末到 19 世纪初流行于欧洲的
浪漫主义。欧洲工业革命初期，科学技术迅速发展，导致人
类的私欲膨胀，自然沦为人类掠夺的对象；而对理性的一味
崇拜则使人类居高临下地看待自然、心安理得地奴役自然，
在自然面前毫无谦卑之心。出于对启蒙运动所倡导的理性主
义的反叛，欧洲哲学家提出的浪漫主义往往被定位为"对理
性主义的反动"。

　　理性主义以约翰·洛克（John Locke）的经验论和他的
《人类理解论》（*Essays on Human Understanding*）一书为基础。
洛克认为人类的知识皆源自感官，万象诸事只有经过感官验
证才能相信。康德对此持有不同看法，认为理念并非来自经
验，而是来源于"心灵的直觉"，并在批判洛克的怀疑主义哲
学时首先使用了"超验"一词。[43] 在《纯粹理性批判》中，康
德指出："凡一切知识不与对象相关，而唯与吾人认知对象之
方法有关，且此种认知方法又限于其先天的可能者，我名此
种知识为先验的。此一类概念之体系，可以名为先验哲学。"[44]

爱默生借用这个词时着眼于其"超越经验"之意，希望透过表面的自然现象去感受背后的理性和精神力量。在传统的西方文化中，自然很多时候是具有一定使用价值的开发对象，而爱默生则希望人们使用全新的眼光来看待，透过表象看到自然的灵性。1836 年，爱默生出版了《论自然》（*Nature*），该书被视为超验主义的纲领性文献。

梭罗曾于1837年4月和6月两次从图书馆借阅《论自然》，同时还借阅了歌德的教育小说《威廉·麦斯特》（*Wilhelm Meister*）。正如爱德华·摩根·福斯特（Edward Morgan Forster）指出的，能够影响我们的正是那些我们已经准备接受的作品，那些在我们探索的路上比我们行得更远一些的作品。[45]《论自然》开篇就深深吸引了梭罗："一个人若欲独处，不仅需远离社会，亦应远离他的家。我在读书或写字时虽无人与我同在，但我并不算独处。一个人若欲真正独处，他应眺望天上的星辰。"[46] 梭罗对此书甚为珍视，他曾买过一本初版的《论自然》，并将它收藏于书房中直至去世。这也从一个侧面证实了梭罗传记作家哈丁的论断：爱默生的《论自然》是对梭罗影响最大的论著之一。[47]

文学中的浪漫主义思潮肇始于法国作家卢梭。卢梭认为现代文明是肮脏邪恶的，人们只有回到自然的怀抱，才能找寻到解救之道，提出把真诚和情感置于理性之上。卢梭"厌恶传统而热爱自然"[48] 的主张构成了欧洲浪漫主义的思想基础，人们开始重视美德、自然、感觉等观念甚于理智。[49]

浪漫主义运动最突出的特点是肯定本能和情感，对自然的崇拜以及重建世界的强烈愿望，"强调心灵更胜于精神，强调野性更胜于克制，强调神秘更胜于理性"[50]，提倡回归自然。浪漫主义"深受源于德国思想家的那些令人兴奋的想法激励，这些想法通过柯勒律治、华兹华斯和卡莱尔的作品在英语读者中流传。"[51]对浪漫主义者而言，未开发的、自然的环境才是最适宜人类居住的。因此，浪漫主义作家中有的着迷于美丽的湖光山色，有的向往原始森林，还有的怀念宗法社会的田园生活。[52]

风行欧洲的浪漫主义在19世纪的美国找到了丰厚的土壤，因为当时美国有着数百万英亩的荒野，数量众多的野生动物，丰富多彩的边界神话，拥有浪漫主义繁荣发展的完美环境。[53]于是，浪漫主义漂洋过海，在大洋彼岸生根发芽，华盛顿·欧文（Washington Irving）、詹姆斯·库柏（James Cooper）等成为美国浪漫主义文学的先驱。进入19世纪30年代，爱默生把浪漫主义推向了顶峰，由此产生了超验主义。可以说，超验主义是美国历史上道德、艺术和文学的复兴，是美国本土作家成功消化、融合欧洲浪漫主义思想的精神探寻运动。

超验主义主张回归自然、回归素朴，相信人类的天性自孩提时代起就深埋心中，只可惜岁易时移为外在力量所湮灭，每一个有良知的人都应挣脱外在束缚，返归自然，从大自然中找回人的自然天性。在爱默生看来，我们与之打交道的自然无时无刻不在向我们传达智慧：冲击礁石的海浪让我们坚定，蔚蓝而深邃的天空使我们宁静。爱默生大胆断言："所有的科学只有一个目的，那就是寻找一种关于自然的理论。"[54]

虽然爱默生所倡导的这种态度仍然是功利地对待自然，但这种功利性却更多地集中在人的精神提升和人格修养上，较之仅仅以索取自然物来满足物质欲望，境界要高出很多。爱默生的这种思想启发了梭罗，使他认识到向大自然学习的重要性。梭罗也相信自然有着让人类精神升华的神秘力量。在瓦尔登湖畔小木屋台阶上的冥想《声音》，应该算是梭罗笔下最著名的超验主义体验叙述了。正是在超验主义倡导回归素朴的影响下，梭罗尝试在瓦尔登湖畔过一种简单生活，一年只工作六周。

超验主义强调个人的主体性和人格的独立性，特别是思考的独立性，倡导通过独处和冥思实现自我。在1842年的一次演讲中，爱默生这样定义了超验主义："超验主义者主张心灵联想，相信奇迹、启发与极度喜悦。我们对先人所言，常不假思索地采信，怯于自我实现。超验主义者是决不流于世俗，只做自己。"[55]对个人想法和行为的赞赏是超验主义最珍视的目的之一。这些有关独处的生存、独立人格和独立思考的观点深深影响了梭罗。梭罗用他的一生验证实践了超验主义者的宣言：世界上只有一种成功，那就是以自己的方式度过一生。梭罗曾受邀加入美国科学促进协会，但他拒绝了，在日记中，他提到这件事："我本应马上告诉他们，我是一名超验主义者。这样就能立刻让他们明白，他们是不会理解我做出的种种解释的。"[56]如果对"超验主义"采用通俗理解的话，即相信自己可以超越感官，认识最终的真理，梭罗无疑是一名超验主义者，超验主义不仅深刻影响了梭罗的生存方式，而且促使他探索并形成自己独特的生态思想。

毫无疑问，爱默生和超验主义对梭罗的自然观、简单生活观等的形成产生了重要的影响，但追求独立思想的梭罗并未完全跟随爱默生的脚步，而是逐渐形成了与爱默生不同的认识自然的方式。爱默生只是用眼观察自然、用心思考自然、用笔和嘴论述自然；而梭罗调动了他所有的感官，用眼、用耳、用鼻、用手、用口、用心来体味自然，这一点是爱默生无法企及的。因此布伊尔说梭罗是"爱默生尘世的对应者"，"我们提到爱默生的形象就会想到一连串值得纪念的宣言、哲学辨析以及系列演说活动"[57]，与爱默生专注于写作和演说相比，梭罗更多地付诸行动，长时间地置身于大自然中感受和学习。在《瓦尔登湖》里，梭罗强调人不能仅仅从书本中学习知识，更要重视从自然万物中发现智慧，发现和理解自然万物向人类传达的信息——那些并非以人类的文字印刷出来、以人类的语言表达出来的信息。梭罗告诫人们，不要忘却了大自然的语言，那种语言"不用比喻言说所有事物，但唯有它既丰富又标准。那种语言很多被传达出来，却极少被印成文字"。[58]

随着岁月的流逝，梭罗越来越依赖经验感觉而非超验主义的灵感来感知世界，所以他晚年的作品更多地关注自然世界。有学者认为晚年的梭罗背弃了早年的超验主义，转向纯粹的自然分析。如罗谢尔·约翰逊所言，梭罗最后十年在对文学、物质世界的观察和认识中出现的生态视角，超越了之前（不仅仅是爱默生）仅仅用来描述物质世界的隐喻。[59]梭

罗超越了爱默生的独创性，这一点长久以来被低估了，因为
"爱默生对自然显而易见的进程视而不见，直到梭罗打开了他
的双眼"[60]。

　　同样是热爱自然，爱默生与梭罗在热爱自然的旨归方面
存在根本性的分歧。尽管爱默生承认自然具有自身的物质价
值，却倾向于贬低这种价值，除非它按照人的意愿被用于更
高的精神追求。在爱默生看来，世界的各种现象都可以看作
一种精神实质的外在体现，在更完美的未来，精神将建立起
它对肉体的支配权，思想将超越人体，理想将超越物质，人
类将超越自然。人与自然的关系是一种主仆关系，自然之所
以重要，是因为它要么被人用来与上帝沟通，要么被人用来
理解伦理道德。"爱默生眼中的自然，是一种理性的自然，一
种带有说教性的自然，一种被抽象、被升华的自然。"[61]与爱
默生不同，梭罗不仅严厉批评人类功利地利用自然，主张人
类非功利地认识自然、发现自然、理解自然和欣赏自然；而
且还强调自然独立于人类之外的自身价值和自我实现。梭罗
抨击道："通常将人们带进荒野的动机是多么卑鄙粗俗"，"几
乎没有人来到森林里是为了看松树如何生存、生长、发芽，
怎样将常青的手臂伸向光明——看它完美的成功。绝大多数
人都满足于看到松树变成宽大的木板被运到市场上，并认为
那才是它真正的成功！"[62]

　　爱默生尽管十分看重自然的整体性，甚至担心人类会破
坏自然万物在统一体中的相互依存性，但他更倾向于让人类
扮演那个必不可少的创造性角色，而地球以及它的其他生物

都只为人类服务。很显然，爱默生在自然面前仍保持着一种万物之灵居高临下的优越感。"自然完全是中性的，它注定要为人类服务。它像救世主的坐骑一样温顺地接受人的控制。它将所有提供给人类，人类可将它们打造成有用的东西。"[63]也就是说，如果没有人类从物质和精神两个方面对自然进行调节，自然就会失去统一性，这个世界也就不适合生存了。爱默生延续了自文艺复兴以来人类为万物之长的观念，在他看来，人类不同于其他生物，是宇宙的中心，而不仅仅是与物质的自然相对等的一部分；外部世界反映着人的精神生活，反过来却非如此，人绝不能仅仅被看作整体的一部分。人类是世界整体的创造者，也就是说，世界是通过人的存在而集中起来并由其想象而组装起来的整体。在爱默生看来，地球以及它的生物都注定要由人类来改变其性质，同时爱默生强调自然体系若没有人同时从物质和精神两个方面进行调节，就会失去齐整，这个世界也就不能居住了。由此可见，爱默生爱自然的实质和目的是爱人类，观察自然、学习自然的目的是提升人类。

梭罗拒斥了爱默生将自然视作人类精神的隐喻的观点，所以当人们将他视为爱默生的追随者时，梭罗非常愤怒。"就像梭罗自己所说的那样，他生逢其时"，保罗·舍曼（Paul Sherman）这样开始了他的《美国海岸》，"梭罗本人没有必要再像爱默生那样去创立什么'第一哲学'，他轻而易举就可以找到一个"。如此轻而易举，以至于一些邻人感到恼怒，因为他们认为梭罗在模仿爱默生，甚至有人认为他一直模仿到爱默生的鼻子。[64] 但梭罗与爱默生是相互影响的，爱默生曾在他的笔记本中直接引用了梭罗写于 1853 年的日记，其中有很多是他对梭罗文字的阅读以及梭罗对爱默生创作中的一个熟悉的主题——物质和精神——的重申。[65] 当然，更多的时候他们之间的分歧因为他们对自然的观点常常有所矛盾。

爱默生对梭罗的影响是多方位的。这种影响不仅来自他的书籍和演讲，还来自他与梭罗的日常交流，来自梭罗两次在爱默生家的长住。梭罗与爱默生何时相识迄今仍未能有定论，据现有文献推断，两人应该是在 1835 年爱默生搬到康科德之后的一两年内的某个时间里相遇的。1837 年梭罗自哈佛毕业回到康科德后，两人之间的友情很快臻于成熟。[66] 与爱默生相遇是梭罗写作生涯的重要转折点，因为爱默生的建议，梭罗将他在林间散步观察所得述诸文字，承担起研习大自然的神圣使命，虽然梭罗从未直接承认过。经由爱默生推荐，梭罗成为《日晷》杂志的固定执笔人，在《日晷》发行的四年间，共发表了 31 篇文章，并独立承担过 1843 年 4 月那一期的编辑工作[67]，同样经由爱默生的介绍，梭罗认识了当时文坛上的一众名流——霍桑、奥尔科特、钱宁和玛格丽特·富勒（Margaret Fuller）等。可以说，爱默生给予梭罗的不仅是帮助和建议，还有身为大师的风范，以及对梭罗的关怀和欣赏。梭罗曾满怀深情地写道："当一个高贵的人无微不至地关怀我，向我暗示绝对的信任时，我感到灵魂最深处的部分被触动了。"[68]

如果老师和学生都怀着爱向同一个方向努力，那将是相互成全。但梭罗与爱默生之间的友情正如大家所知道的，慢慢产生裂痕，直到无法弥合，但并未完全破裂。梭罗在第一篇日记里提到是一位朋友督促他，却始终没有直接提到爱默生的名字。梭罗也常在日记中抱怨他们无法互相理解，爱默生给他的居高临下的感觉让他非常不舒服，"我有两个朋友，其中一个给我的友谊所带有的条件只会使我产生卑躬屈膝的感觉，这是我无法接受的。他不会平等地对待我，而只想在某种程度上充当我的恩人。他不会来看我，可要是我不去拜访，他就很伤心。他不准备接受别人的好意，却很乐意施予他人。有时候他直率坦诚，偶尔却对我讲讲客套；他不时扮演一种角色，对待我就像我是非常陌生的人；还骄傲地使用做作的言词。我们的关系是一出长久的悲剧，但我从未直接地说到这一点。"[69] 可以说，梭罗和爱默生之间的关系一直亲密而复杂，梭罗为了迎合爱默生放弃了自己的天性，而爱默生为了投合梭罗也放弃了自己的纯真。这种不和谐甚至相克的关系最终导致了他们相互敬重但无法相处的结局。在梭罗研究界，学者们一般将 1852 年 1 月 21 日视为梭罗与爱默生亲密关系结束的日子，因为那天梭罗在他的日记里写下这样的文字："我从未想过这一时刻来得如此不同寻常，我与我平生最要好的朋友平静地分手，从此分道扬镳。我发现，现在我们在一起时可能比以往更能相互了解，因为再也无须像以前那样期待根本的一致。只是我们各走各的路了。"[70]

毋庸置疑，在爱默生与超验主义影响下，梭罗对自然的认识形成了他自己的独特观点，影响了后代无数的自然文学作家。相较于爱默生，梭罗对美国的优越性和美国文学发展的优势更为自信，虽然梭罗与爱默生都相信原始的森林荒野有着让人精神升华的神秘力量，但和爱默生专注写作与演说相比，梭罗则付诸行动，是将哲学与实践相结合的成功案例。梭罗对自然的疯狂迷恋与自认为尚未完全退化的原始野性，让爱默生对梭罗在野外自然的灵敏与极佳适应力印象深刻，梭罗目测树木的高度、河湖深浅、动物体重都极为精准，在森林间游走犹如野兽般从容自在。在更深地相互了解和求同存异的前提下，梭罗与爱默生最终各走各的路了，然而，这两位文学巨人的交往交流，却对后世文学乃至整个思想文化界的发展产生了深远影响。诚如理查德森所言："19世纪三四十年代的康科德，是爱默生和梭罗的康科德。他们对美国文学的影响，就像歌德的魏玛时代对德国文学的影响。"[71]

达尔文与进化论

1860年元旦，查尔斯·达尔文刚刚出版5周的《物种起源》（*On the Origin of Species*, 1859）出现在康科德，没过多久，梭罗也得到一本，在仔细阅读后，梭罗写道："一个人只接受他准备接受的东西，不管是肉体上的、精神上的，抑或道德上的……如果他听到看到的某些事实或现象与之前知道的毫不相关，他是根本不可能注意到这些现象的。"[72]

达尔文是维多利亚时期英国最著名、最重要的自然学家，被誉为"三百年以来生态学历史上最重要的、独一无二的人物"[73]，他的声名笼罩了整个 19 世纪，对他的意义和价值的评判直接影响了人们对 19 世纪的把握。1831 年，达尔文从剑桥大学神学院毕业，却没有做好当一名牧师的准备，他以博物学家的身份加入了"贝格尔"号长达 5 年的海上旅行，此次旅行为达尔文后来的重要学说奠定了重要基础。梭罗在 1851 年就对达尔文的《"贝格尔"号环球旅行日志》（*The Voyage of the Beagle*, 1839）爱不释手，尤其是对其中提及的动植物群落分布产生了浓厚的兴趣。因此，当《物种起源》出版时，梭罗已做好了接受它的准备。

一般认为，《物种起源》的出版是进化论出现的标志，但进化论的形成和出现实际上经历了长期的酝酿和积累。早在古希腊时代，人们就模糊地认识到万物都有一个发生、发展和变化的过程，认为陆地生物是从鱼类进化而来。这种想法在经历了中世纪一千多年的黑暗时代之后，在文艺复兴时期又重放光芒。18 世纪之后，随着动物学、植物学、人类学、地质学等相关学科的繁荣发展，进化论终于在 19 世纪落地开花。德国作家歌德早在 18 世纪就曾大胆地宣称，"所有比较完善的生物体产生于一个共同的祖先"[74]。19 世纪初期，进化论的先驱法国博物学家拉马克（Jean-Baptiste Lamarck）继承和发展了前人关于生物不断进化的思想，他在 1809 年出版的《动物学哲学》中大胆地提出了生物是从低级向高级发展进化的学说以及物种为了适应环境一定会产生变异的理论。达尔文的生物学理论还受到英国地质学家查尔斯·莱尔（Charles Lyell）的影响，莱尔在《地质学原理》（*Principles of Geology*,

1833）中指出地层中存在的进化史实。戏剧性的是，"自然选择"这个表达最早出现在达尔文的校友、英国诗人阿尔弗雷德·丁尼生（Alfred Tennyson）的《悼念集》（*Memoriam*，1850）中。

需要指出的是，"达尔文主义"中最具争议的原则"适者生存"并非源于达尔文，而是英国哲学家赫伯特·斯宾塞（Herbert Spencer）提出的。早在达尔文之前，斯宾塞就是一位坚定的进化论者，在达尔文出版了《物种起源》之后，他将生物学的进化原则扩展到人类社会。因此，狭义的达尔文主义指的是达尔文基于生物学意义提出的进化论；而广义的达尔文主义则包括当时其他一些进化论思想家的著作，比如刚刚说到的斯宾塞，以及赫胥黎等。一直以来饱受诟病的其实是斯宾塞等人倡导的社会达尔文主义，但这些事实都不能改变人们对达尔文的印象，他的名字已经与"达尔文主义"联系在一起。

达尔文的进化学说开辟了自然史的一个新纪元，不仅推动了 19 世纪自然科学的发展，而且深刻影响了文学创作。不管是对于达尔文，还是对于梭罗，"自然"都是那个时代的关键词。对他们而言，自然既是问题的出处，也是答案所在。但在现有的文学史中，自然并非关注的焦点，就算谈及也是一带而过，因为 19 世纪文学的核心是现实主义文学。尽管钱宁在 1873 年为梭罗所写的传记《梭罗：诗人、自然主义者》（*Thoreau: The Poet-Naturalist*）试图将梭罗置于整个生态文学传统的起点，但在文学评论界，"自然主义者"却被用来指代更为激进、更为年轻的一批现实主义作家，他们因为指出自然是一个痛苦的玩笑而赢得注意，比如斯蒂芬·克莱恩（Stephen Crane）、杰克·伦敦（Jack London）等。[75] 自然主义者的自然是相对于道德、责任而言，指的是听从内心欲望的自然，而生态文学中的自然是指相对于人类而言、万物共生的自然。这种指代上的模糊和交叉给生态批评带来了很多困扰，在产生之初甚至造成很多误解。

尽管达尔文所指的自然与梭罗笔下的自然在内涵与外延上都不对等，但达尔文对自然的强调为我们更准确地阅读、理解梭罗的作品提供了一个新的向度，《物种起源》所谈论的动植物与自然的关系也启发了梭罗生态整体观的形成。"达尔文的进化论对生态哲学思想的发展产生了不可忽视的推动作用。人与其他生物之亲密关系的发现，使人们认识到人类与其他生物有着生物学意义上的共同的根，进而推动人们把人类的伦理扩大到所有生物，把对人的关怀扩大到所有生命。"[76]

在达尔文之前，还有一个人占据了 19 世纪知识界的重要位置，他就是亚历山大·冯·洪堡（Alexander von Humboldt）。这位德国的探险家、科学家、人类学家认为自然、艺术和文学并非对立的领域，而是相互交织的"宇宙"（Cosmos）的不同侧面。作为科学家，洪堡坚持自然宇宙囊括了人类，而作为人类学家，他却坚称宇宙只有在人类的帮助下才能存在。[77] 洪堡于 1799 年开始的南美洲之行激发了达尔文后来的探险，当达尔文踏上南美洲的海滨时，他第一个想到的就是洪堡："脑子里充满了混沌的喜悦，从中将诞生未来的喜悦和更为宁静的快乐。我现在只适合读洪堡，他像另一个太阳一样照亮我所看到的一切。"[78]

梭罗在 1850 年接触了洪堡的《自然面面观》(*Aspects of Nature*) 以及他那本名为《宇宙》(*Kosmos*) 的五卷本杰作。《宇宙》从第一卷开始就试图描绘一个科学与艺术相互交织的世界，不仅对物理层面的自然进行探索，而且追溯了人类历史从古至今对自然的兴趣，试图将"自然作为一个伟大的整体、一个由内部力量驱动并赋予其生命的整体表现出来"[79]。这种极具先见的跨学科研究为梭罗提供了借鉴，而洪堡身后长期被忽视为梭罗作品在问世后很长一段时间里受到评论界冷落提供了很好的注脚。从科学的角度读梭罗，他不够专业；从文学的角度读梭罗，他又不够唯美。今日再读梭罗，我们明白那是诗意的科学，科学的诗篇。

梭罗在《瓦尔登湖》中展示了人类与自然和谐共生的可能性，但很少有读者注意到他在筹备该书出版前的 1854 年春天写的日记。那年春天，梭罗在日记里写下了他对自然再生的喜悦，这种对自然的热爱和内心的狂喜洋溢在《瓦尔登湖》的最后一次修改稿中。1854 年 5 月 24 日早晨 4 点半，梭罗来到瓦尔登湖的峭壁看日出。阳光穿过浓雾，就像"一个更大的带露的蛛网延伸到地球的各个角落，太阳赋予了世界一个全新的角落，尤其是东边"[80]。他还穿过沼泽观察青蛙，并在那一天晚些时候列出了整个春天观察到的所有灌木、树木长叶的时间。此时的梭罗沉浸在自然之中，仿佛世事与他无关。那是梭罗创作的高峰期，随后政治慢慢侵入他的生活，我们熟悉的那个绿色世界渐渐后退成了背景。

1854 年 5 月 24 日，一个名叫安东尼·伯恩斯（Anthony Burns）的奴隶从弗吉尼亚逃到波士顿，他被联邦执法人员逮捕并关进了监狱，数日后他被押解回南方。那之后的几天梭罗继续散步和写日记，但日记里出现了不同的声音。他开始质疑自己的生活是否足够纯洁，对人类或动物是否足够仁慈。梭罗说我们"要想过得祥和、成功，必须和宇宙万物合为一体"，他转而开始审视自己，"于我而言，科学的残忍在于我试图用杀死它的方法来确定一条罕见的蛇的属类时，我觉得这不该是我获取知识应该采用的方式"[81]。没过多久，梭罗发表了《马萨诸塞州的奴隶制》，对奴隶逃跑事件做出正面回应。

这是很多读者不能理解梭罗的地方，他何以能够在政治和自然之间随意切换？对梭罗来说，任何的不自由和伤害从本质上都是一样的，不管是奴隶，还是其他物种。这件事发生在美国独立战争的发源地波士顿，无疑是极大的讽刺，是对自由平等的美国精神的侮辱。梭罗在该文中对洪堡在《宇宙》里所表达的平等意识进行了进一步阐发，洪堡认为不平等并非一个自然范畴，而是一个社会概念，而梭罗则坚信自然中存在着更高的规律。结合梭罗的日记，我们可以更好地理解为什么梭罗在《马萨诸塞州的奴隶制》一文末尾转向看似与主旨无关的纯洁的白色睡莲。

它就那样在我的眼前绽放，纯洁公正，芬芳馥郁，

仿佛在向我展示着出淤泥而不染的高贵品质。我想我摘
取的那朵应该是最先盛开的，花香里蕴含着怎样的希望
啊！……它昭示着什么样的律法可以持续最长久、受众
最广泛，而且依然盛行，直至那一日到来，到时人们的
行为也将如此花般芬芳。[82]

1854 年 6 月 5 日，梭罗在日记中写道，当天下午他再次
来到峭壁，但这次他不是来看日出，而是来看日落："我来到
这里，看太阳下山，以恢复我的理智、重建与自然的联系。
我将欣然喝下自然宁静的琼浆。"[83]梭罗继续从自然中汲取巨
大的能量，他依靠与自然的联系恢复平静，理智地看待社会
现象。

达尔文对梭罗的影响本质是人类对自然认识的不断深入，
值得一提的是，达尔文的《"贝格尔"号环球航行日志》中对
蚂蚁大军生动形象的描绘与《瓦尔登湖》中的蚂蚁大战不谋
而合。达尔文对动植物专业而生动的描写不仅为梭罗打开了
一片新的天地，也提升了梭罗的创作技巧。从追求自由的层
面上看，他俩也是共通的，任何一个物种都有其丰盛的理由。
就像梭罗自己说的"我们只听得到、理解得了已经知道的东
西"[84]，瓦尔登湖畔的日子使梭罗做好了准备，去接受达尔文
关于人类与自然世界关系的再认识。

东方文化

除了超验主义和达尔文主义的影响，在梭罗的生态思想

中还可以看到很多明显的东方文化的痕迹。印度文化、中国文化是其最主要的影响源，主要包括佛教和印度教典籍、印度神话、印度哲学、儒家和道家的自然观、人与自然观、生态生存观等。此外，埃及神话、阿拉伯神话、波斯寓言里的人与自然观也对其有明显的影响。早在19世纪80年代，史蒂文森（R. L. Stevenson）就指出，瓦尔登湖畔的梭罗致力于"东方哲学、自然研究和自我提升"[85]。这一论述也许暗含了一种意思：梭罗热衷于东方文化，目的是有助于他对自然的深入认识和他的自我提升，包括他独特的生态思想的提炼与提升。

在19世纪早期的西方，东方文化的典籍还比较罕见。梭罗最初接触到的东方文学是爱默生家的藏书，它们为他打开了一扇窗，让他窥见了五彩缤纷的未知世界。很快，那些藏书就满足不了他强烈的求知欲，他转向哈佛大学图书馆寻求更多的资源。在哈佛大学就读期间，梭罗就已经广泛涉猎东西方文化典籍，"梭罗的思想是在哈佛大学念书时开始明确定性的"[86]。梭罗对东方文化评价颇高，他曾借用他人之口表达自己对东方文化的尊崇："'毫无疑问'，一位法国翻译家在谈及中华民族和印度民族源远流长、谈及立法者的智慧时说，'那儿存在着一些统治世界的永恒法律的遗迹'。"[87]他还在日记中提到自己阅读东方哲学经典的感受："这些古书是多么动人心魄，荷马、孔子的情趣是多么高贵！"[88]在《河上一周》中，他写道："在每个年轻人的梦想里，哲学都是模糊不清却又不可分割的，内含唯一的真理，与东方相连……如果与东方的哲学家相比，可以说现代欧洲尚未诞生。"[89] 虽然梭罗的脚步没有跨越太平洋到达亚洲，但他在精神上早已到过。"难道亚洲不是在地理上形成之前就已经映射在我的脑海里了吗？"[90]

佛教与印度文化

梭罗曾被认为是个佛教信徒，早在 1890 年，约书亚·考德威尔（Joshua Caldwell）谈到梭罗时说："佛教信仰和实践……可以从梭罗的一生和作品中追寻佛教的踪迹……他的佛教信仰是那么清晰易见。"[91] 这部分是因为很多学者认为梭罗是刊登在 1844 年 1 月的《日晷》上题为《佛陀布道》的《妙法莲华经》摘录的译者无名氏。但这个推断后来遭到质疑，因为梭罗在他的《日记》以及其他作品中都不曾提到《妙法莲华经》。即便如此，也不能忽略梭罗在美国佛教传播中的影响，"有大量证据——比如《瓦尔登湖》和《河上一周》——确定了梭罗的显著地位"[92]。当然这些"大量证据"并不清晰可见，我们现在所能找到的梭罗提及佛教的地方并不多，而且比较含糊。比如，"我相信有些人可能更接近、更亲近佛陀，或者基督，或者斯威登堡，他们不像教堂那般苍白无力。想要领会基督生命的美丽和重要并不一定要成为基督徒。我知道有些人听到我把他们的基督之名与我的佛陀并置时会感到难以接受，但我宁愿他们爱基督甚过我的佛陀，因为爱才是最重要的东西……"[93] 很难说梭罗在这里讲的"我的佛陀"有特定的宗教指向，他更多是想借佛陀之名表达自己在刻板的宗教形式下对自由的追求。梭罗提到佛教时总有点模棱两可，这可能是因为在 19 世纪 40 年代，佛教经典在美国还没有流行。罗尔斯顿指出东方文化思想对生态伦理学理论的突破会有帮助，他说，与西方的传统观念不同，"禅学并不是人类中心论，并不倾向于利用自然，相反，佛教许诺要惩罚和遏制人类的愿望和欲求，使人类与他们的资源和他们周围的世界相适应。我们知道，禅宗懂得如何使万物广泛协调，而不使每一物失去其自身在宇宙中的特殊意义。禅宗知道怎样使生命科学与生命的神圣不可侵犯性相结合"[94]。

相较而言，印度文化对梭罗的影响则更为直观。梭罗自认拥有来自古印度的智慧，他曾在《瓦尔登湖》中自信满满地说："最古老的埃及或印度哲学家揭开神像的轻纱一角；这微颤着的袍子，现在仍是撩起的，我凝视着它，和当初一样鲜艳荣耀，因为当初如此勇敢的，是他体内的我，而现在重新瞻仰那个形象的，是我体内的他。"[95] 这种跨越时空的多重身份交叠在梭罗的其他作品中也可以看到。梭罗对印度文化非常熟悉、运用自如，可以根据自己的创作意图进行不同的阐释。比如他在《散步》中提到过一个印度神话：印度教徒梦见地球在大象背上休息，而大象在乌龟背上休息。梭罗接着写道，最近真的在亚洲发现了一只大到足以支撑大象的化石龟，而且他承认自己偏爱这些野性的幻想，因为它们超越了时间和发展的顺序。[96] 同一个神话在《无原则的生活》中则被梭罗用来隐喻空洞而毫无意义的日常交谈。

梭罗很喜欢印度的《摩奴法典》（*The Laws of Menu*），因为其中的文字可以追溯到人类和文化的起源，梭罗也从中找到了验证自己观点的证据，即施莱格尔提出的人类文化起源于东方的观点。在 1840 年 8 月的日记里，梭罗写道，在他的想象中，"广阔的印度平原横卧在北侧的喜马拉雅山与南方的印度洋之间……原始的部落在这里繁衍，仿佛这里便是人类的摇篮"[97]。梭罗还从中听到了穿越印度河而来的真理之音，仿佛"看到彼岸的枝条、河流中闪烁的阳光以及树木投下的阴影"[98]，他的最爱是遮挡着喜马拉雅山脉南侧的云杉、落叶松和银枞，所有这一切都彰显着自然的法则。1842 年，梭罗在日记里摘录了一些《摩奴法典》的文字，并写满了体悟。梭罗还选译了其中的 90 条，发表在 1843 年 1 月的《日晷》上。但他不支持婆罗门特权，相反，他觉得应该"感谢上帝，印度的种姓制度没有在世界框架内流行，我们是宇宙的自由民，没有被判处到任何阶层"[99]。正如我们在前一节谈到梭罗与达尔文精神上的共通之处时所讨论的，于梭罗而言，自由是任何时候都不能放弃的，所以梭罗的译文中没有出现种姓和性别限制的细节，而着眼于更为广泛的精神和道德领域。

另一个值得一提的印度文化影响源是印度教经典《薄伽梵歌》（Song of God）。梭罗在 1846 年 6 月和 7 月的日记中对它做过摘录，在《瓦尔登湖》的《冬天的湖》结尾段中则更为直接地表达他的钦慕："瞧啊！在那里，我遇到了婆罗门教的仆人，梵天、毗湿奴和因陀罗的僧人，他依然坐在恒河边的神庙中读《吠陀经》，或住在树根上，只有些面包屑和一个水钵。我遇到他的仆人来给他的主人汲水，我们的水桶好像在同一口井里碰撞。"[100]《薄伽梵歌》用文学形式体现出的对待自然的态度深深影响了梭罗，他特别欣赏那种在大自然里生存的方式。他也想像空中的鸟儿一样自由，于是他久久地凝视太阳、让鸟儿在自己的肩上筑巢，努力让自己成为田野和森林的一部分。梭罗感到，他自己在瓦尔登湖畔密林里的独处，与《薄伽梵歌》中的自然存在有着内在的精神关联，"瓦尔登湖纯粹的水已经和恒河的圣水混合了"。[101] 正因为如此，考德威尔才做了这样的评断：梭罗在瓦尔登湖畔的两年岁月可以视作他"将部分印度哲学付诸行动的一种尝试"[102]。

儒道与中国传统文化

梭罗也很熟悉中国传统文化，他曾"潜心研究东方文化的精髓"，在作品中大量引用中国传统文化典故，形成了一种独特的生态书写范式，并且在百年之后作为礼物"回赠原来的大陆"[103]，彰显了东西方文化交流互鉴的可能性和重要性。

据美国学者亚瑟·克里斯蒂（Arthur Christy）的研究，梭罗主要借由当时的英文和法文译著来了解中国儒家经典，如马什曼（Joshua Marshman）的《孔子作品选》（*The Works of Confucius*, 1809）、雷慕沙（Abel Remusat）的《中庸》（*L' Invariable Milieu*, 1817）、顾利（David Collie）的《中国传统文化经典，或称四书》（*The Chinese Classical Work, Commonly Called the Four Books*, 1828）和博迪耶（M. G. Pauthier）的《孔子和孟子——中国道德与政治哲学的四部书》（*Confucius et Mencius, Les Quatre Livres de Philosophie Morale et Politique de la Chine*, 1840）[104]。

目前可以找到的梭罗第一次提及孔子的文字是他1838年

夏天的日记，那年他年仅 21 岁，刚从大学毕业不久，开始写日记的第二年，可见梭罗很早就与中国儒家思想（至少是孔子的思想）有所接触并产生了兴趣。1843 年，梭罗根据马什曼的译本选编了《论语》二十则，发表在爱默生主编的《日晷》上。比如《为政篇》的"人焉瘦哉！人焉瘦哉！"[105] 不过，他遗漏了这两句话前面的"视其所以，观其所由，察其所安"。尽管由于文化背景的不同，梭罗在引用儒家经典时常有掐头去尾、断章取义之嫌，但依然可以看出梭罗认同君子可以做到天人合一、物我两忘的和谐境界。

在他生前出版的两部著作《河上一周》和《瓦尔登湖》中，梭罗援引了很多儒家语录。其中，《瓦尔登湖》一书就"引用四书达十处之多，每条引言都使用得恰到好处"[106]，足见梭罗对中国传统文化的喜爱。在《瓦尔登湖》的《独居》一章中，梭罗引用了《论语》中的"德不孤，必有邻"[107] 来强调感受自然之美可以达到精神的升华。在《河上一周》中，梭罗明确表达了对中国传统文化的尊崇，"毫无疑问，那儿存在着统治世界的永恒法律"[108]。在日记中，他毫不吝惜地赞美"孔子具有多么高贵的情趣！"[109] 孔子对颜回安贫乐道的赞赏，"贤哉，回也。一箪食，一瓢饮，在陋巷。人不堪其忧，回也不改其乐。贤哉，回也！"[110] 对梭罗的简单生活观和他个人的简单生活态度都有着不可忽视的影响。孔子倡导的"饭疏食饮水，曲肱而枕之，乐亦在其中矣"[111] 也促使梭罗后来在他的作品中强调心灵的宁静和精神的提升。梭罗把《论语》的这些思想当作其简单生活观的思想资源。林语堂说："梭罗的人生观，在所有美国作家里，可以说最富中国人的特色。"[112]

　　需要指出的是，梭罗对儒家思想的喜爱和赞颂是出于建构自身观点的需要，他把儒家思想当作工具，他以"自己的方式解读儒家思想"[113]，并形成了独具一格的生态思想。比如《独居》引用了《中庸》的"鬼神之为德，其盛矣乎！视之而弗见，听之而弗闻，体物而不可遗。使天下之人，齐明盛服，以承祭祀。洋洋乎！如在其上，如在其左右。"[114] 我们都知道孔子强调鬼神的存在和重要性，哪怕不可见，不可捉摸。但梭罗在引用这段话之前是在批评人们因浮于表面、转瞬即逝的事物分心而忽略生活的意义，但"对死人来说，只要有任何苏醒或复活的可能，时间或地点都不重要"[115]。这似乎与孔子原意相去甚远，但如果我们认真阅读梭罗的文字就会发现，梭罗在《瓦尔登湖》中把"鬼神"分别翻译成"Heaven"和"Earth"，意即天地万物。也就是说，梭罗已经将鬼神自然化、唯物化了。梭罗写道："是什么让我们保持健康安宁、富足快乐呢？不是来自你我祖父的药物，而是我们的祖母——大自然——给予的果树植物。"[116] 在梭罗看来，清晨可以感受宇宙本体，夜晚可以吸收所有的快乐。他在自然中来去自由，这宣告世界充满了生生不息的力量。可见，在梭罗的笔下，"'鬼神'已经被改造成了具有先验论内涵的宇宙法则，是宇宙间'创造一切的一种无形而巨大的力量'"[117]。无论是因为看到的译本有误译，还是因为对儒家思想的有意误读，梭罗在接受中国儒家思想时对其进行了创造性的阐释。对于儒家典籍的引用，梭罗采用的是一种体验式的、为我所用的态度，试图用这些儒家思想武装、丰沛自己的观点和立场。

道家思想对梭罗的影响不像儒家那么直接，学术界对于梭罗是否读过《道德经》甚至未有定论。我们提到，19世纪初期美国人对中国传统文化的认识主要来源于来华传教士的译著，而在当时，道家经典在西方的译介明显要滞后于儒家。但若从作品中体现出的生态思想来看，梭罗与老庄的思想更为契合，原因可能有二：一是梭罗有可能涉猎过道家的典籍著作，受到一定程度的影响；二是不同时代、不同地点的哲人们对有关人类发展的独立思考以及对人类发展过程中出现的不利于人更好发展的矛盾和弊端的反思的重合。

梭罗与庄子具有极为相似的时代背景，这使得两者尽管没有密切接触但思想相通。据陈长房先生的细致研究，梭罗涉猎过道家典籍并受到道家思想影响，他发现梭罗在日记中写下的很多短句，无论是内容，还是文风都与老子的《道德经》大同小异。不仅如此，梭罗在瓦尔登湖畔垂钓，在梅里马克河上泛舟，在缅因森林里漫步，这种不问世事、闲云野鹤般的生活态度与道家精神气质相似；对于生死的考量，对于循环的参悟，对于漫步的思考，也与庄子的思想相通。尽管梭罗生活的时代和庄子所处的中国战国时代处在人类社会发展的不同历史阶段，但有很多共同特征，如都是社会发生剧变的转型期，都以自由竞争和积极进取为时代特征，人们也都有更多获得成功的机会。梭罗生活的19世纪中期，美国步入工业化社会，城市人口的增加扩大了市场需求，为了满足市场的需求，制造业和工商业大范围兴起，国家和个人的财富迅速累积，美国人崇尚乐观、自信，勇于竞争，拼命挣钱，追求更好的物质享受。而庄子生活的战国时代，诸侯割据争雄，渴盼人才，拓宽了人们自由选择和通过竞争获取成功的空间，增加了人们实现自我和成就功名的机会。在充满进取精神的时代，社会衡量人的生命是否过得有意义的标准是能否建功立业。但庄子认为"世人看好的成功，不过是一种功利主义的人生态度"[118]，梭罗认为那些看似无所事事的日子并没有消耗他生命中的时间，反之增加了他的生命长度。在这一点上，梭罗与庄子是相通的，他们都有感于人性因对外物过分的牵挂以及对外界的认同感的过分追求而异化，人失去了自然的天性，因此他们反对人为欲望所驱使拼命追求外物，也拒绝站在主流生活的立场压迫其他生活观，希望人们不要亦步亦趋于所谓的社会主流要求，要依照天性生活。他们不仅否定世俗的生活观，还都以独行特立的性格和方式追求他们认可的体现人生真谛的生活。梭罗的生活观很像中国道家倡导的"无为"境界。

梭罗对烦扰的都市生活感到失望，自然对他而言意味着荒野和自由。如果说爱默生的《论自然》多少还体现了人类看待自然的外在视角，那么梭罗的《瓦尔登湖》则呈现出一种内在的角度。梭罗静观自然万象，追寻物我合一的境界，不管是他透过望远镜看到的桦树，还是与他一同居于木屋的白肚鼠，皆为荒野的象征。他不愿意从事当时康科德人认为的正当职业，在村民邻居的不解中于午后漫步在康科德的原野中，他要摒弃的是那些阻碍人与自然合而为一的东西。以至于林语堂曾断言，如果将梭罗的文字翻译成中文，隐去作者姓名，说是出自中国作家之手也绝不会有人疑心。[119]

梭罗对东方思想文化兴趣盎然，与他对美国当时的社会文化不满有密切关系。与其说梭罗偏爱印度和中国文化，毋宁说他是在援引与当时美国主流文化相悖的异域传统思想来对抗工业文明。梭罗说，他那个时代的大多数人，"不管东方的还是西方的，都没有过上周围环绕着葡萄藤、榆树随意洒下阴影的自然生活"[120]。由此可见，梭罗不仅对美国和西方人的生活状态不满，也对整个人类的生活状态不满。他要倡导一种新的生态思想和新的生态生存方式，这不仅是为了美国人和西方人，也是为了全人类。

为了达到这一目的，他需要广泛汲取人类思想文化的传统资源，不管是佛教、印度教和婆罗门教的教义，还是儒家、道家，抑或古埃及文明、古波斯文明、阿拉伯文明等，但不同的文化渊源和传统决定了梭罗对东方文化的理解难以深入，更确切地说，梭罗没有全盘接受。梭罗只关注那些对他有吸引力的观点，至于它们从何而来，存在于哪种语境，他根本不在乎。他对东方文化的学习和引用是为了抵抗现代工业社会的物欲横流，拯救工业文明污染下的生活。

从这个角度看，不管是佛教文化、印度文化还是儒家思想、道家思想，承载的意义都是一致的，都只是梭罗借以表达自己思想的载体。但不能否认，东方文化的确对梭罗产生过非常重要的影响，并且为梭罗更好地观察自然、融入自然提供了必不可少的支持和参照。

印第安文化

康科德是曾经的印第安人居住地马斯基塔奎，在梭罗生活的时代，那里随处可见印第安人的遗迹，散落的箭镞、成堆的蚌壳等。这些激发了梭罗对印第安人的兴趣，他很早就开始在村里收集印第安人的遗物，满脑子都是过去岁月的遗留。他说，我"无论从哪儿走，都踩着印第安人的足迹"[121]。他曾多次考察康科德一带印第安人的生活状况及其历史，到缅因森林的几次旅行都是请当地印第安人当向导，并倡导人们沿着印第安人的足迹向自然朝圣。霍桑曾这么形容梭罗："带着大部分原始天性的年轻人……但自从两三年前以来，他否定了一切正常的谋生之道，看来趋向于在文明人中过一种印第安人的生活。"[122] 爱默生也注意到，梭罗乐于与来访康科德的印第安人结交，并深入探索其文化。梭罗一生都对印第安文化着迷，他对自然的观察很大程度上受到了印第安人与自然共生方式的启发。

从童年时期开始，梭罗就对印第安文化非常感兴趣，但当时的梭罗对印第安文化的兴趣还属于年轻人特有的漫不经心。梭罗开始有意识地对这个主题进行深入阅读始于1848年，据阿尔伯特·凯泽（Albert Keiser）所言，在生命的最后14年，梭罗至少读了200多册相关书籍，记了11本近2800页的笔记。[123] 梭罗一生阅读了大量有关印第安人的书籍，并且做了数十万字的笔记。[124] 这些笔记主要是梭罗从270部关于美国印第安人的书籍、小册子和杂志文章里摘录的，阅读量

之大和所做笔记之多足见梭罗对印第安文化的热爱。

在 1841 年的日记中，梭罗写道："对我而言，印第安人的魅力在于他们自由奔放地与自然生活在一起，他们是她的住客，而非客人，他们将她装扮得轻松而优雅。"[125] 令梭罗感到震撼的不仅是文字记载的印第安人的思想文化传统，还有他对印第安人生活的亲身体验。1846 年，梭罗在攀登卡塔丁山时，偶遇了几名印第安人。梭罗在出版的《卡塔丁山》中未详细记载其中的细节，只是一笔带过，仿佛自己才是发现那片新大陆的人。1857 年 7 月，梭罗第三次也是最后一次前往缅因州，这次是和爱德华·霍尔一起，途中他们请了一个印第安人乔·波利斯当向导。他们在进入野地的第一个晚上发现了一种发出磷光的树，他立刻询问波利斯这种树的印第安语名称并将之记下。印第安人能神奇地在森林里找到出路，还拥有白人所没有的关于自然和荒野的丰富知识。19 世纪美国主流白人作家视之为"荒野"的自然，在印第安人看来，是他们的"家园"。波利斯打小就在森林里生活，能根据树枝的弯曲和岩石的差异来辨认方向，懂得用铁杉叶代替咖啡、用蔓生雪果泡茶，还能惟妙惟肖地模仿鸟兽的声音，如猫头鹰的声音、麋鹿的声音乃至蛇的声音，并与动物进行交流。梭罗对印第安人与自然万物交融的生活羡慕不已，他如饥似渴地向这位印第安向导学习，恨不能知道印第安人掌握的所有大自然秘密，他坚信"自然必定展示给他们千百种风貌，而这些风貌对我而言依然是不得见的秘密"[126]。印第安人在很长一段时间里被放在文明的对立面，仿佛他们就是野蛮的代名词，文明的欧洲人没有意识到，印第安人也拥有自己的文明[127]。《阿拉加什湖及东支流》可以算是19世纪美国文学史上由白人作家所写的"最现实、最引人注目的美国原住民形象"[128]的作品了。

印第安人还有一些特别的风俗习惯，比如与普通美国家庭收集旧物的习惯完全不同，印第安人每到一年结束时，便会收集家中一切无用的旧物，将它们堆积在广场，一把火烧尽，预示着与过去一年彻底告别，迎接新的一年。梭罗在瓦尔登湖畔的小屋曾有三块石头，当他发现每天都需要帮它们掸灰时，就直接扔到了窗外。任何身外之物的存在都是为了让人生活得更为轻松，而不该成为消耗精力的枯燥负担。印第安人的这种习俗让梭罗更加坚信生命具有自我更新的力量，寒来暑往、四季轮回、疾病死亡对于人类以及自然界的其他生物都是极其正常的过程。在生命的最后阶段，梭罗仍关注印第安人，他最后说的两个词是"麋鹿"和"印第安人"[129]。梭罗身上有着很多与印第安人相似的特质，"不仅对野性自然无比热爱"，而且坚忍克制，不管命运为他准备了什么，他"都能够以乐天知命的态度接受下来"[130]。

那些被文明人视作荒野的地方，正是印第安人的家园。那些地名在印第安语中都包含自然的意味，比如卡塔丁山的意思是"最高的地方"，奇森库克湖的意思是"许多河流入的地方"，等等。这些地名在人们到达这些地方或者只是听到时，就会唤起愉快的回忆，而欧洲语言的地名则完全抹去了人们对荒野的记忆。当印第安人被迫参与现代文明的进程，他们勉强保留了一些原始特性，却已经不完全是自然的孩子，他们成了土著文化和外来文化的双栖者。波利斯们去森林打猎，会选择先坐驿车、在马路的尽头下车，然后在森林里短途步行，用一天的时间建造一艘云杉皮独木舟到湖上捕鱼，最后带着毛皮原路回去。还有一个不得不正视的事实，就是随着经济的发展，原始森林锐减，印第安人已经不能只靠打猎来维持生计，他们早已开始了农业劳作，并拥有了自己的农场。但印第安人与自然融为一体的生存方式，印第安人的言行和文化传统中所蕴含的自然观，对梭罗生态思想的形成产生了重要影响。

小　结

当然，梭罗生态思想的形成不仅得益于他所处的时代，康科德的文化、历史和自然环境以及家人对自然的热爱，也不仅限于本章谈到的超验主义、达尔文主义、东方文化和印第安文化。作为西方作家，来自古希腊、罗马一脉的西方文学在梭罗的思想中打下了深深的印记。从他的日记中，我们可以看到他对《荷马史诗》的熟稔，对维吉尔的喜欢，对索福克勒斯的阅读，对莎士比亚的摘录，对歌德的推崇，等等。从歌德到惠特曼等浪漫主义作家对自然的细致观察和对自然变化的激情为梭罗提供了典范。正因为对自然的激情，梭罗才形成了他丰富的生态思想。总之，在东西方文化的不断碰撞、融合中，梭罗最终形成了自己独特而深刻的生态思想，也形成了难以为世人所理解的丰富而含混的不同侧面。

梭罗在出版《河上一周》的同一年发表了《论公民的不服从》（Civil Disobedience），这篇文章在 19 世纪末鼓舞了甘地的非暴力抵抗运动。在《瓦尔登湖》出版那年，梭罗又做了关于《马萨诸塞州的奴隶制》的演讲，紧接着他介入不断升温的关于马萨诸塞州奴隶问题，对废奴主义领袖约翰·布朗表示强烈支持。

事实上，梭罗将来自不同民族、不同哲学的力量拧成了一股绳，其中有来自美国的进取务实精神、儒家的入世哲学、印度的无私行动以及印第安人与生俱来的天人合一等。在广泛地混合直至有机融合之后，梭罗最终形成自己独特深刻的生态思想，并对全人类的生态文明产生了深远影响。这一切像棱镜一样构筑、折射出一个完整的梭罗。

注　释：

1. Henry David Thoreau, *The Writings of Henry David Thoreau: Journal IX*. Ed. Bradford Torrey. Boston, MA: Houghton Mifflin Company, 1906, p.160.
2. ［美］拉尔夫·亨·布朗：《美国历史地理》，秦士勉译，商务印书馆，1973。
3. 顾宁：《美国铁路与经济现代化》，《世界历史》2003 年第 6 期。
4. ［美］阿拉斯代尔·罗伯茨：《1837 年大恐慌：美国第一次经济危机和政治混乱》，秦伟译，生活·读书·新知三联书店，2019。
5. 张友伦主编《美国通史（第 2 卷）：美国的独立和初步繁荣（1775—1860）》，人民出版社，2002。
6. ［美］查尔斯·A. 比尔德、玛丽·R. 比尔德：《美国文明的兴起》（上），许亚芬译，商务印书馆，2017。

7. 〔美〕劳拉·达索·沃尔斯：《梭罗传：完整的一生》，钱佳楠译，河南文艺出版社，2021。

8. 〔美〕阿拉斯代尔·罗伯茨：《1837年大恐慌：美国第一次经济危机和政治混乱》，秦伟译，生活·读书·新知三联书店，2019。

9. Henry David Thoreau, *Walden, Civil Disobedience and Other Writings*, 3rd ed. Ed. William Rossi. New York, NY: W. W. Norton, 2008, p.6.

10. 〔美〕查尔斯·A. 比尔茨、玛丽·R. 比尔德：《美国文明的兴起》（上），许亚芬译，商务印书馆，2017。

11. Henry David Thoreau, *The Writings of Henry David Thoreau: Journal XIV*. Ed. Bradford Torrey. Boston, MA: Houghton Mifflin Company, 1906, p.57.

12. 〔美〕劳拉·达索·沃尔斯：《梭罗传：完整的一生》，钱佳楠译，河南文艺出版社，2021。

13. John C. Broderick, *Thoreau's Principle of Simplicity*. The University of North Carolina at Chapel Hill, NC: ProQuest Dissertations Publishing, 1953, p.107.

14. 〔美〕劳拉·达索·沃尔斯：《梭罗传：完整的一生》，钱佳楠译，河南文艺出版社，2021。

15. John Pastor, *White Pine:The Natural and Human History of a Foundational American Tree*. Washington DC: Island Press, 2023.

16. John C. Broderick, *Thoreau's Principle of Simplicity*.The University of North Carolina at Chapel Hill, NC: ProQuest Dissertations Publishing, 1953, p.44.

17. John C. Broderick, *Thoreau's Principle of Simplicity*. The University of North Carolina at Chapel Hill, NC: ProQuest Dissertations Publishing, 1953, p.279.

18. 〔美〕劳拉·达索·沃尔斯：《梭罗传：完整的一生》，钱佳楠译，河南文艺出版社，2021。

19. Henry David Thoreau, *Walden, Civil Disobedience and Other Writings*, 3rd ed. Ed. William Rossi. New York, NY: W. W. Norton, 2008, p.224.

20. Henry David Thoreau, *The Writings of Henry David Thoreau: Journal IX*. Ed. Bradford Torrey. Boston, MA: Houghton Mifflin Company, 1906, p.160.

21. Henry David Thoreau, "Walking." *Wild Apples and Other Natural History Essays*. Athens, GA: U of Georgia P, 2002, p.72.

22. 〔英〕亨利·索尔特：《瓦尔登湖的隐士：梭罗传》，贾辰阳、王锦丽译，北京大学出版社，2021。

23. Walter Harding, *A Thoreau Handbook*. New York, NY: New York UP, 1959, p.1.

24. Robert D. Richardson, Jr., "Thoreau and Concord." *The Cambridge Companion to Henry David Thoreau*.Ed. Joel Myerson. Cambridge, UK: Cambridge UP, 1995, p.12.

25. ［英］亨利·索尔特:《瓦尔登湖的隐士：梭罗传》，贾辰阳、王锦丽译，北京大学出版社，2021。

26. Henry David Thoreau, *A Week on the Concord and Merrimack Rivers*. Boston, MA: Houghton Mifflin Company, 1893, p.11.

27. Henry David Thoreau, *Walden, Civil Disobedience and Other Writings*, 3rd ed. Ed. William Rossi. New York, NY: W. W Norton, 2008, p.107.

28. ［英］亨利·索尔特:《瓦尔登湖的隐士：梭罗传》，贾辰阳、王锦丽译，北京大学出版社，2021。

29. Kristen Case, "Henry Thoreau, Charles Olson and the Poetics of Place." *The Concord Saunterer, New Series,* Vol. 17, 2009, pp. 44-72.

30. Robert D. Richardson, Jr., "Thoreau and Concord." *The Cambridge Companion to Henry David Thoreau*. Ed.Joel Myerson. Cambridge, UK: Cambridge UP, 1995, p.18.

31. Robert D. Richardson, Jr., "Thoreau and Concord." *The Cambridge Companion to Henry David Thoreau*.Ed. Joel Myerson. Cambridge, UK: Cambridge UP, 1995, p.12.

32. Lance Newman, *Our Common Dwelling: Henry Thoreau, Transcendentalism, and the Class Politics of Nature*. New York, NY: Palgrave Macmillan, 2005, p.186.

33. Walter Harding, *The Days of Henry Thoreau*. New York, NY: Dover Publications, 1982, p. 10.

34. Joseph Wood Krutch, *Henry David Thoreau*. London, UK: Methuen & Company Ltd., 1948, p.18.

35. Walter Harding. *A Thoreau Handbook*. New York, NY: New York UP, 1959, p.3.

36. Walter Harding. *A Thoreau Handbook*. New York, NY: New York UP, 1959, p.3.

37. ［美］得利斯:《梭罗》，曾永莉译，名人出版事业股份有限公司，1982。

38. Ralph Waldo Emerson, "Thoreau." Ed. Walter Harding, *Thoreau: A Century of Criticism*. Dallas, TX: Southern Methodist UP, 1954, p.23.

39. Reginald Lansing Cook, *The Concord Saunterer: Including a Discussion of the Nature Mysticism of Thoreau*. Middlebury, VT: Middlebury College Press,

1940, p.25.

40. Walter Harding, *A Thoreau Handbook*. New York, NY: New York UP, 1959, p.97.

41. Henry Seidel Canby, *Thoreau*. Boston, MA: Houghton Mifflin Company, 1939, p.151.

42. Henry David Thoreau, *The Writings of Henry David Thoreau: Journal I*. Ed. Bradford Torrey. Boston, MA: Houghton Mifflin Company, 1906, p.3.

43. Robert D. Richardson Jr., *Henry Thoreau: A Life of the Mind*. Berkeley, CA: U of California P, 1986, p.73.

44. 〔德〕康德:《纯粹理性批判》，蓝公武译，商务印书馆，2005。

45. Robert D. Richardson Jr., *Henry Thoreau: A Life of the Mind*. Berkeley, CA: U of California P, 1986, p.21.

46. Ralph Waldo Emerson, *Nature*. San Francisco, CA: Chandler Publishing Company, 1968, p.9.

47. Walter Harding, *The Days of Thoreau: A Biography*. New York, NY: Dove Publications, 1982, p.60.

48. 〔美〕查尔斯·A. 比尔德、玛丽·R. 比尔德:《美国文明的兴起》（上），许亚芬译，商务印书馆，2017。

49. Irving Babbitt, *Rousseau and Romanticism*. Boston, MA: Houghton Mifflin Company, 1919, pp.113-114.

50. Carol Berkin & Christopher Miller & Robert Cherny & James Gormly. *Making America: A History of the United States*. Boston, MA: Houghton Mifflin Company, 1995, p.335.

51. George F. Whicher ed. *The Transcendentalist Revolt against Materialism*. Boston, MA: D. C. Heath and Company, 1949, p.V.

52. 陈茂林:《诗意栖居：亨利·大卫·梭罗的生态批评》，浙江大学出版社，2009。

53. Carol Berkin & Christopher Miller & Robert Cherny & James Gormly. *Making America: A History of the United States*. Boston, MA: Houghton Mifflin Company, 1995, p.335.

54. Ralph Waldo Emerson, *Nature*. San Francisco, CA: Chandler Publishing Company, 1968, p.8.

55. Alan Brinkley, *American History*. New York, NY: McGraw-Hill, 1995, p.403.

56. Henry David Thoreau, *The Writings of Henry David Thoreau: Journal V*. Ed.

Bradford Torrey. Boston, MA: Houghton Mifflin Company, 1906, p.5.

57. Lawrence Buell, *The Environmental Imagination: Thoreau, Nature Writing, and the Formation of American Culture*. Cambridge, MA: Belknap Press of Harvard UP, 1995, pp.117, 373.

58. Henry David Thoreau, *Walden, Civil Disobedience and Other Writings*, 3rd ed. Ed. William Rossi. New York, NY: W. W. Norton, 2008, p.78.

59. Rochelle L. Johnson, *Passions for Nature: Nineteenth-Century America's Aesthetics of Alienation*. Athens, GA:U of Georgia P, 2009, p.137.

60. Lawrence Buell, *The Environmental Imagination: Thoreau, Nature Writing, and the Formation of American Culture*. Cambridge, MA: Belknap Press of Harvard UP, 1995, p.351.

61. 程虹:《寻归荒野》, 生活·读书·新知三联书店, 2001。

62. Henry David Thoreau, *The Maine Woods*. Boston, MA: Houghton Mifflin Company, 1893, p.163.

63. Donald Worster, *Nature's Economy: A History of Ecological Ideas*. Cambridge, UK: Cambridge UP, 1985, p.106.

64. Walter Harding, *A Thoreau Handbook*. New York, NY: New York UP, 1959, p.117.

65. Sean Ross Meehan, "Ecology and Imagination: Emerson, Thoreau, and the Nature of Metonymy." *Criticism*, Vol. 55 (2), Spring 2013, pp.299-329.

66. Walter Harding, *A Thoreau Handbook*. New York, NY: New York UP, 1959, p.5.

67. Walter Harding, *A Thoreau Handbook*. New York, NY: New York UP, 1959, pp.5-6.

68. Robert D. Richardson, Jr., *Henry Thoreau: A Life of the Mind*. Berkeley, CA: U of California P, 1986, p.121.

69. Henry David Thoreau, *The Writings of Henry David Thoreau: Journal VIII*. Ed. Bradford Torrey. Boston, MA: Houghton Mifflin Company, 1906, p.199.

70. Henry David Thoreau, *The Writings of Henry David Thoreau: Journal III*. Ed. Bradford Torrey. Boston, MA: Houghton Mifflin Company, 1906, p.214.

71. Robert D. Richardson, Jr., *Henry Thoreau: A Life of the Mind*. Berkeley, CA: U of California P, 1986, p.33.

72. 转引自 Laura Dassow Walls, *Seeing New Worlds: Henry David Thoreau and Nineteenth- Century Natural Science*. Madison, WI: U of Wisconsin P, 1995, p.121。

73. Laura Dassow Walls, "Greening Darwin's Century: Humboldt, Thoreau, and the Politics of Hope," *Victorian Review*. Vol. 36 (2), Fall 2010, p.92.

74. ［美］查尔斯·A. 比尔德、玛丽·R. 比尔德:《美国文明的兴起》(上),许亚芬译,商务印书馆,2017。

75. 参见 Laura Dassow Walls, "Greening Darwin's Century: Humboldt, Thoreau, and the Politics of Hope." *Victorian Review*, Vol. 36 (2), Fall 2010, p.93。

76. 王诺:《欧美生态文学》,北京大学出版社,2003。

77. Laura Dassow Walls, *The Passage to Cosmos: Alexander von Humboldt and the Shaping of America*. Chicago, IL: University Chicago Press, 2009, pp.214-234.

78. Stephen Jay Gould, "Church, Humboldt, and Darwin: The Tension and Harmony of Art and Science." *Frederic Edwin Church*. Ed. Franklin Kelly et al. Washington, DC: Smithsonian Institution P, 1989, pp.94-107.

79. Robert D. Richardson Jr., *Henry Thoreau: A Life of the Mind*. Berkeley, CA: U of California P,1986, p.209.

80. Henry David Thoreau, *The Writings of Henry David Thoreau: Journal VI*. Ed. Bradford Torrey. Boston, MA: Houghton Mifflin Company, 1906, p.296.

81. Henry David Thoreau, *The Writings of Henry David Thoreau: Journal VI*. Ed. Bradford Torrey. Boston, MA: Houghton Mifflin Company, 1906, pp.310-311.

82. Henry David Thoreau, *Walden, Civil Disobedience and Other Writings*, 3rd ed. Ed. William Rossi. New York, NY: W. W. Norton, 2008, p.259.

83. Henry David Thoreau, *The Writings of Henry David Thoreau: Journal VI*. Ed. Bradford Torrey. Boston, MA: Houghton Mifflin Company, 1906, p.329.

84. 转引自 Laura Dassow Walls, *Seeing New Worlds: Henry David Thoreau and Nineteenth-Century Natural Science*. Madison, WI: U of Wisconsin P, 1995, p.121。

85. R. L. Stevenson, "Henry David Thoreau: His Character and Opinions." *Cornhill Magazine*, June 1880; later republished in Stevenson, *Familiar Studies of Men and Books*. London, UK: Chatto and Windus, 1912, c1882, pp. 89-117.

86. 王守仁:《论中国古代文化思想对梭罗的影响》,载刘海平编《中美文化的互动和关联》,上海教育出版社,1997。

87. Henry David Thoreau, *A Week on the Concord and Merrimack Rivers*. Boston, MA: Houghton Mifflin Company, 1893, p.176.

88. Arthur Christy, *The Orient in Ameirican Transcendentalism: A Study of Emerson, Thoreau, and Alcott*. New York, NY: Octagon Book, 1978, p.187.

89. Henry David Thoreau, *A Week on the Concord and Merrimack Rivers*. Boston, MA: Houghton Mifflin Company, 1893, p.186.

90. John A. Christie, *Thoreau as World Traveler*. New York, NY: Columbia UP, 1965, p.128.

91. Joshua Caldwell, "Ten Volumes of Thoreau." *New Englander and Yale Review 55*, November 1890, pp.404-425.

92. Thomas A. Tweed, *The American Encounter with Buddhism: 1844-1912*. Chapel Hill, NC: U of North Carolina P, 2000, p. xvii.

93. Henry David Thoreau, *A Week on the Concord and Merrimack Rivers*. Boston, MA: Houghton Mifflin Company, 1893, p.85.

94. ［美］H. 罗尔斯顿、初晓：《尊重生命：禅宗能帮助我们建立一门环境伦理学吗？》,《世界哲学》1994 年第 5 期。

95. Henry David Thoreau, *Walden, Civil Disobedience and Other Writings*, 3rd ed. Ed. William Rossi. New York, NY: W. W. Norton, 2008, p.71.

96. Henry David Thoreau, "Walking." *Wild Apples and Other Natural History Essays*. Athens, GA: U of Georgia P, 2002, pp.81-82.

97. Robert D. Richardson Jr., *Henry Thoreau: A Life of the Mind*. Berkeley, CA: U of California P,1986, p.82.

98. Robert D. Richardson Jr., *Henry Thoreau: A Life of the Mind*. Berkeley, CA: U of California P,1986, p.82.

99. Henry David Thoreau, *A Week on the Concord and Merrimack Rivers*. Boston, MA: Houghton Mifflin Company, 1893, p.193.

100. Henry David Thoreau, *Walden, Civil Disobedience and Other Writings*, 3rd ed. Ed. William Rossi. New York, NY: W. W. Norton, 2008, pp. 200-201.

101. Henry David Thoreau, *Walden, Civil Disobedience and Other Writings*, 3rd ed. Ed. William Rossi. New York, NY: W. W. Norton, 2008, p. 201.

102. Joshua Caldwell, "Ten Volumes of Thoreau." *New Englander and Yale Review 55*, November 1890, pp.404-425.

103. 林语堂：《美国的智慧》，刘启生译，陕西师范大学出版社，2008。

104. Arthur Christy, *The Orient in American Transcendentalism: A Study of Emerson, Thoreau and Alcott*. New York, NY: Columbia UP, 1932: 195.

105. *The Dial*, Boston: James Munroe, 1840-1844. Vol. 4.

106. 常耀信：《中国文化在美国文学中的影响》,《外国文学研究》1985 年第 1 期。

107. Henry David Thoreau, *Walden, Civil Disobedience and Other Writings*, 3rded. Ed. William Rossi, New York, NY: W. W. Norton, 2008, p.94.

108. Henry David Thoreau, *A Week on the Concord and Merrimack Rivers*. Boston, MA: Houghton Mifflin Company, 1893, p.176.

109. Arthur Christy, *The Orient in American Transcendentalism: A Study of Emerson, Thoreau and Alcott*. New York, NY: Columbia UP, 1932, p.187.

110.《论语译注》，杨伯峻译注，中华书局，2006。

111.《论语译注》，杨伯峻译注，中华书局，2006。

112. 林语堂:《生活的艺术》，赵裔汉译，陕西师范大学出版社，2008。

113. Arthur Christy, *The Orient in American Transcendentalism: A Study of Emerson, Thoreau and Alcott*. New York, NY: Columbia UP, 1932, p.195.

114. Henry David Thoreau, *Walden, Civil Disobedience and Other Writings*, 3rded. Ed. William Rossi, New York, NY: W. W. Norton, 2008, p.94.

115. Henry David Thoreau, *Walden, Civil Disobedience and Other Writings*, 3rded. Ed. William Rossi, New York, NY: W. W. Norton, 2008, p.93.

116. Henry David Thoreau, *Walden, Civil Disobedience and Other Writings*, 3rded. Ed. William Rossi, New York, NY: W. W. Norton, 2008, p.96.

117. 杜新宇:《论梭罗〈瓦尔登湖〉中的儒家与道家思想》，硕士学位论文，吉林大学，2008。

118. 李洁:《论梭罗与中国的关系》，博士学位论文，复旦大学，2008。

119. 林语堂:《生活的艺术》，赵裔汉译，陕西师范大学出版社，2008。

120. Henry David Thoreau, *A Week on the Concord and Merrimack Rivers*. Boston, MA: Houghton Mifflin Company 1893, p.500.

121.［英］亨利·索尔特:《瓦尔登湖的隐士——梭罗传》，贾辰阳、王锦丽译，北京大学出版社，2021。

122.［美］罗伯特·塞尔编:《梭罗集》(下)，陈凯等译，生活·读书·新知三联书店，1996。

123. Albert Keiser. *The Indian in American Literature*. New York, NY: Oxford UP, 1933, p.211.

124. Albert Keiser, *The Indian in American Literature*. New York, NY: Oxford UP, 1933, p.211.

125. Henry David Thoreau, *The Writings of Henry David Thoreau: Journal I*. Ed. Bradford Torrey. Boston, MA: Houghton Mifflin Company, 1906, p.253.

126.［美］得利斯:《梭罗》，曾永莉译，名人出版事业股份有限公司，1982。

127. Robert D. Richardson Jr., *Henry Thoreau: A Life of the Mind*. Berkeley, CA: U of

California P,1986, p.220.

128. Robert D. Richardson Jr., *Henry Thoreau: A Life of the Mind.* Berkeley, CA: U of
   California P,1986, p.354.

129. Robert D. Richardson Jr., *Henry Thoreau: A Life of the Mind.* Berkeley, CA: U of
   California P,1986, p.389.

130. [英] 亨利·索尔特:《瓦尔登湖的隐士:梭罗传》,贾辰阳、王锦丽译,北京
   大学出版社,2021。

第二章

每一片树叶都是一部史诗

——梭罗生态思想的多维表现

我们每天都必须走出去和大自然建立联系。我们必须扎下根，就算在冬天，也至少要长出一点根须。

迄今为止，爱默生当年在悼文中对梭罗做出的评价依然最为经典、最具影响力：

> 如果他的天赋只是爱思考而已，那么他很适合过那样的生活。但他的充沛精力和实践能力又使他看上去像是生来就能成就大事业和当领袖的人。因此，对于他放弃这世间少有的实干才能，我非常遗憾！我实在忍不住要指出他的缺点，那就是他没有抱负……本来缔造好霸权之后，某一天去种种豆子也不算是什么坏事，但问题是，这么多年过去了，梭罗那里却仍然只有豆子。[1]

爱默生说这些话时是有批评意味的，他对梭罗最终没有走向社会感到颇多遗憾，但我们应该庆幸，梭罗把更多的时间留给了自己、留给了自然。和英国 18 世纪的自然博物学家吉尔伯特·怀特一样，梭罗将研究自然视为自己的终身职业，不管是隐居林间、泛舟河上还是徒步旅行，都不忘观察自然。但他不仅是自然的观察者，还是万物的朋友，更是人与自然关系的思考者。

梭罗的生态思想是多维的，他看到了自然的内在价值，试图为自然代言；他把自然当作一个整体来看待，以生态整体利益为最高价值，因此形成了生态整体观；他试图以一己之力反抗非生态的社会文化和生存方式，将瓦尔登湖的林子当成真正的处所；他以切身行动倡导简单生活，进行一场志在唤醒人类生态意识的一个人的革命，建立了简单生活观。对梭罗的多维生态思想进行考察，可以也应当始于梭罗对自然内在价值的认识。

谁听到了鱼的哭声

梭罗生前只出版了两本著作，第一本是 1847 年完稿的《河上一周》。尽管爱默生给予了巨大支持和极力推荐，该书还是被多家出版社拒绝。1847 年梭罗离开瓦尔登湖时，《河上一周》已经被拒了四次，这极大地动摇了梭罗的自信心。[2] 那年，他已从哈佛毕业十年，进入而立之年，家未成，业未立。每次被拒绝后，梭罗都认真修改，最后于 1849 年春天自费出版了 1000 册《河上一周》。该书可以说是文学出版史上的一次彻底失败，面世后只得到三条评论，其中两条还是尖锐的批评。首版只卖出 219 册，送出 75 册，余下的 706 册都回到了梭罗手里。[3] 在日记中，梭罗不无自嘲地写到这件事，"我现在的藏书量接近九百卷，逾七百卷是我自己写的"。[4] 尽管此书当时不被评论界看好，内容也稍显杂乱，但现在看来，却不失为梭罗生态思想的重要承载之一。

此书的问世源于 1839 年 8 月 31 日梭罗和哥哥约翰在被

他们共同喜欢的女子艾伦拒绝后，沿着梅里马克河溯流而上的经历。在约翰去世后，基于对那段旅程的回忆，梭罗独自在瓦尔登湖畔的小木屋里写下了《河上一周》，不过他把实际上为期两周的旅行缩短为一周。全书分为七章，每章描绘一天的生活和对自然的观察与思考。有意思的是，平淡的旅程被梭罗写得波澜壮阔，如史诗般壮丽。

在旅程中，城市渐渐被留在了身后，兄弟两人顺着静静的河水漂流，四周没有人，只有浓浓的自然气息。

> 航行七英里，将船停泊在西岸一块突起的地面上……太阳逐渐西沉，我们的身影融入黑暗中……我们攀爬上岸，并躺在正趋成熟的越橘浆果上。浆果经过数月一点一滴的成长，只为了在今晚为我们提供食物……从我们搭在山边的帐篷俯视，我看见河岸边寂寞的船桅……在我们的船里，有一只麝香鼠正笨手笨脚地吃着土豆和甜瓜。于是，我们悄悄沿岸而下，希望能和它交个朋友。但当我们抵达河边时，只见到倒映在水面上的点点繁星。忽然，一颗星扩散成涟漪——那就是它！5

尽管这个发现在梭罗预料中，仍令他非常惊喜。动物和人类一样，都是自然的一分子，所以和我们一样有权利享用自然的果实。梭罗对于那只麝香鼠产生了同伴般的情感，在梭罗看来，他和麝香鼠在对浆果的享用上是平等的，所以当他看到麝香鼠在食用瓜果时，产生的是与之交朋友的欲望，感受到的是平等的亲密。在此时的梭罗心里，人和动物之间的界限已然消弭，都是自然的成员，他只想与它共享美味、和谐相处。但是，该如何让动物相信自己没有恶意、又该如何让动物理解并愿意与自己交朋友，是一个需要进一步探索的问题。

在认识到人与动物平等的基础上，梭罗在梅里马克河上慢慢展开他对自然内在价值（intrinsic value）的发现之旅。当到达康科德河底部的比尔里卡时，梭罗发现当地水坝的存在对水里的生物产生了非常不利的影响，他对河里的生物产生了深层的同情。于是，梭罗用了将近一章的篇幅来描述他观察到的一打左右的鱼类。进行简单的分类之后，他还详细描述了它们的习惯、居住地以及与其他物种之间的捕食／被捕食关系。在那个几乎所有人都讴歌、赞美工业文明的年代，梭罗成了第一个质疑水坝的美国作家。他问道："谁，听到了鱼的哭声？"[6]梭罗对鱼类感同身受，他考虑的不再是鱼类对于人的经济价值或者审美价值，他关注的是那些栖身于这些水域中的鱼类自身的内在价值。

梭罗对动物怀有兄弟之情，对他而言，所有的动物都有自己的性格和特点，都应该受到尊重和礼遇。詹姆斯·C.麦库西克（James C. McKusick）说得好："通过采用这种非人类视角，梭罗宣称自然具有内在价值，它有别于任何相对于人类存在的工具价值。这种非人类视角使梭罗成为美国第一位深层生态学家，成为太阳鱼和鲥鱼的'同类'。"[7]鱼类不仅具有食用价值、经济价值，或者审美价值，而且具有独立于人类的内在价值，具有在整个生态系统中不可替代的生态价值。

　　其实，梭罗在《河上一周》中所呈现的对自然的潜心观察和认真思考，在梭罗1840年的日记中就形成了最初的理念。他曾设想种种可能，比如到秘鲁做一名信使、到格陵兰岛做一个捕鲸人，或者到太平洋的某个小岛上像鲁滨孙一样生活，但这些都不太容易实现，因为梭罗的本意并非外出旅游，而是找寻一个脱离现有生活秩序的地方，探寻不同的生活状态。于是在他出版的第二部作品《瓦尔登湖》中，梭罗记叙了他独自一人于1845年到瓦尔登湖畔的小屋中栖居两年多的耕作、阅读与思考。

　　在《瓦尔登湖》里，梭罗提出，自然的价值绝不仅仅是对人有利的、能够被人计算出来的价值。

　　　　谁去估算那些自然生长在未经人类改良、仍然荒凉的土地上的野外生物的价值？英国的干草作物被仔细称重，认真计算过其中的湿度以及硅酸盐、钾盐的含量；但那些在山谷、湖泊、森林、牧场和沼泽中野蛮生长的各种丰饶的生物，它们的价值呢？[8]

　　梭罗进一步指出，如果人仅仅从对人有利的角度去评估自然物的价值，那实际上是一种强盗的眼光："我们匆匆忙忙、漠不关心地索求着，根本没把自然当回事，我们的目的只有一个，那就是拥有大农场和大丰收……对自然的了解与强盗如出一辙（knows Nature but as a robber）。"[9]梭罗认识到，人绝不能像强盗一样对待自然，人不能仅仅看到自然有益于人类的工具价值，进而强盗似地掠夺自然；还必须看到自然的内在价值，独立于人类的价值。阳光投射到冬天的瓦尔登湖面形成的粼粼波光，秋日的黄沙在清晨林中的雾霭中熠熠闪烁，都有不为人类所影响的自在的美。梭罗研究者理查德森指出了这一认识的重要意义："在每个生态系统中，不同的善总是相互竞争、相互交换、相互结合的……所有有机体都在与其他事物的联系中凸显其自身的存在，但每个有机体又自发地力求依凭保持自我而存在……可以肯定的是，有很多自然虽然被整合进每个物种中，但在个体或有机体那里得到特殊的表现；因此每一个有机体都有属于它自己的善。这些善就是要求我们给予尊重的价值。"[10]正因为看到了自然内在的善和内在价值，梭罗的思想才超越了时代，走向了生态整体观。

然而，在梭罗平静的叙述中，我们看到了那个工具价值至上的时代——到处都是速度，到处都要效率，到处都要利益，人们语速飞快、短暂思考、频繁迁移。梭罗注定不能为同时代人所理解，在他们看来，梭罗懒惰、游手好闲。"如果一个人出于对自然的热爱之心，每天抽出一半的时间漫步于森林中，那么他便有被视为'无赖'的危险。可是，如果他以漠不关心的态度整日砍伐树木，使大地在严冬尚未降临之时就变得光秃秃的，那么大家还会认为他是个勤勉而富于进取心的市民，因为森林唯有在被砍下之后才会为镇上带来利益。"[11] 对于当时的美国人来讲，经济利益和社会发展才是值得关注的事，康科德的人也不例外，在镇上大部分人眼里，森林只是资本货架上的一种商品，它的价值完全体现在可以带来多少经济利益，人们根本没有意识到森林同样拥有不为人类存在的内在价值。

那么何为"内在价值"？约翰·奥尼尔（John O'neil）在进行归纳总结之后，指出生态伦理学中三种比较流行的定义：将内在价值等同于非工具价值，即"一个实物如果有着自己的目的而不是作为其他目的的手段，就拥有内在价值"，持此观点的代表人物是深层生态学家阿伦·奈斯；用内在价值指称对象自身具有的内在属性，即"内在价值用来指一个实物因其'内在特征'的优点而独自具有的价值"，生态伦理学家霍尔姆斯·罗尔斯顿（Holmes Rolston）就持这种看法；将内在价值等同于客观价值，即"实物拥有的、独立于价值主体评估的价值"，动物权利理论的开山鼻祖汤姆·雷根（Tom Regan）等人就这么认为。[12] 梭罗所表现的自然内在价值更接近于奈斯的理解，是指物体自身有价值，而非其可供人类使用的特征。内在价值不依赖于价值评判者而存在，一个物体具有内在价值意味着它拥有内在于自身、为了自身的价值。[13]

沃斯特在他的专著《自然的经济体系：生态思想史》中曾引用了梭罗的一段话："我们常常为了自己发现某种之前已被认定为废物的用途而自豪，但与自然的经济体系比起来，我们的经济体系显得多么片面、多么随机！在自然中，没有任何东西是无用的。每一片腐烂的树叶，每一个嫩枝或根须，只要放到另一个更适当的地方都有其价值，而所有的一切最后都会聚集在大自然的混合体中。"[14]

从这段文字来看，梭罗不仅认识到自然物具有内在于自身的价值，还认识到自然物具有组成整个大自然混合体的生态价值。这种价值虽然也外在于自然物本身，但不同于为人类服务的工具价值，是独立于人类之外、存在于生态系统之内并由生态系统赋予的价值。准确地说，这是一种内在于生态系统的价值，因此称为"生态价值"。

任何事物都是大自然的成员，在自然中拥有不容忽视、不可替代的位置。对于自然来说，万物都拥有自身存在的价值，每一种事物都对保持生态系统平衡发挥作用。不因人类所认为的美丽或丑陋、有用或无用、显露或隐秘而有所改变，它们所具备的价值都是我们无法用人类社会的价值体系去衡量与评价的。英国生态哲学家布赖恩·巴克斯特（Brain Baxter）更是强调："不管能否对人类的福利做出贡献，非人类自然界都拥有自在的价值。由人类灭绝行为所带来的伤害是对那些被灭绝的物种及其成员的伤害。如果这里发生了某种道德错误，这种错误也是针对这些存在物和其他存在物（包括人类而言）的，这些存在物的利益因相关生命形态消失所产生的冲击效果（knock-on effect）而遭受严重损失。"[15]

梭罗对自然内在价值的认识，与他对自然万物真切、生动、长期的感性认知密切相关。他不仅具有对自然内在价值的理性认识，而且在尊重自然内在价值的基础上能与万物共生共存。在《瓦尔登湖》中，梭罗不惜笔墨、兴致盎然地记述了他与老鼠、东菲比霸鹟、鹬鸡、水獭、浣熊、丘鹬、斑鸠、红松鼠、蚂蚁、老牛、猫、潜鸟为邻的故事。

　　我造房子的时候，有一只老鼠在我的房子底下筑窝，当时我的楼板还没铺好，刨花也没有扫出去。只要一到午餐时刻，它就定时跑出来，啄食我脚跟下面的面包屑。说不定这只老鼠过去从没见过人，所以一来二去，就跟我非常熟稔，在我的鞋子和衣服上爬来爬去。它可以不费吹灰之力往上一蹿就爬到屋子的四壁，活像一只松鼠，连动作都很像。后来有一天，我将胳膊肘支在凳子上，它一下子爬上我的衣服、循着我的衣袖、绕着我放晚餐的纸来回打转；接着，我把那包东西一会儿端过来，一会儿又推开去，推推搡搡，和它玩起躲猫猫的游戏来；最后，我用拇指和食指夹住一块奶酪，它索性就过来坐在我的掌上啃起奶酪来，啃完之后，像一只苍蝇似的擦擦它的脸和爪子，然后扬长而去。[16]

　　在梭罗的世界里，老鼠来去自由、无所顾忌，因为在他眼里，万物都是平等的，相处无碍。梭罗与老鼠之间自然的友情让我们明白，在自然中没有哪一种生物比另一种更高贵，没有哪一个物种比另一个更重要。对于梭罗来说，万物（而非仅仅人类）都具有内在价值，不仅仅是口号，不仅仅是理性认识，还是发自内心的感同身受，是亲自参与并与万物共同构筑复杂、完整的生态之网的切身体验。换句话说，自然

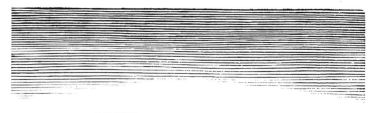

具有内在价值这一理性认识，与人的生态生存方式及其感性经验既相互依赖又相互强化。

每天与自然万物的亲密接触让梭罗的生态思想有了生动的现实感受，而不再停留于抽象的理论层面。沃斯特说："日复一日与自然的亲密接触，是梭罗更为崭新、更为强烈的经验主义的基础。这些事实必将成为整个人类的经验，而不只是不具形体的抽象概念。这个自然主义者一定要让自己沉浸在各种可以感受的声色气味中。他必须像麝鼠一样，拥有两只从水淹草甸旁的芦苇丛里向外窥探的清澈的眼珠。当他像那只皮毛光滑的棕色啮齿动物一样完全沉浸在那个流动的环境中时，这个自然主义者就能够用他纯净的感官警觉地观察世界了。"[17]

宣扬自然物为人类存在的观点由来已久，且在很长时期内成为西方文化中人与自然观的主流。早在古希腊时期，亚里士多德就在《政治学》中表现出他对自然内在价值的无视和否定，"一切动物从诞生（胚胎）初期，迄于成型，原来是由自然预备好了的……这样，自然就为动物生长着丰美的植物，为众人繁育许多动物，以分别供应他们的生计。经过驯养的动物，不仅供人口腹，还可供人使用；野生动物虽非全部，也多数可餐……如果说'自然所作所为既不残缺，亦无虚度'，那么天生一切动物应当都可以供给人类的使用"[18]。在亚里士多德的价值体系中，人类无疑位于自然的最高等级，一切植物、动物的存在最终都是为了满足人类的需要。直到18世纪，歌德仍然认为这种想法再正常不过："人有这种想法是很自然的，就是把自己看成造物的目的，把其他一切事物都联系到人来看，看成只是为人服务和由人利用的。人把植物界与动物界都据为己有，把人以外的一切物作为自己的适当营养品。他为这些好处感谢他的上帝对他慈父般的爱护。"[19]

相反的观念总是共生的，发现并表达自然具有内在价值的思想也有悠久的历史。同样早在古希腊时期，赫拉克利特就对只从人的角度判断万物提出了质疑："自神的眼中看来，万物都是美好（高贵）的、善良而正义的，但是人们却认为，有的东西是正义的，而别的东西则是不正义的。"[20]17世纪，玛格丽特·卡文迪什（Margaret Cavendish）在《鸟儿对话》（1653）中质问，人类有什么权利看到麻雀啄樱桃就射杀它，然后自己却吃水果？人类的行为似乎是在说明"所有的动物都只是为他创造，供他横行霸道"。在她之后的托马斯·霍布斯（Thomas Hobbes）给出了问题的答案，他嘲讽了世界为人类而创造的观念，回忆起一千多年前波菲利的话："我请问，在狮子吃人，人吃牛的情况下，为什么牛就是为人所造，而人就不是为狮子所造呢？"19世纪浪漫主义时期的威廉·布莱克（William Blake）曾与苍蝇进行过这样的对话："我不是 / 如你一样是蝇吗？ / 你不是 / 如我一样是人吗？"[21]吉尔伯特·怀特在他的《塞尔波恩的自然史》（*The Nature History of Selborne*, 1789）中写道："最微不足道的昆虫和爬行动物在自然经济体系中的重要性和影响，要比人类能意识到的多得多。它们的作用是巨大的，虽然它们因为体形小而容易被忽视，可它们的数量和生殖力却是巨大的。蚯蚓，尽管从表面上看只是自然中一个卑微的小环节，然而若是失去它们，也会造成令人缺憾的断裂。"[22]英国生态学家查尔斯·埃尔顿（Charles Elton）于1927年在他的《动物生态学》（*Animal Ecology*）中指出，任何生命形式在一个特定的环境中都拥有生存的机会，剑锋直指自然的人类目的论。埃尔顿认为自然并非为人类而创造，所谓的终极目的都是人类虚构出来的，"一个有机体的存在既不是为了帮助也不是为了妨碍人类，而仅仅是扮演了由它们的生物学特征和环境特征决定了的角色"[23]。

梭罗承袭了这些不以人为价值尺度，而以自然物自己和生态系统为价值尺度的思想，深刻认识到任何自然物都不是为人类或任何单一物种所创造的，任何自然物的存在都是生态系统需要的产物，它们的存在首先是为其自身，其次是为了生态系统，最后才是为了相关物种，而相关物种并不单单是人类，有时候甚至与人无关。所以，地球上的一切在诞生之初并不是只为人类而存在的。在攀登缅因州的卡塔丁山的过程中，自然并未向梭罗展示它可爱仁慈的一面，而是让他充分领略了它的广袤、冰冷和严酷。当梭罗迎着山间的凛冽寒风、望着山顶的缭绕云雾艰难前行时，他觉得自己就像被困在高加索山上的普罗米修斯。梭罗模拟卡塔丁山的语气为自然代言，对人类说："我从未为你的双脚创造这片土壤，为你的呼吸制造这里的空气，从未制造这些岩石与你做伴。我在这里既不能怜悯你，又不能安抚你，但我将坚持不懈地让你到我仁慈的地方去。为什么未经我同意要到这里寻求我，然后又因为觉得我像个继母而抱怨呢？"[24] 由此可见，梭罗已经意识到人类是自然的一分子，而不是自然的主宰者。自然具有与人类利益无涉的内在价值，人类只有尊重自然才能真正得到自然的滋养，只有认识到自己的局限才有可能做到将自己对自然的干涉和入侵限制在自然承载限度之内。

梭罗对自然内在价值的追求也源于对英国浪漫主义文学传统的继承，雪莱、华兹华斯、济慈、柯勒律治的作品都对他产生过不能忽视的影响。如同柯勒律治《古舟子咏》的主人公一样，梭罗也曾旅行到陌生水域，然后又折返；都遇到并杀死了一只无辜的鸟，不过在梭罗的笔下，那是一只被他烤来当晚餐的鸽子；他和古舟子一样，在不得不杀死那只无辜的鸽子时，感到深沉的悔恨。那趟旅行之后，梭罗发现了自己与所有活着的生物之间重新修复的亲属感。在《河上一周》中，梭罗还经常将他们兄弟俩的旅程与奥德修斯、埃涅阿斯的神话旅程相联系，但是他不断向前不是为了和恶魔斗争，而是为了发现自己。在梅里马克河上的旅行使他的思考超越了人类当时的界限，终于"跨过水流冲击而成的凹槽，徘徊在灰白的山峦边、山脊上，穿过残枝交错、岩石密布、树林丛生、牛羊成群的乡间……最后绕过倒在阿莫怒萨克的树，呼吸到了处女地的新鲜空气"[25]。虽然梭罗兄弟二人的探索不能与哥伦布、库克等欧洲探险家相提并论，但他们兄弟二人的探索是一个对更加隐在世界的探索。在此过程中，梭罗获得了那种没有疆界的自由，在与其他各种生物的联系中，他发现了内在的自我，发现了各种生物内在的自足与自在。

　　因为对自然价值的认识和尊重，梭罗认为我们应该尊重自然规律，这样才有可能将世界重新变为乐园。1843 年 12 月，梭罗发表了一篇关于德国作家约翰·埃茨勒（John Adolphus Etzler）的书《所有人都可抵达的天堂，无须劳动，只依靠自然与机械的力量：给所有聪明人的建议》（*The Paradise within the Reach of all Men, without Labor, by Powers of Nature and Machinery: An Address to All Intelligent Men*, 1833）的书评，名曰《复乐园》。在批判了唯发展主义之后，梭罗提出，只有尊重自然规律，才能变世界为乐园。他写道："这个依然年轻的星球具有充沛的能量，只不过我们要按照适当的方式进行引导。狂野的风暴带来的灾难——海难、飓风——在报纸上屡见不鲜，水手和农民将之视为天意；但灾难触及了我们的良知，它们提醒我们反思自己的罪过。"[26] 梭罗认为是人类放弃承担自己应有的义务才导致了地球的不可持续。正如阿伦特（Hannah Arendt）所言："人类如果不知道他们服从于必然性，就不可能自由，因为自由是人类在不断尝试将自己从必然性中解放出来，却永远没有成功的过程中获得的。"[27] 梭罗在瓦尔登湖畔潦草地写在笔记本上的文字道出了人生真谛："一个人的富有程度与其能够做的顺其自然的事情的多少成正比。"[28]

　　现代人从上帝的权威中解脱出来，却人为地制造出一种新的奴役，自然在失去控制的人类技术的改造下，渐渐失去了生命活力。在梭罗看来，自然最大的魅力在于其自由地发展，他曾差点买下属于自己的农庄，即霍尔维尔农庄，因为"它是全然遁世隐退之胜地，离村子有两英里远，最近的邻居也在半英里开外，好大的一块地把它和公路隔开了；它以一条河划界，据农场主说，春天里河面上升起了大雾，霜冻也就不见影子"[29]。只有让农场自由发展，我们才能获得预期的最丰美的收成。一个农场如此，整个地球也概莫能外。

梭罗不仅身体力行，而且著书立说，告诫读者尊重自然规律的重要性和必要性。他的传道首见于1843年10月《日晷》上发表的《冬日漫步》，沃尔特·哈丁称为"可能是梭罗写过的最具启发性、最具感染力的散文……梭罗从此开始了他超乎寻常的观察……这里蕴含着使梭罗闻名于世的与自然亲密相处、感同身受的模式。他不曾俯就，也从未将其他生物拟人化，更没有进行道德评判，他只是在自己的知识和理解的范围内找到一条进入它们生命的模式"[30]。在《瓦尔登湖》的《室内取暖》一章中，梭罗告诉我们，当冬天快要来临时，他没有及时给小木屋涂上灰浆，在建好烟囱后的一段时间里，他都只用火堆取暖。

> 我在寒冷通风的房间里过了几个愉快的晚上，四周尽是些有结疤的棕色木板，而连着树皮的橡木高高地在头顶上面。后来涂了灰浆，我的房子再没这么赏心悦目了，尽管我不得不承认它变得更舒服了。[31]

梭罗偏爱内外空间相通的边界，这具有特殊的意义，他梦想中的住所是没有天花板、没有灰浆，像鸟巢似的开放空间。梭罗的这种偏爱为主体性提供了一种新的阐释，内部的自我可以理解为是外部自然的连续。这种逐渐演变的认识论立场来自他在瓦尔登湖畔度过的岁月，并最终在 1860 年读到达尔文的《物种起源》后得到确认。[32] 梭罗对透着风的墙壁的偏爱、对固化内外空间边界的犹豫，在整部《瓦尔登湖》中都可以看到呼应。在建好他的小屋之后，梭罗写道："我不需要出门去换空气，因为屋子里面的空气一点都没有失去新鲜。坐在一扇门后面，就和不在门后一样，即便是大雨的天气里。"[33] 梭罗欢迎各种动物穿过墙缝来到他家做客，甚至于黄蜂，他"都不愿意赶走它们，它们肯惠临寒舍避冬，我还引以为荣呢！"[34] 在发现自己屋内的影响传到屋外时，梭罗同样感到欣喜。他在整理房间时，把屋里的家具搬到屋外，这让他觉得这些家具似乎本来就应该在屋外，只是原来放错了地方。

它们好像很愿意到外边来，也好像很不愿意被搬回屋里。有时，我跃跃欲试地要在它们上面搭一个帐篷，我就住在里面。太阳晒着它们是值得一看的景致，风吹着它们是值得一听的声音，最熟悉的东西在户外看起来比在室内有趣得多。小鸟坐在相隔一枝的枝桠上，长生草在桌子底下生长，黑莓的藤攀住了桌子脚；松实、栗子和草莓叶子落得到处都是。[35]

梭罗最为欣赏的是原始的、未被人类破坏和修整的自然。在他看来，那些经过人类修剪、造型、嫁接、整理的自然物都是不美的，只有自然的、原生态的才是美的，因此他不喜欢人工培育的苹果树，而喜爱野苹果树。他认为野苹果树即使树干上有"一些呈铁锈色的大斑点"也是美的，因为它"纪念着已度过的阴天和多雾发霉的日子"[36]。斑点、疙瘩在一般人眼里可能是多余的、不协调的、丑陋的，但在梭罗看来，恰恰是野苹果树最美的部分，仿佛勇士脸上的沧桑，烙刻着岁月，记录着成长。让万物以最自然的状态存在是梭罗的生活哲学，人也应该以最自然的状态生活。梭罗在瓦尔登湖边消磨了很多时光，他自言年轻时经常像风儿一样随心所欲，漂浮在湖面上。

在《瓦尔登湖》里，我们经常可以读到梭罗描写的不带任何人类痕迹的自然景象，没有任何多余的象征意义，没有任何牵强附会的分析阐释，有的只是对自然的真实描绘。比如，《贝克农场》的开篇对松树、杉木等各种树木和各种野果的描写，只是简简单单的观察记录，以此证实各种事物的真实存在。梭罗通过这种方式，达到了布伊尔提出的作为一种"环境导向的文学"的第一标准："非人类环境不仅仅是一个背景，而且是一种开始预示着人类历史隐含在自然历史中的存在。"[37]在自然面前，人类所拥有的知识显得那么贫乏，我们总以为自己洞悉了宇宙的奥秘，其实不过是井底之蛙的浅见罢了。

站在积雪的平原上，好像群山中的牧场，我先是穿过一英尺深的雪，然后再穿过一英尺厚的冰，在我的脚下开个洞，就跪在那里喝水，我从那里望入安静的鱼儿的客厅，那里充满了柔和的光，仿佛是透过一层磨砂玻璃照进去似的，细沙的底部还和夏天一样。那里悠远而宁静，犹如布满琥珀色曙光的天空，和那里的居民冷静而平和的气质相协调。天空就在我们的脚下，正如它在我们的头顶上。

每天，很早的时候，一切都被严寒冻得松脆，人们带着钓竿和简单的午饭，穿过雪地来钓梭鱼和鲈鱼。这些野性未驯的人们，并不相信城里人，他们本能地采用另外的方式生活，相信另外的势力。他们这样来来去去，把城市的许多部分缝合在一起，否则的话，这些地方还是分裂的。[38]

很多在城市里生活的人们根本不能算是生活，顶多就是生存而已，而始终依凭本能生活的渔夫对自然的了解远远超过了城里人。渔夫们不看书，也不做研究，他们用身体验、用心感受，但他们经历的要比知道的、能表达出来的多得多。梭罗还描写过一个用大鲈鱼当鱼饵钓梭鱼的渔夫，认为他的生活早已超过了任何自然科学家的研究深度。在这些渔夫身上，梭罗仿佛看到了自然的现身，看到了生物链的延续。

是这些生活在自然之中的人，用他们的努力弥合着被人干扰、分裂的自然。正如万物具备自我更新和生存消亡的能力，地球自身也有一个产生、发展和毁灭的过程。但是，拥有了工具理性的人类极大地改变了自然的进程，巴里·康芒纳（Barry Commoner）一针见血地指出，在生态系统中任何主要由人为引起的变化，对那个系统而言都可能是有害的。[39]在人类的过度干扰和破坏下，很多物种非自然地灭绝了，整个地球也面临着非自然衰退的巨大威胁。正如梭罗所说的，水手和农民将海难和飓风视为天意，其实是人为造成的灾难，是"我们的罪过"[40]。

自然不曾言语，它只是努力地调适自己，以便回到自己最舒适的状态。很多天灾往往都源于人祸，人类却将责任推卸，并用自己狭隘的心理去想象自然，用自己的话语体系去解释各种异常。火山、海啸、飓风、天火，那都是太初的游戏，也是地球不得不因人类对它造成的破坏而做出的调整。这一切不是报复，而是因为人类的行为已经破坏了它自我平衡的能力。

然而，人类在认识自然规律的问题上存在局限性与片面性，这是一个无法避免的事实，是一个难以解决的认识困境。

如果我们能够知道自然的所有法则，应该只需要一个事实，或者一个实际现象，就能当场推断出结果。但现在我们只知道少数规律，所以我们的结论往往有所偏差，这当然不是因为自然的混乱或不规则，而是因为我们在推断时对某些基本原理无知。我们所理解的规则与和谐，常常局限于我们已经发现的那些事实，可还有很多没被我们发现、看似矛盾实则呼应法则的事物，它们产生的和谐更为令人惊叹。特殊的规律源于我们自己的观点，就像对旅行者来讲，山峰的轮廓随着他每跨出的一步而变化，而实际形态其实只有一个，只不过有无数的侧面。我们即使将它劈开或钻穿，也难以窥见其全貌。[41]

自然是一个统一而复杂的存在，仅仅依凭人类的经验是很难把握所有规律的。因此，人类只能在已经掌握的知识范畴内尊重自然规律，尽量让万事万物呈现最真实的状态。

超验主义在梭罗所生活的新英格兰地区影响非常强大，梭罗也曾是爱默生的门徒，这让我们很容易理解为什么梭罗曾被视为爱默生的追随者，爱默生的想法也悄悄地溜进梭罗的创作中，尽管那些观念与梭罗试图保存自然的努力相违背。如果仅仅将梭罗置于爱默生的光辉之下，很容易忽视他思想中最有价值的部分。事实上，梭罗并没有完全追随爱默生的引导，他不赞同培根关于进步的概念，他所崇尚的自然是一种近乎野性的自然。他反对技术支配自然的梦想，认为它有害于人的精神成长，他认为在使用价值之外，自然的审美价值、精神价值更重要，他更关注的是人与自然的和谐共存。

在梭罗看来，怀着功利目的对待自然是卑鄙粗俗的，真正值得赞赏的态度是摒弃了人类自身利益考量而单纯地认识自然。正确对待自然的态度是欣赏自然本身的成功，而不是为了人类自己的成功。如果对自然仅仅抱持"能利用它就利用"的态度，那么"人类是不会和地球联系在一起的"。[42]因为自然物本身的成长成功就是其内在价值，独立于人类可以利用的价值之外的自然物的自身价值。不能发现自然的内在价值，不能摒弃人类利益去认识自然，就不可能发现和理解真正的而非人类强加的自然精神。

梭罗希望自己笔下的自然可以令人身心放松，脱离道德说教，所以他很小心地把超验主义限制在一种内心的道德范畴之内，避免那些过分膨胀的关于人类权力和支配欲望的言辞，反对把人类的地位提高到万物之上，或者宣布人类拥有比其他自然生物更多的权利。这种克制造就了梭罗作品的张力，"事实足以证明，梭罗是一个处于矛盾心境中的人，他在异端的自然主义和超验论的道德观之间所表现的动摇，尤其能证明这一点"[43]。这不是梭罗思想中相互对立的两面，而是互为补充的两级，它们丰富了梭罗作品的内涵和意义。

任何自然物都不是只为人类而创造的，整个自然系统更不是只为人类而存在。梭罗发现并表达的自然内在价值，不仅是指具体物种自己的内在价值，更是指整个大自然的独立价值。因着对自然价值的发现和尊重，梭罗倡导尊重自然规律。承认、确立、尊重自然的内在价值，是梭罗生态思想的逻辑前提，对所有自然物之重要性的强调，对整个生态系统至高无上和作为终极价值尺度的强调，都是以确立自然有其独立于人类的、自身的内在价值为逻辑前提的。有了这个前提，梭罗的生态思想继续深入其核心——确立生态整体观。

自然知道最好的

梭罗研究者理查德·J.施耐德（Richard J. Schneider）
对梭罗的思想有过一个重要的论断："梭罗在早期就确立了
这样一个重要的信念，自然的多样性后面蕴藏着基本的统
一性……他从未丧失过这个信念，即自然中有一个根本的整
体。"[44] 将梭罗思想置于西方生态思想史中展开研究的沃斯特
也做出了类似的判断，梭罗寻求的"是他所谓的'爱的共同
体'，那是一张延伸的自然关系之网……它包括康科德地区的
所有生物，而不只是人类。他不断强调，自然界对人类自身
的发展与人类社会同样重要。人如果脱离了自然界，就像离
群的鸟——'孤孤单单、无依无靠，像是从它所属的网中拆
出来的一根线'……梭罗的性格不会允许他将人提高到地球
的其他生物之上，或者要求拥有任何特别的权利。他不可能
同意这样的观点，即人拥有迎合自己的趣味重塑世界的许可
和独自使用本为万物提供的资源的权利"[45]。这些对梭罗思想
特质的学术判断切中要害。梭罗生态思想的核心就是他的生
态整体观，而梭罗之所以被视为生态文学的鼻祖，他的自然
观之所以与爱默生和其他同时代作家以及以往作家的自然观
有本质区别、与后世的环境主义自然观有根本不同，也是因
为他形成并展现出以生态整体观为核心的生态思想。

正如蕾切尔·卡森（Rachel Carson）所言，"今天，很难
发现任何受过教育的人会否认进化论。但是我们当中的许多

人仍然否认这种显而易见的必然结论：人类通过进化纽带与成千上万其他物种相互联系，而人类则受到控制着这成千上万其他物种的同一环境作用的影响"[46]。这一结论对生态学思想发展的全部意义，可以通过巴里·康芒纳广为人知的生态学的四条规则清楚地加以理解，其中第三条是：自然界所懂得的是最好的。罗伯特·麦格雷戈（Robert McGregor）通过分析梭罗对自然的看法，总结道："直到1860年，梭罗都致力于对自然的研究，不间断地研究制约整个自然相互作用的基本原则。梭罗发现，自然的每个部分都有完全独立于人类观念的价值，他否定人类作为创世顶点的传统位置。到那时，梭罗更加坚定地相信，在庞大而复杂的自然整体中，人类只是与其他部分平等的一个组成部分。亨利·梭罗几乎凭一己之力发现了我们现在称之为生态中心主义和生态科学的原则。"[47]

"生态中心主义"（Ecocentrism）是相对于传统的"人类中心主义"的一个生态原则。人类中心主义本身存在一些问题，一直以来为生态思想家诟病。历史上，人类很少以一个整体的面貌出现，更多时候只是个体，所以所谓的人类中心根本无从谈起。正如我国生态哲学家余谋昌所指出的："在整个20世纪，人类中心主义作为主导作用价值观指导人的行动时，从来都没有而且也不是以'全人类'为尺度，或从'全人类的整体利益'出发，更没有考虑自己的活动对自然环境的影响；实际上，只是以'个人（或少数人）'为尺度，是从'个人（或少数人）'的利益为出发点。个人主义是整个现代主义的世界观，是 20 世纪全部人类行为的哲学基础。"[48]

实际上，现代精神和现代价值观在很大程度上都是个人主义的，"几乎所有现代性的解释者都强调个人主义的中心地位。从哲学上说，个人主义意味着否认人本身与其他事物有内在的关系。即是说，个人主义否认个体主要由他与其他人的关系，即与自然、历史或神圣的造物主之间的关系所构成。笛卡儿对实体（人的灵魂是实体的一个首要样态）所做的定义最简洁地表达了这种个人主义思想。按照他的定义，实体乃是无须凭借任何事物只需凭借自身就成为自己的东西"[49]不过，在生态思想提出之初，人类是作为与自然界中其他物种相对立的一个物种而被强调的，所以我们选择忽视整体与个体之间的区别。

生态中心主义源自深层生态学，哈罗德·格拉泽（Harold Glasser）在总结、归纳奈斯的各种解释之后，对这个术语做出如下规范且明确的界说："生态中心主义指的是一种价值判断方法，它将生态系统作为整体，根据是否有利于生态系统的福祉和繁荣来确定价值；它还是一种思想主张，认为整个生态系统及每一个组成部分都有其内在价值。"[50]这个界定明确指出生态中心主义以生态系统整体利益为最高价值的判断标准，表明深层生态学是一种生态整体论。不过，"生态中心主义"这个术语也有其不当之处，问题出在"中心主义"（-centrism）这个后缀上，既造成逻辑上的混乱，又导致观念上的矛盾。从一般的逻辑来看，中心永远是相对周边而言，中心与非中心始终是被包围与全国、被衬托与衬托的关系，也就是说，只要有中心就一定有边缘、有非中心的部分。那么，什么是与生态中心相对应的非中心部分呢？奈斯等人显然把人类视为生态系统的一部分，因此从逻辑上说，人类不可能作为外在于生态的非中心部分，那么生态中心的外围难道是"非生态"？非生态的事物是什么？所以，我更倾向于使用"生态整体观"来表达这种以生态整体利益为最重要观照点的生态思想。

生态整体观是与中心论、二元论根本对立的观点，是非中心化（decentralization）的观点，其核心主张是对整体价值以及整体内部联系的强调，而绝不是把整体内部的任何一个部分看作整体的中心。中心都没有，何来"中心主义"？即便真的以生态为中心，中心论也是与整体论思想相矛盾的，因为中心论的提法从本质上来说还是延续了人类中心主义的思维逻辑。考察一下西方环境伦理学的发展，可以看出这样一条轨迹，也就是原有的人类中心主义之中心不断扩大的轨迹：从所谓的人类中心到所谓的动物中心、再到所谓的生物中心、最后到所谓的生态中心。无论怎么变化都只是人类中心的放大，人类这个中心的中心、这个同心圆的圆点从未被消除。如果没有消解中心，依然延续中心主义的思路，那么就跳不出人类中心主义的框架和逻辑，只能是把原来的范围不断扩大。真正的生态主义是思维方式的一次革命，是从中心论和二元论到整体论的革命，它强调整体但绝不预设中心。用"生态中心主义"这个术语无法显示生态主义思维方式的革命性变化和基本精神，但必须肯定的是这个术语背后的核心思想是生态整体论。

在梭罗的笔下，自然不再是他者，不再是失语、边缘化、受压抑的客体，而是一个相对独立的主体。梭罗是用这种方式从根本上消解了人与自然的二元对立，消解了人类中心主义，提出了实现生态平等的前提。在这种生态整体论思想的指导下，梭罗非常重视对生态联系观的强调，自然不仅不再作为人类的外部环境而存在，还是一个相互联系、相互作用的不可分割的整体，而我们的科学却机械性地将之分割成一个个部分，这导致我们在认识上的局限和偏差。在他的自然史著作中，梭罗一直批判劳动分工对我们获取知识的危害性，它使我们获得自然知识成为一种偶然、孤立的过程，我们被困在局限的视野中，困在我们对万事万物的联系的忽视中。

> 人们只看到那些与他们相关的事物。一个专注于研究草的植物学家并不知道橡树是最大的草本植物。实际上，他走在路上根本没有注意到橡树，最多只是看了看它们的影子。我发现，在同一地点，要看到不同的植物，要求眼睛有不同的目的，即使这些植物比邻而生，比如说灯芯草科和禾本科：当我寻觅前者的时候，在前者的包围中我是瞧不见后者的。那么，要关注各个不同的知识领域，我们的眼睛，我们的思维又需要多少不同的目的啊！诗人和自然学家观察物体的方式是多么不同啊！ [51]

　　康芒纳指出，生态系统是一个封闭的循环，任何希望存活在地球上的生物都必须成为生态圈的一部分。他提出的生态学第一条法则就是每一种事物都与别的事物相关，反映了生物圈精密联系的网络存在于不同的生物组织中，存在于群落、种群和个体、有机物以及它们的物理化学环境之间。[52]

　　在生态整体论中，整体和部分在逻辑上是相互决定的。也就是说，一方面，整体决定部分的性质，不参照那个由它们所构成的整体，就无法对部分做出精确的描述；另一方面，整体所拥有的全部特征都是由部分的性质所决定，部分作用于整体，并且在对部分进行描述时这种作用是必要的组成部分，但这些部分又不能脱离整体而独立存在。因此，整体不等于一个个孤立部分的简单相加，整体的特征不能简简单单地分析为各个部分独立作用的总和，因为这忽视了刚刚提及的各个部分的作用和地位。[53] 玛休斯（Mathews）认为，整体主义的形而上学是可以不断发展的，它所确定的系统特征包括上至作为整体的宇宙，下至最简单的有机体的各个层次。[54]

　　自然并非人类的花园，并非草坪、牧场、草地、林地，也不是休闲地、可耕地、荒地，人类并不是世界存在的理由。人类自以为可以主宰整个世界，殊不知这个世界的存在自有它的深意。17 世纪末，探险家们几乎每天都在发现地球表面无人居住的草地、森林、沙漠。它们显然不是为了人类而创造，这些土地上居住着前所未见的生命形式，没有明显为人类所用的迹象。[55] 约翰·洛克认为，"如果我们思考一下已知与可见的世界之辽远，想想为什么呈现在我们视野之内的一切不过是宇宙中很小一部分"[56]，就能看出人类有多么无知。自然是一个独立于文明之外的存在，自然是一个良性、健康、稳定的生态系统，而人类只是其中的一个组成部分。

因为建立了生态整体观，梭罗对自然界常见的杀戮掠食有了不同的认知和评价。

> 我乐于看到大自然拥有如此丰富的生命，这使得无数生命承受得起牺牲，忍受得了相互猎杀；我乐于看到柔弱的生物组织像果浆似的被安静地压榨出来，比如蝌蚪被苍鹭一口吞掉，乌龟和蟾蜍在路上被车轮碾死，有时候，简直就是血肉横飞！意外随时可能发生，我们根本无法统计。在智者看来，万物都是清白无辜的。毒物其实不毒，任何创伤也不会致命。恻隐之心是不可靠的。它肯定稍纵即逝。它的诉诸同情不可能一成不变。[57]

既然生老病死都是再正常不过的一种自然状态，那么何须人类给予廉价的怜悯？梭罗不仅看到了自然的美，也看到了自然的恶，但他不会使用这种一分为二的语言来评价。对他而言，兴盛、衰亡，温和、残忍，生存、死亡，都是自然的不同侧面。对此，麦金托什是这么评价的："梭罗感受到的自然是全方位的，是混沌多样、不断变化的，但那又是一个独一无二的有机世界、同一个世界的不同侧面。"[58]细读《瓦尔登湖》里的这段描述，会发现生态整体主义者与以往常见的人类中心主义者在自然观上截然不同，不是以人的怜悯同情作为认识和评价自然界中残酷现象的依据，而是要寻找一种崭新、稳定、持久、定型的依据，即生态系统整体运转规律或其内部的必然联系。

从维护生态系统的平衡与持续、维护生态系统里的食物链完整的角度来看，物种之间的掠杀行为是再正常不过的自然状态，根本无须人类廉价而居高临下的恻隐与怜悯。被食物链上端物种捕食，是自然界中所有生物应当承受也能够承受的。梭罗在这里连续使用了两个短语"be afforded to"（承受得起）和"be suffered to"（忍受得了），凸显了所有生命的存在必须承担的后果和必须付出的代价，甚至牺牲。而对于捕食者，人也不应该给予它们有毒有害、危险邪恶的认识和判断，所有捕食者都是清白无辜的（universal innocence），它们的捕食行为受生态整体规律决定，诚如被捕食者被掠食也是由生态系统决定的必然归宿。万物就是如此相互依存共生，唯有如此，生态系统才能健康永续地运转；也唯有认识到这一层——从生态整体主义的角度认识到这一层，才能理解梭罗为什么"乐于看到"（I love to see，甚至可以翻译成"我爱看到"）这些血肉横飞的猎杀场景，读者也不会因此觉得他冷酷无情，不会认为梭罗对自然界里的捕食掠杀之乐见与他对自然物真诚而深刻的爱有矛盾。

作为美国超验主义的代表人物，又浸润了中国古代传统思想文化，加上其一生致力于回归自然的与众不同的生活经历，梭罗逐渐形成了自身独特又前卫的生态思想，其中也包含着独具特色的生活观。所谓生活观，是关于一个人采用何种方式生活的思考。本书将扩大生活观的内涵，所讨论的生活观不仅包含对于生活，对于生命本身的看法，也扩展到人对死后世界的认识。对于生死的看法，除去一些极端的、有争议的情况，大部分情况下是非生即死，生与死相对，绝对的二元对立。本书认为一个人对待死亡的态度，可以反推和理解一个人对于生活的认识，我们讨论梭罗对生命、生活的探寻也就不能不探讨梭罗对死亡的态度。

加勒特·哈丁（Garrett Hardin）曾经说过："对生命的真正尊重必定包括对死亡的功能和必要性的尊重。"[59] 让梭罗直接感怀生死的是其兄约翰的骤然离世。1842 年元旦，约翰在磨剃须刀时不慎割伤手指，因破伤风医治无效于 1 月 12 日逝世，享年 26 岁。那个曾与自己一起成长，爱上同一个女子，一起乘着自制的小舟沿着梅里马克河漂流而下的哥哥就这么撒手人寰，梭罗难以面对，更难以接受。因为共情，梭罗在十天后出现了类似破伤风的症状；由于过度悲伤，梭罗身体每况愈下，生病卧床一个多月；因为无法释怀，梭罗连续五个星期都未能在日记里写下一个字，等他重新落笔，梭罗说似乎熬过了十年的岁月。约翰的骤然离世让梭罗不得不直接面对生死问题，他试图从哲学中为死亡找寻依据，却让悲痛变得更为持久。1842 年 3 月 11 日，在写给爱默生的信中，梭罗表达了他的这些思考，彼时爱默生也在经历小儿子沃尔多夭折的打击与悲痛。

死亡只是个人或物种的现象，这是个多么浅显的道理！自然对死亡一无所知，因为她总是可以完美地在新的形式中找到自己。当把死亡视为必然而非意外时，它是美丽的——它与生命一样平淡无奇。人们在世界各地死去……田野间的每株草、树林里的每片叶子，到了各自枯萎的季节，都会献上自己的生命，其姿态与初临世间时一样美丽。这是四季的轮回。槁木、枯叶、干草——这些不也是我们生活中美好的一部分吗？……当我们眺望田野时，我们不会因为某类花草行将枯萎而感到悲伤，因为它们的死亡法则也是新生命诞生的规律……花草快快乐乐地盛开，高高兴兴地凋零，好让位给新的生命。人类也应如此。倘若我们因为个体的死亡而哀伤，便是偏颇自私。[60]

这是梭罗关于生死的经典阐释，是梭罗对生命循环的参悟，也是他将人类与万物视为一体的体认。梭罗将人的生死置于整个生态系统中进行考量，梭罗认识到，死只是人类社会的观念，在生态系统中没有死，有的只是生命形式或生命能量的转换。人类所谓的死亡在大自然的系统里是"以新的形式再生"，是"生命的必然"，而绝非死亡的意外。他是在努力说服自己，也是在安慰丧子之痛的爱默生，将死亡视为自然圆满的转换形式，才能自然地接受死亡。

梭罗形成的生态整体主义使他在弥留之际坦然面对即将到来的死亡。梭罗的朋友回忆，从未见过任何一个人"在弥留之际还如此快活，如此平静"[61]。这种生态整体主义的生

死观与庄子对死亡的态度十分相似。当日庄子将死，弟子欲厚葬，庄子不允。庄子认为他可以"天地为棺椁""万物为赍送"[62]，何必多此一举？弟子担心其尸体为乌鸢所食。庄子进一步启发道：即便葬入土中，也一样会为蝼蚁所食，那么被老鹰啄食和被蛆虫蚕食有何不同？生死问题是每个人或早或晚都需要面对的一个终极问题。如果将人类视为自然整体的一个部分，并将人类的死与其他物种的生联系起来，从生态整体的角度去考量，那么死亡只是另一种生命的开始，生生死死、死死生生都只是生命的阶段，更是生态系统的组成部分。

从生态整体的视域看待死亡，梭罗还发现死亡和新生一样，是一个供养美丽的过程。死和生一样美，因此人对死亡的态度不应当是偏颇自私的悲哀，而应当是快快活活地为死者唱起凯歌，甚至欣赏和赞美死亡之美。生态整体观使梭罗能够展开与传统文学截然不同的死亡审美。他这样描写野苹果树叶枯萎和腐烂的美丽过程："它们轻轻地飘落、复归尘土！……那些曾高高飘起的叶儿，在静静凋落之前，经历了多少次飞翔！再次回到尘土时多么心满意足！它们顺从地躺下，接受命定的死亡，在树脚下腐烂，为种群的新生代提供营养，让它们有一天也能够起舞高飞。"[63] 这是对生态整体美和生命壮烈美的深情赞赏，超越了人类中心主义狭隘自私的审美，是生态的审美。枯萎和衰败都是自然的轮回，大地不仅是万物的归宿，也是万物的谷仓，里面贮满了生命的种子。死亡、腐烂得越多，大地就越肥沃。这样的死亡，与其说应该哀悼，不如说值得庆贺。[64]

　　不仅要审美死亡，还要转变对死亡的态度。梭罗接着写道："树叶教我们如何面对死亡。人们不禁会想，是否有那么一天，对长生不死笃信无疑的人也能以如此优雅成熟的姿态接受死亡呢？——在一个反暖的秋日，灵魂平静地离开躯体，就像头发、指甲从身体上脱落一样。"[65] 这应该是最唯美、最自然的死亡方式，待到生命之花枯萎，在一个秋日的绿水湖畔，漫天飞花轻轻地铺盖在慢慢失去气息的躯体上，然后成为动物、植物、微生物的食物，护养来年的飞花。可惜，这只是幻想，在经济迅猛发展、生态严重失衡的世界里，自然死亡都成为一种奢望。

　　既然对于万物而言，死亡都只是一个自然而然的生命阶段，那么作为自然一员的人类，是不是也应该淡然视之？就像加里·斯奈德（Gary Snyder）说的："我们都是宴会上的客人，而我们也是餐！"[66] 这样想，死亡是不是就没有那么可怕、不再那么令人恐惧？相反，死亡是有意义的，对生态系统和系统中的一些相关物种有意义，因而也就是美的，因而人对死亡的态度也应当和枯萎腐烂的树叶一样，平静安详，心满意足。

　　既然死是生的延续，那么疾病便如健康一样也是生命的常态。在秋风萧瑟、秋雨迷蒙的日子里，梭罗一边在树林里散步，一边观察着随风飘落的枯叶，萌生出岁月将尽的感伤。对于梭罗而言，疾病和死亡构成了他生态思想中不能被剔除的一个部分。梭罗知道，正如自然不仅有光明的一面，也有黑暗的一面，人的生命中也不仅有新生的力量，也有死亡的存在。在 1851 年的日记中，梭罗记录下了这样的观点，暗合道家的"天地不仁，以万物为刍狗"[67] 的思想。

　　这是一个重大而不同寻常的事实：尽管每个人的身体都多少有点毛病，但实际上人人都相信健康是常规，而疾病是例外。每个患病的人都以为自己属于少数之列，从而耽误谋求另一种生存状态的努力。但这个事实也可以激发人们去了解，在这个方面人人都处于相同的状态。实际上，疾病是生活的常态，同时为天国生活做了预言。哪有这样的懦夫，患病就感到绝望？我们既可以活得像阿喀琉斯，也可以活得像赫克托尔。用这种眼光来看，伴随着各种疾病的生命才是正常的状态，从某种意义上说，病得越厉害越正常。不管是对于个人，还是对于一代人来说，疾病都不是什么意外变故，而是生命本身。就某种形式和某种程度而言，它是生命永恒的状态之一。[68]

　　三年后，苏夸美什部落（Suquamish）的酋长西雅图曾做过一次重要的讲演，对当时的美国总统皮尔斯购买部落土地的要求做出了口头回应。他确切的用语已经无人知晓，但电影剧作家特里·佩里在 1972 年的那个文本被广为传颂："人类并未编织生灵之网，我们只是网中的一根线。不论我们对网做什么，它都会影响我们自己。世间万物环环相扣，一草一木无不关联。凡事降临于地球，也必将降临于地球的子民。"[69]

梭罗在日记里也认为自然是一个完整的相互联系的整体，而不是一系列轮廓清晰、互不联系的零部件，每个动物、植物都是一个伟大的统一体的有机组成部分，在这个自然之网中，有着各种错综复杂的联系，人类只是这个有机整体的组成部分。从生物进化的角度来看，人类与地球上的其他物种相比还是后辈，何来一切都是为了人类而存在的自以为是？我们没有权利主宰自然，我们只能在自然中与其他生物相伴相生。

从生态整体观的视角来看，死与生不是对立的两面，而是不同的生命状态。换句话说，死只是人类社会软弱悲伤的观念，如果我们可以像看待植物的枯荣一般看淡人类的生死，那么必将淡定从容，期待新生。正是因着对自然法则的体认，梭罗与庄子才能对死亡有如此超然的态度和豪迈的智慧。

1862 年，梭罗因肺结核离开尘世，死时平静而安详。值得指出的是，文学史上有很多作家感染过肺结核，比如德国的歌德和席勒，英国的拜伦和雪莱以及中国的鲁迅等。有意思的是，在 19 世纪的英美，肺结核成了一种特殊的文化隐喻，被视作"文雅、精致和敏感的标志"，认为因此而亡可以脱离沉重的肉身，"使人格变得空灵，使人大彻大悟"[70]。据梭罗的妹妹索菲娅事后回忆："没有恐惧，没有死亡，我仿佛看到了美丽的天光。"奥尔科特在写给朋友的信中这样形容梭罗的离世："自然像一位慈祥的母亲迎接她可爱的孩子回家。"[71]

生态整体观不仅是梭罗的自然观，而且也是他的行动准则。在瓦尔登湖畔，梭罗强烈地感觉到自己与自然的融合。在《独居》中，他写道："我突然感觉到与大自然为伴是多么甜

蜜、多么有益，在这滴答滴答的雨声中，环绕我房子周围的
每一个声响、每一处景象都充满了无穷无尽、难以言说的友
爱……"[72] 这种将自身与瓦尔登湖以及周围的事物紧紧相连的
视角，让我们重新审视他字里行间蕴含的生态意义。他栖居在
自然怀抱中，无时无刻不与各种各样的其他生物和非生命物质
打交道。他要在自然中生存，就一定要向自然索取，依靠和利
用其他物质生活；同时他要认同和支持其他事物存在，就一定
要与自然妥协。那么，梭罗根据什么来调整他与自然万物的关
系呢？根据什么来限制他对自然的干扰、来促使他为自然担起
责任呢？他依据的是生态整体平衡和持续存有的原则。

> 我的敌人是虫子、寒冷的天气和土拨鼠。八成儿是
> 土拨鼠，它们啃光了我四分之一英亩的豆子。可我到底
> 有什么权利铲掉狗尾草之类的杂草，毁掉它们亘古以来
> 的草原呢？
> 轻柔的细雨洒落在我的豆子上，一整天我都只能待
> 在屋里，但这并没有让我觉得阴沉忧郁。对我而言，这
> 雨也是好的。虽然它让我不能去给豆田松土，但它本身
> 比松土更有价值。这雨要是下得太久，会使种子烂在地
> 里、使低地的土豆坏掉，但它对高地的草还是有好处的。
> 既然对青草有益，那么对我来说也是好的。[73]

虫子、土拨鼠、杂草、寒冷的天气和持续的下雨，从表
面上看，都对梭罗的林中生活造成了负面影响，但梭罗对待

它们的态度和行为，所依据的已经不是人的利益，而是生态系统的整体利益。虫子、土拨鼠吃掉了他的豆子，杂草干扰了豆苗的生长，降低了豆子的产量，持续的雨水使他不能出去锄田松土，还使地里的种子、土豆烂掉。如果从人类中心主义价值观出发，人理当与之抗争，人完全有能力除掉虫子、土拨鼠和杂草。即便不能反击抗争，至少也理当抱怨，但梭罗所依据的并非人类的价值尺度。

他考虑的是生态整体利益至上原则，比如古老草原整个生态系统的利益至高无上，因此他绝不能为了自己的利益做出导致整个古老草原毁掉的事。他还考虑生态系统内部的物种多样性，或称物种多元共存原则，因此他不能只要求对自己有利的事，而拒绝对己不利、却对其他物种——比如狗尾草，乃至那些长在高地的草——有利的事情。不仅如此，梭罗还为自己提出了更高的要求：不光要为生态系统和其他物种承担自己的责任、做出贡献；而且还不能因为自己利益受损而阴沉忧郁，反而要为此而高兴，把有利于生态系统和其他物种的事当作有利于或最终有利于人的事，乐整个自然之乐，乐其他物种之乐。

一个多世纪以后，奥尔多·利奥波德在梭罗上述思想的基础上发展出倡导人与自然和谐相处的"生物共同体"理论。他的代表作《沙乡年鉴》（*A Sand Country Almanac*, 1949）通过对土地金字塔、食物链等原理的分析，说明人类只是整个自然系统的一个组成部分，在这个系统内，所有的成员都是互相依赖、彼此平等的。在《环境批评的未来》（*The Future*

of Environment Criticism,2005）中，布伊尔借用美国原住民
的宣言来论述人类与自然的依赖关系："你可以砍掉我的手，
我还活着……你可以挖去我的眼睛，我依然不死……而当你
夺走太阳，我就不复生存。若带走植物和动物，我也会死去。
那么，我有何理由认为自己的身体更多地属于自己而不属于
太阳和大地？"[74] 美国当代学者马内斯（Christopher Manes）
在他的著作《其他造物》（*Other Creations*, 1997）中也将世界
定义为"相互依存的网状生命集合体"[75]，这是对人在自然中
地位和角色的重新界定。

> 太阳、风雨、夏天、冬天——大自然的纯真和恩惠
> 是难以描述的——它们永远为人类提供健康、欢乐，还
> 有这么多同情，它们始终给予我们人类。如果有人因为
> 某些原因感动或悲伤，整个大自然都会为之动怜：太阳
> 会黯然无光，风会像人们一样呜咽叹息，云朵会凄然落
> 泪，树木会在仲夏时节枯萎凋敝、披上丧服。难道我们
> 不该与大地心灵感应吗？难道我们自身不也是绿叶和菜
> 蔬滋长的土壤吗？[76]

自然滋养着人类，给予我们阳光、食物、欢笑和健康。
像对待其他的子民一样，自然从未吝惜过她对人类的馈赠，
我们与万物息息相关、本应心灵相通。但自西方机械自然观
出现后，自然母亲的地位就被彻底剥夺了。自然，从此褪去
神秘面纱，成了与人类对立的"他者"，这为人类肆无忌惮地

榨取自然提供了文化支持。梭罗用他的生态整体观严重批判了这种错误的观念，他大力提倡的普遍联系的观点因此也成为生态批评的一个重要维度。

诗人罗宾逊·杰弗斯（Robinson Jeffers）曾经写道："在我看来，人、种族、岩石和星星，它们都在改变，在成为过去，或者在死亡，它们之中没有哪一个具有单一的重要性，它们的重要性仅仅存在于整体之中……"[77] 巴克斯特说道："我们所了解的地球生物圈到处都在对我们揭示着毁灭和死亡。死亡体现在自然选择的作用之中，是自我不可或缺的塑造者。没有死亡，就不能发展或创造出更复杂的生命形式，比如说我们人类自己。我们要正确地理解，我们周围的死亡和毁灭具有积极的取向。生和死并不是彼此排斥的，而是留下了单纯循环的一个中立的总体状况。"[78]

生态整体观作为梭罗生态思想的核心，决定了他的人与自然关系观，注定了梭罗必然走向生态的人与自然关系观——人绝非自然的主人而只是自然整体的一部分，人必须确认自己在生态整体中应有的位置，人的生存必须不是脱离大自然、对抗大自然的，而是融入特定自然处所乃至整个大自然的生存，即生态的生存或称生态栖居。于是，梭罗自然而然地形成了以生态整体观为指导思想的生态处所观。

我来到瓦尔登湖畔的树林里

与梭罗和《瓦尔登湖》在同一时代出现的，有很多美国文学史上举足轻重的作家、作品，这一时期被认为是美国的文艺复兴时期。其中最有名的有霍桑的《红字》、麦尔维尔的《白鲸》、斯托夫人的《汤姆叔叔的小屋》和惠特曼的《草叶集》。[79] 很长一段时间以来，《瓦尔登湖》的受众和影响都无法与这几部作品相提并论，但自从生态批评产生以来，梭罗受到越来越多评论者的注意。如今，他在美国生态文学史上的地位无人可匹敌，包括爱默生，而让他一枝独秀的作品无疑是《瓦尔登湖》。

从文学出版的角度来看，《瓦尔登湖》不能算是一个成功的案例。梭罗从1846年开始写作，一共修改了七稿，1854年才最终问世。[80] 第一稿的《瓦尔登湖》只是一篇很短的散文，几经打磨充实之后，篇幅扩充了数倍。初版时梭罗计划以1美元的定价在五年内卖掉2000册，但未能如愿。[81] 经过七次修改，《瓦尔登湖》本来的意图或被突出、或被削弱、或被替代，但始终不变的是梭罗在瓦尔登湖四季循环、更替再生的过程中记录了他的渴望、冲突、失败以及调整后再次渴望的心路过程，这个过程几经循环，直到最终实现。这是梭罗挑战自我界限乃至整个人类界限的尝试，《瓦尔登湖》不是对自我的无限希望（书中声称的主题），而是伤后复原。[82]《瓦尔登湖》之所以成为梭罗最重要的作品，很重要的原因就是它完整呈现了梭罗生命转折时期的挣扎。[83] 阅读《瓦尔登湖》不同版本的过程，是对梭罗不断发展的生态思想的了解过程。事实上，《瓦尔登湖》里并没有出现梭罗作为生态文学作家最具自觉意识的宣言，也没有囊括他对自然最丰盛的发现，但

《瓦尔登湖》展现了他对处所深深的依恋与不可替代。

在以荒野美景著称的新英格兰地区，比瓦尔登湖更美的湖泊比比皆是。余杰曾说，瓦尔登湖充其量不过是一个小小的冰川湖，很难入"看惯了大山大水的游客"[84]的眼，就连梭罗自己也承认瓦尔登湖的美并不宏伟，甚至有点卑微。但正如莎士比亚使得他的家乡小镇斯特拉福德闻名于世，瓦尔登湖因为梭罗成为康科德最耀眼的明珠，成为马萨诸塞州不能绕过的重要地标。

《瓦尔登湖》有一个副标题"在林中生活"，在整部作品中，"在林中"这个处所表达被不断重复。没有哪个美国作家比梭罗更专注于地域，他的一生都在家乡康科德度过。爱默生认为是梭罗让康科德享誉全球，"梭罗把他全部的才华和爱都奉献给了他家乡的田野、山川和河流，是他让它们为美国乃至海外读者所关注、所知晓"[85]。从历史的角度看，作为美国独立战争的起点，康科德仅凭那场发生于1775年4月19日上午的战役就足以在美国历史上留下不可撼动的地位。从文学的角度看，19世纪美国文坛有四位举足轻重的作家来自康科德，梭罗是其中一位，但只有梭罗终其一生将康科德视为处所与创作基点。

梭罗一生主要的活动区域都在瓦尔登湖附近的康科德，我们可以用瓦尔登湖畔的这片林子代表整个康科德。康科德是梭罗一生生活的主要处所，是启发梭罗形成生态处所观的主要来源。对于梭罗与康科德之间的联系，理查德森做了非常到位的评价："纵观整个美国文学史，没有哪位作家与处所的联系像梭罗与马萨诸塞州的康科德那样紧密……他对康科德的依恋赋予其作品一种处所感，在美国文学中至今未能被超越。"[86] 当我们将处所与星球相联系，处所的内涵就变得更为丰富、更有价值。因此，从更大的范围来看，梭罗生存于其中、思索于其间的这片林子可以被视为整个大自然的象征。从广义上说，它也意味着梭罗乃至全人类的自然处所——大地。"瓦尔登湖是一个小的海洋，而大西洋是一个大的瓦尔登湖。"[87] 这片林子是梭罗那两年生活的全世界，而这颗星球是梭罗身处的大森林——大自然森林。

自生态批评产生以来，处所就是一个非常重要的批评范式。早在 1996 年，彻丽尔·格罗特费尔蒂（Cheryll Glotfelty）就已提出："在种族、阶级、性别之外，处所会成为一个新的批评门类吗？"[88] 从外部影响来看，对处所的关注是对传统文学研究长期以来忽视的重要反拨；从内部导向来看，处所反映了人类历史与承载着见证痕迹的物理环境之间的相互联系。这不仅存在于梭罗的瓦尔登湖以及它的自然史中，同样存在于约翰·缪尔的荒野意识与他童年时代居住过的威斯康星州，还存在于苇岸的北京昌平以及他未完成的关于中国二十四节气的著作里。处所不仅与自然相联系，还与文化不可分离。文化研究学者彼埃尔·诺拉（Pierre Nora）提出的重要理论"记忆依附于地点"[89] 就是一个重要的佐证。从整个意义上看，人与处所的关系不仅决定于生活其中的当下，还受到过去时代的影响。因此，文学中关于处所的想象扮演着非常重要的角色，不仅讲述作为处所的自然的过去，

而且通过叙述重塑了这些地域的经典性。

　　早在 1841 年，梭罗就表达了自己想写一部名为《瓦尔登湖》的作品的欲望，在接下来的整整一年里，他的日记里涌动着愈发强烈的表达欲。他渴望追求和谐，向往"简单质朴的生活方式"，感受"绝美的野性"，想要"到湖边生活"[90]。在瓦尔登湖畔度过的两年多时间促使他最终完成了生态思想与生态实践的融合。梭罗曾自言："按着四季的节奏生活，有闲心去观察大自然的各种现象，从进入头脑的各种想法里得到消遣。让生活成为穿越大自然王国的休闲历程，即便当个过客也心甘情愿。"[91] 其实，早在来到瓦尔登湖之前，梭罗就有一个愿望，希望能有一个完全属于自己的处所，距康科德不远的一个乡间隐居所，一个既能让他僻静居处又能就近参加爱默生家聚会，还能时不时回去探望母亲和妹妹的地方。

　　梭罗在哈佛大学的舍友查尔斯·惠勒（Charles Wheeler）住在林肯镇弗林特湖边的一间棚屋里，梭罗曾去探望过他，并与其同住了六个星期。钱宁也曾一个人在伊利诺伊州的草原住了一段时间。这种生活方式让梭罗心生向往，从梭罗1840 年之后的日记和书信中，我们经常可以看到他想独自一人待一段时间的愿望。[92] 有一次他差点买下霍尔维尔农庄，"我曾急着要把它买下来，以免它的主人继续他的修缮工作——搬走几块石头、砍倒空心的苹果树，挖起牧场上一些野生的桦树幼苗……因为我一直知道，任其自由发展，它将产出我所需要的最丰盛的东西"[93]。还有一次，他考虑要买下林肯镇弗林特湖边的小木屋。由于种种原因，这两次计划

都未能实现。他来到瓦尔登湖畔是机缘巧合，也是爱默生的成全。

　　1844 年 10 月，爱默生为了保持森林和湖泊的美丽，买下了瓦尔登湖北面那片被钱宁戏称为"荆棘地"的 14 英亩树林。爱默生曾写信给朋友说，如果有余钱，他想在那里建造一栋与树梢平行的塔楼，然后天天住在那里，因为"那里实在太美了，于我而言，这种美是永不褪色的"[94]，梭罗替爱默生完成了他的梦想。在爱默生的允许下，梭罗在那片土地上建了一座小屋。1845 年 3 月，梭罗开始清除瓦尔登湖北岸的荆棘，他以这种独特的方式支付借住这块土地的租金。更准确一点说，爱默生与梭罗之间是互相成全的共生关系，因为正是梭罗为爱默生的家付出劳动和时间使得爱默生能够在 1847 年赴欧洲旅行。当然，这是后话。梭罗如愿以偿地住进了自己在瓦尔登湖畔亲手建造的小屋里，"1845 年 3 月底，我借了一把斧子，来到瓦尔登湖畔的树林里"[95]。如梭罗在《马萨诸塞州自然史》（Natural History of Massachusetts）中所写的："在社会中，你可能无法获取健康，但是置身大自然中却能如愿以偿。除非我们立足于天地自然之间，否则我们将是苍白羸弱的。"[96]

　　来到瓦尔登湖，住在那片令人欣喜的松林之中，每天清晨醒来，身心都会焕然一新。在那里，梭罗可以践行更坚毅、更质朴、更健康、更自然的生活。梭罗特意选择湖北岸树林边的斜坡来建造自己的小屋，离瓦尔登湖有三四十码，周围看不到其他房子，却又离村子不远。这样梭罗既可以独自而处，也能随性而行。瓦尔登湖畔的小屋，几乎是梭罗亲手盖起来的，所用的主要材料木头，都是梭罗亲手砍下的。"我意欲建造房子的最近处，开始砍倒一些高大、笔直的白松，对于木材来说，它们还处于青年期。"[97] 梭罗砍下的那几棵笔直的小白松筑成了他的小木屋的主体框架。在梭罗眼里，这些树不仅是建筑材料，还拥有自己独特的品质，它们高大、笔直、生机勃勃。

对于梭罗而言，瓦尔登湖畔的一草一木都是独特的生命，都是独立的存在，拥有着独立人类使用价值之外的东西，和古罗马庄严的小树林一样，有着某种神圣的品质。"希望我们的农场主们在砍伐一片森林时，也能感受到某种恐惧，就像古罗马人为了让神圣的森林多透进点阳光而砍掉一些小树木以便让树林更稀疏时所感到的那种恐惧，因为古罗马人相信那片森林已奉献给某些天神。"[98] 梭罗认为人类对树木的砍伐应该控制在生活必需的限度之内，不该毫无节制，而且他希望人们在砍伐树木时，可以与远古的人类一样怀着崇敬的心理，对自然心怀敬畏。树木不只是一种燃料，不仅具有使用价值，也具有艺术价值，"甚至在这种时代，新大陆的森林却还是极有价值的，那是比黄金更永久更普遍的价值……多少年过去了，人类总到森林中寻找燃料和艺术资料；新英格兰人、新荷兰人、巴黎人和凯尔特人，农民和罗宾汉，古迪·布莱克和哈里·吉尔，世界各地的王子和农民，学者和野蛮人，都要到森林里去拿些木头来生火取暖煮饭"[99]。

古迪·布莱克和哈里·吉尔是华兹华斯诗歌里的人物，

古迪·布莱克因为从树篱中偷树枝而被贪婪、自私的哈里·吉尔抓住。梭罗借用这个故事并没有道德批判的意味，而是将他们作为两个阶层的代表，将世界上各种不同类型的人物并置。他想要表达的是，所有的树木乃至自然中的万物都平等地属于每一个人，而不是专属于某些人。华兹华斯的作品是梭罗创作的重要参照点，华兹华斯对处所与童年记忆关系的发现深深吸引了梭罗。他曾在日记中表达自己的崇拜之情，并呼应华兹华斯对心灵预先存在的柏拉图式的假设。

> 　　依我看，我现在的存在是虚无；我过去的存在才是一切……就我所能想起的回忆，我不自觉地想到过去存在的经验。"生命只是一种遗忘"，等等。以前，我觉得自然如我一样生长，和我一起成长，我的生命是一场狂喜。年轻时，我还没有丧失所有的感知，我记得我还活着，而且带着难以言传的满足栖息在我的身体里；困乏和精神，对我而言，都一样甜蜜。地球是最好的乐器，我是它的听众……多年以来，我一直喜爱、找寻音乐，但是与自然的相比，街上的军乐嘈杂而不和谐。于是，我日益沉醉其中，没有人可以说我放纵。用你所有的知识，告诉我，光是如何、从何处进入了灵魂？[100]

梭罗还在日记里提到华兹华斯的名篇《不朽颂》，"我们的出生只是沉睡和遗忘"，但梭罗只是把这种柏拉图式的前存在作为他自己对童年记忆重要性思考的一个跳板。和华兹华斯一样，梭罗认为童年时自然带给他的影响远甚于"寻常的日光"。"每一样平常景象，在我眼里似乎都披着天光"[101]，对天光的想象是梭罗试图唤起自然之美的一个媒介，是梭罗为了追寻自然审美的一种努力。

随着生态思想的慢慢成熟，梭罗开始质疑华兹华斯对待自然的态度，甚至质疑整个英语文学传统，对不温不火的旧世界表示怀疑："英语文学，从游吟诗人到湖畔派——乔叟、斯宾塞、弥尔顿，甚至莎士比亚，没有任何新鲜的血液，从这个意义上说，没有任何野性的血统。从根本上说，是温顺的文明文学。"[102] 在 1851 年 7 月 9 日的日记中，梭罗甚至对华兹华斯进行了尖锐的批评，"像往常一样，我从镇上出来，查尔斯河就在车站上面。在这个多云的夜晚，美丽、宁静的河水预示着通往永恒宁静、美丽的道路。河水在那里流淌，波澜不惊，湖水般的淡水，不像盐水，对我的影响不止一点点。我想起华兹华斯曾冷漠地谈及一些自然意象或场景'给他带来欢乐'的方式。这可能是从波士顿过来的这条路上我看到的第一个极乐世界的景象。"[103] 在梭罗看来，华兹华斯谈及自然的态度是冷漠的、主客分离的，华兹华斯虽然也歌颂自然、迷恋自然，但他从未真正平等地看待自然。与华兹华斯不同，梭罗在他的作品中始终满怀深情、满怀欣喜地谈及自然，"有时，'自然'在我不自觉中屈尊利用我，让我在散步的时候帮她散播种子，抑或任那芒刺和瞿麦附着在我的衣服上，到达另一处乡野——这种情形总让我受宠若惊"[104]。带着赤子般的热忱，梭罗成为自然中小小的一分子。

在瓦尔登湖居住的两年多是梭罗创作生涯的丰盛期，他一生中出版过的两部著作《河上一周》和《瓦尔登湖》的基本框架都在这个时期完成。《河上一周》的初稿完成于1845年秋天，在1842年手稿的基础上加入了旅途细节；第二稿完成于1846年冬天，增添了对人与自然关系的思考，在这一稿的基础上最终付印。《河上一周》根据梭罗兄弟旅程推进而建构，《瓦尔登湖》延续了这种结构，使用时序循环来谋篇布局，同时把他两年多的经历浓缩成了一年的循环，借由湖边万物与四季循环来阐述自然的永恒：三月砍树建屋，夏日照料豆田，秋季室内取暖，冬天观察邻居——人类、动物和植物。全书结束于积雪初融，春天再临之际。在《瓦尔登湖》中，梭罗详细记录了自己的生活。

梭罗研究者希尔德比德尔指出，"处所"在梭罗的思想中有着十分重要的作用。而且，梭罗的处所主要是自然处所或生态处所，"对处所的坚持……是梭罗作品一以贯之的特征"。[105] 在《河上一周》里，梭罗明确提出我们的生活需要自然处所。

> 对每个人来说，荒野既是亲切的，又是亲近的。即便是那些最古老的村庄，也更受惠于环绕它们的森林，而非人工花园。这些森林周围，以及那些像狐狸为筑新洞而挖出的沙堆似的、偶然伸进新兴城镇中间的原始景观，总有些令人难以置信的兴奋和美丽。挺拔笔直的松

树和枫树，象征着自然亘古的正直和饱满的活力。我们的生命需要这种处所的滋养，那儿松树茁壮成长，樫鸟欢快和鸣。[106]

在梭罗看来，人的生存离不开自然处所，不仅因为人栖居需要美的自然景观，更因为人的生命需要自然处所中蕴藏的生命力来支撑与调养。自然处所是亲切的，是大自然馈赠给人类的宝贵财富；自然处所又是可以亲近的，人应当走近它、热爱它，建立并保持与它的亲密关系。在《瓦尔登湖》里，梭罗进一步提出亲近自然处所的必要条件。

阳光、风雨、夏日、冬天——大自然的纯真和恩惠是难以描述的——它们永远为人类提供如此多健康、如此多欢乐。自然还给予我们如此多同情，倘若有人因为某个正当的理由悲伤，整个大自然都会为之动怜：太阳会黯然无光，风会像人类一样呜咽悲吟，云朵会凄然落泪，树木会在仲夏时节枯萎凋零、披上丧服。难道我不该与大地心灵相通吗？难道我自己不也是化作泥土的绿叶和菜蔬的一部分吗？[107]

在这段话里，前面都是铺垫和理由，最后两句才是落脚点和重点，指出了亲近自然处所的两个前提：在理性上明确人在自然中的正确地位，人是大地的一部分，或者说是自然的一部分，与绿叶、菜蔬、树木、泥土一样。唯有完成这样的思想转变，不再视人为万物灵长，才可能真正做到发自内心地亲近自然处所；从感性上实现对自然万物的同情，与大地心灵相通，唯有如此才能真正融入自然处所。也只有做到上述两点，人才能真正了解和熟悉自然处所。

在《瓦尔登湖》的《村庄》一章中，梭罗描述了他对瓦尔登湖这个生态处所的熟悉程度。

就算是在平常的晚上，树林里也比一般人认为的昏暗。我需要时不时抬头看看小路上树与树的间隙，以便认清我走的路线；在伸手不见五指的暗夜，如果走到树林中间没有车辙的地方，我还得用脚感知自己刚刚踩出的模糊不清的印记，或者用手触摸我知道其中关系的特定树种来判断，比方说，从两棵松树间穿过，那么间距就不会超过十八英寸。有时赶上黑漆漆的闷热夜晚，眼睛看不到路，只好用脚丫子探，一路上都像做梦似的迷迷瞪瞪，直到伸手打开门闩时我才清醒过来，却怎么也想不起来自个儿是怎么一步一步走回家的。所以我曾想，也许我的身子在被它的主人丢弃之后也还会寻摸到回家的路，就像手总能摸得到嘴巴一样，根本不需要帮忙。[108]

梭罗对自己身处其中的这个处所如此熟稔，以至于仅凭身体的记忆就能在植被茂密、没有路的林子里穿行。这个处所里的一切早已融入他的潜意识，他已经具备了与自然融为一体的生态潜意识，单凭自己的自然本能，就能在伸手不见

五指的晚上找到回家的路。这段描写反映出梭罗对理想的人与自然处所关系的看法：对处所要进行长期、全面、细致的认识和研究，从而使人对处所的了解和熟悉达到近乎本能的程度。

对于梭罗来说，康科德不仅意味着他生活过的地方，而且是他的身份标记，是不能被替代的处所，而他也成为与康科德的一草一木一样的存在，成为那片林子的一部分，成为整个瓦尔登湖区的一部分，成为康科德的一部分。在康科德和瓦尔登湖，他获得了自由。梭罗能够在生态主义诞生的一百多年前就如此深刻而全面地认识到处所的重要性，超越统治人类思想文化几千年的人类中心主义和二元论，与梭罗对他在其中栖居并创作的处所有深入全面的研究密不可分。"梭罗对自我与处所关系的省察达到这样一种程度：可以摆脱隐含在19世纪理想主义中的主客二元论，而转向一种新的认识论，即认为自我最终与所处的环境密不可分，并构成所描述的自然进程的一部分。"[109]换言之，对处所的认识不仅要完成于意识领域，而且要内化成潜意识，形成处所潜意识。这段描写还特别强调了一个判断——处所即是家。这一判断令人联想到梭罗研究会前主席、普林斯顿大学教授、生态批评家威廉·豪沃思（William Howarth）对生态批评的定义。豪沃思在词源分析的基础上把生态批评定义为"家事裁决"（"eco"和"critic"分别源于希腊语中"oikos"和"kritis"，连在一起意思是"house judge"），而这个"家"往小了说就是人栖居的自然处所，往大了说就是整个自然。豪沃思特别强调了这个"家"要有良好的秩序，靴子或者盘子没有扔得到处都是，没有破坏原来的布置。[110] 栖居在其中的人可以像梭罗在他的处所之家瓦尔登湖那样，仅凭记忆、潜意识或本能，就能够在里面自由穿行，甚至梦游。处所是家，处所是人的生存不可或缺的家；无论走多远，也无论有多难，人都要返家，哪怕在梦中回家。

在描写了自己回家之路的种种困难之后，梭罗开始讨论处所对于人的重要性。

> 直到完全迷路，或者一个转身——因为在这个世界上，一个人只要闭着眼睛转个身都有可能迷路——我们才领悟到大自然的广袤和奇诡。每个人清醒时，都必须经常学习辨别方向，不管是刚睡醒，还是从心不在焉中缓过神。换句话说，直到我们迷了路，直到我们失去了这个世界，我们才开始发现自己，才开始认识我们的处境，以及各种联系的无限内涵。[111]

梭罗告诫人们，人往往在失去之后才意识到所失的珍贵，在迷路之后才意识到路的重要，在毁坏了自然处所之后才意识到处所的广袤和奇特，在失去了自然界之后才意识到人类离不开自然世界。这几乎是对现代文明和现代人类发展的预言和预警。这段话还指出了处所的重要性体现在三个主要方面：通过认识处所而发现人自我，确认我是谁，我的自我独特性有哪些或者说我的身份特征有哪些，因为人的生态身份

和属性与其自然处所有不可分割的密切关系；通过认识处所
进一步确认和证实人的自然地位或自然处境，确认人在自然
中所处的真实位置，作为生态系统组成部分的位置，而绝不
是万物之主、世界之王的中心位置；通过认识处所发现人与
自然万物的关系，确认人与所有非人类自然物的关系都是共
存共生、休戚与共的关系，从都是生态系统不可缺少和相互
依存的组成部分来说，人与自然万物的关系是平等、友好的
关系。

　　谈到处所，我们不能略过海德格尔。在分析荷尔德林的
作品时，"海德格尔认为荷尔德林在步入其诗人生涯以后，他
的全部诗作都是还乡……请赐我们以双翼，让我们满怀赤诚，
返回故园……故乡最玄奥、最美丽之处恰恰在于这种对本源
的接近，绝非其他，所以，唯有在故乡才能亲近本源，这是
一种命中注定。正因为如此，那些被迫舍弃与本源的接近而
离开故乡的人，总是感到那么惆怅悔恨。还乡就是返回与本
源的亲近"。[112] 对于诗人而言，故乡有着不可替代的情感牵绊。

　　梭罗通过在瓦尔登湖畔两年两个月零两天的生活最终
确证了自己的存在，让他可以在此后的岁月里更加自信地在
别处找寻自己。丹尼尔·佩克（Daniel Peck）甚至认为，自
1972 年斯坦利·卡维尔（Stanley Cavell）的《瓦尔登湖的意
义》（Senses of Walden）出版以来，梭罗的作品具有了哲学的
意义。卡维尔"将《瓦尔登湖》视作一部认识论著作，他说，
应该将之视作严格意义上的哲学著作、视作独特的美国式的
哲学思考"[113]。虽然梭罗偶尔也到外地去，但都是短暂旅行，

只有回到康科德，他的内心才能安宁。1856年下半年，有人邀请梭罗冬季时外出任教，他在致李克先生的信中提及此事："我已委身康科德，我和它之间有一万根情丝牵连，若斩断它们，无异于自杀。"[114]那是一种早已与处所水乳相融的诗意生存。

这里我们强调的是处所（place）意识，而非空间（space）意识。尽管每个处所的存在都与它所处的空间有着密不可分的联系，但处所不仅具有空间的物理标记，而且融入了历史沉淀、社会意识和个人感受。美国环境美学家阿诺德·伯林特（Arndd Berleant）对"处所"下过这样的定义："处所是许多因素在动态过程中形成的产物：居民、充满意义的建筑物、感知的参与和共同的空间……人与处所是相互渗透和连续的。"[115]伯林特指出了处所有别于空间的两大特性：处所融合了所处的建筑、周围的居民以及主体的感知等多种因素；处所具有动态性。在论述"处所感"时，伯林特做了更为具体的阐释："这是我们熟悉的地方，这是与我们自己有关的处所，这里的街道和建筑通过习惯性的联想统一起来，它们很容易被识别，能带给人愉悦的体验，人们对它的记忆充满了情感。如果我们的邻近地区获得同一性并让我们感到具有个性的温馨，它就成了我们归属其中的处所，并让我们感到自在和惬意。"[116]换句话说，处所感源于身处其中感到的自由和离开之后产生的眷恋。詹姆斯·H. 马圭尔（James H. Maguire）则从两个方面谈及作家与处所之间的双向联系，其一是"我们有着强烈的处所感时，记忆能发挥最好的作用"，其二是"个体的体验、观念和价值观至少在一定程度上是被他或她所居住的地方所影响的"[117]。也就是说，承载着物理痕迹和历史记忆的处所参与塑造了作家的思想，同时作家又用自己的文学想象丰富、重塑了他所在的处所。从这个意义上说，不管从内涵上、还是从外延上，处所都远远超过了空间。空间只是一个我们需要用来发现自我的存在，而处所本身已然凝聚了我们的情感和记忆，"一个处所能够被见到、被听到、被闻到、被想象、被爱、被恨、被惧怕、被敬畏"[118]，但是空间不行。所以，我们一直在寻找可以用来休闲或沉思的空间，我们梦寐以求拥有自己身处其中可以无限自由的处所。

在当代文化史、环境心理学和社会科学中，"记忆"和"处所"是研究文化的两大核心范式。借由历史相对主义的危机，二者皆于19世纪晚期得到迅猛发展，但它们之间的相互作用很少被关注。直至最近，在对人类与集体所处的自然环境的研究中，记忆被提高到了极其重要的位置，历史不再是简单的编年史，而是与特殊地理和历史处所纠缠在一起。尤其需要指出的是，这两大理论融合在一起，"历史感和处所感不可分离地紧密纠结在一起"，因为"历史感为我们确定了空间，而这种认识帮我们赢得了我们身在何处的感知"[119]。因此，处所并不仅仅是个人的，而且还是历史的产物。处所意识是个人体验、历史记忆和社会建设的融合体，就如历史学家、自然作家华莱士·斯特格纳（Wallace Stegner）所言，"没有一个地方是处所，直至有些事情发生于此，在历史、民谣、奇闻、传说或者纪念碑中流传"，斯特格纳因此得出了一个结论："没有地方是处所，直到有诗人来到这里。"[120] 这样，文学作品对于地方和所发生事件的介绍，就不仅仅源于口述或历史资料，同时也源于自身的想象，从而与社会文化一起成为记忆文化的一个组成部分，以文本的形式参与、重塑了地方。

对于梭罗而言，康科德是他一生的处所，他无法离开，也不能离开，那里是他创作的基点、生命的源泉。康科德意味着梭罗的整个世界，他曾坦言："最好的地方就是人们脚下的那片地方……对他来说，大与小都是相对的。"[121] 梭罗是第一个全神贯注于荒野、第一个展示自然对于人类自由和智慧的重要性的作家。[122] 单凭这一点，《瓦尔登湖》就足以在生态文学中独领风骚。美国历史学家和批评家佩里·米勒（Perry Miller）把《瓦尔登湖》视为浪漫主义运动至高的成就之一，是浪漫的自然主义的最高成就。[123] 应该说，康科德如此幸运地拥有了梭罗，而梭罗也同样幸运地生活在康科德。如今，因为梭罗，瓦尔登湖成了全世界生态学者的朝圣之地。

随着经济全球化的发展，处所已然跨越了空间意义上的地方性。到 17 世纪末，"处所"已经被还原成"位置，或者光秃秃的一个点"，至少在理论上，它位于"刻画出笛卡儿分析几何学所建构的空间维度的 X、Y、Z 数轴上"[124]。因此，布伊尔提出这样一个疑问："处所，对环境人文学者来说，是一个不能规避的概念。这主要不是因为他们已经给出精确的定义并将之固化，而恰恰是因为他们没有；不是因为其概念已经自足完整，而是因为它仍具开放性。这是一个有价值的术语，尽管提倡者也已经察觉到倡导的同时还需要对其重新界定。学者们如果不能直面处所的脆弱性，就难以对其进行细致的理论研究，这里面包含了这样的问题，即当世界上越来越多的人生活的地方在很大程度上已经被超越处所的、最终是全球化的力量所塑造时，传统意义上的'处所'还有价值吗？"[125]

厄休拉·K. 海塞（Ursula K. Heise）的《处所意识和星球意识：全球的环境想象》（*Sense of Place and Sense of Planet: The Environmental Imagination of the Global*, 2008）对生态批评提倡的处所的地方性和全球性体验之间的矛盾和张力做了阐述。海塞是个脚踏实地的现实主义者，她不同意对自然采取浪漫的态度，因此她拒绝接受环境意识产生于本土经验的普遍认识。相反，她指出"尤其是生态批评，不过很多环境主义者也并没有与新近文化理论中的基本观点——即身份认同位于由混杂、碎片和离散式的忠诚组成的多样社区、文化和处所的中心——相联系"[126]。实际上，海塞是在批评那种广泛流行的将身份认同与生态区域主义相联系的做法，而致力于引导人们把对处所依附的考虑角度从地方扩大到全球。当人类活动对自然的影响越来越严重时，这种全球性的视角就显得越来越有必要。因此，她的批评视角就从地方转向全球复杂的交互关系。在她看来，很多时候本土处所意识的存在是由于人为的政治目的，因此海塞在借鉴全球化理论的基础上，建议从跨国主义、世界主义的视域重新定位对自然的关注，提出生态世界主义（eco-cosmopolitanism）的理想，这将触及

"一些环境作家和哲学家称之为'不只人类世界'之外的地方，也就是非人类物种的王国，同时也是有生命、无生命网络相互影响和置换的联系"[127]。这个目标很难想象、更难以实现，因为它涉及了一个与人类身份认同完全不同的概念，超越了传统视角下人类科学的研究范畴。于是，海塞在书的第二部分提出了一个可能的解决方案——把对地方、全球想象的分析与德国社会学家乌尔里奇·贝克（Ulrich Beck）的风险理论连接起来，既因为风险可能对居住形式有着至关重要的影响，又因为一个即将到来的"世界风险社会"的想法正成为对全球联系的最重要想象方式之一。海塞提供了一个周密、简洁的风险理论调查，声称"如果作为社会行动主义的一种形式，环境主义渴望改变人们对自然世界的认识，规避一些活动对人类健康以及生态系统可持续功能产生的威胁，那么理解个体和团体为什么以及如何形成这样一种风险判断则是至关重要的"[128]。因此，人们不能单从个人对特定地域的处所依附来考虑问题，必须重新建立起一种全球的处所意识。随着世界范围内流动性的增加，人类对于自然的影响越来越具有跨越地域的特点，处所一方面作为一个固定化、物质化的空间独立存在；另一方面，它又与它所支持的以及支持它的全球系统产生共振。

生态处所观从本土到全球的扩大是一个不能被忽视的生态批评的发展事实。随着全球生态环境关联性被发现、被重视，处所意识从本土到全球就成为一个不可逆转的趋势，因为在这个世界上，谁也不可能独立存在。已经融入其生态处所的梭罗甚至觉得，生态处所对于人理解人生最复杂、最深奥的哲学问题也有帮助。

> 从一个寂静的冬夜里醒来，我记得梦里好像有人问我问题，我曾试图解答却徒劳无功，比如，是什么——怎么样——在何时——去何处？醒来后我只看到所有生物生于其中的黎明时的自然，用她宁静满足的脸庞从我的大窗户望进来，她没问我任何问题。我醒来时，答案已经揭晓，我看到了自然和日光。大地被厚厚的雪覆盖着，小松树错落其间，我的小木屋就位于这个小山坡上，似乎在说，前进！[129]

作为一个思想者，梭罗一生都在思考这些终极问题：是什么、怎么样、在何时、去何处。然而，即便是读遍所有智者的著作，体验了人生的所有方面，也难以彻底解决这些问题。在这种情况下，梭罗发现，自然处所和处所生存能给人启示和顿悟，为人指出前进的方向。梭罗在自然处所里醒来，猛然发现所有这些令人百思不得其解的深刻问题在大自然里都不是问题，他所栖居的自然处所仿佛在他的梦中就给他彻底地答疑解惑了；并且，大地、阳光在他醒来（象征着进入真正的清醒和澄明境界）之时，通过白雪、松树和山坡为他指明了前进的道路。

那条道路就是融入大自然，走向生态整体。生态整体观决定了处理人与自然关系的方向与路径：它不仅要求人重视

生态处所生存，还要求人为了生态整体的利益约束自己的生活。于是，梭罗又自然而然地提出了以生态整体观为指导思想的人类生活观——简单生活观。

简单些，再简单些，更简单些！

梭罗在瓦尔登湖畔的独居岁月最为后人津津乐道的是他所倡导并践行的简单生活。"从两年的经验中，我知道，即使在这个纬度上，获得必要的食物也不需要花费很大力气；而且一个人可以像动物一样吃得简单，依然保持健康和体力……然而人们常常挨饿，不是因为缺乏必需品，而是因为缺少了奢侈品。"[130] 梭罗尽力克服对物质文明带来的舒适生活的欲望，在衣食住行各个方面都保持在维持生存的水平，而且他通过历史性的考察，发现古代哲人都是"同一类型的人物：内心无比富足，但看起来却非常贫穷"[131]。梭罗节俭的理念可以在《摩奴法典》中得到印证，节俭是更高尚、更优雅的奢华。只有内心丰盈的人才能放下追逐物质的欲望，而精神匮乏的人往往需要不断追求物质上的满足，很多人贫穷只是因为不能拥有内心想要的所有东西，并非因为缺乏生存下去的基本物品。只有智慧的人知道，只要内心富足，生活原本可以很简单。因此，梭罗倡导人们过简单朴素的生活，《瓦尔登湖》中的"简单些，再简单些，更简单些！"成为经典名言而被传颂。

早在 160 多年前，梭罗就认识到需要（need）与需求

（want）是有本质区别的，"用我的话说，生活必需品就是一切人们通过自己的努力获得，从一开始就是或者由于长期的习惯而变得非常重要的那些东西。很少有人（如果有的话）可以不需要它"[132]。保罗·艾金斯对此做了更直白的界说："需要是指那些对于我们的生存和文明化人类存在来说根本性的东西，而需求则是指那些满足我们愿望的额外的东西。"[133] 在19 世纪的康科德，梭罗所能想到、算得上"需要"的东西恐怕只有"食物、居所、衣服和燃料"[134]，而其他都是需求，都只是为了让自己生活得更舒适，甚至只是为了满足自己的占有欲。在食物方面，梭罗认为一个人维持生命的食粮其实很简单，甚至可以像动物一样，因为自然界已经为我们准备了很多丰盛的食物。而对于燃料的需求，很多时候也超过了人体最初的需要，因为火地岛的野蛮人赤身裸体并未感觉到寒冷。正是因为人类对物质的贪婪，才为自己原本可以轻松的生活套上枷锁；正因为人类对物质的迷恋，才导致了对自然的过度使用。

在现代社会中，需求不只是个人的一种主观性力量，更是一种生产力。经济的发展来自不断刺激人们的消费需求，于是需求变成了盲目的力量，推动着人们去消费。由于受制于外在主体的力量，商品的生产与消费都超出了人类自身的控制，消费的主体——人类——似乎失去了主体性，取而代之的是需求的主体性。也就是说，人类已经异化成需求的工具，根本不会去思考自己为什么需求了。广告与大众媒体使商品的获得成为一种强制性的律令，使需求变成缺乏理性判断的"需要"。梭罗反对人类盲目增长的需求，认为为了那些非生存需要的需求牺牲与自然相处的自由时间是不值得的，甚或这种人生是没有任何意义的。

> 到目前为止，我是成功的。但我可以预见，假如我的需求大大增加，为了满足这些需求付出的劳动就会变得枯燥乏味。假如我需要将自己的上下午时间都卖给社会，像大多数人已经做的那样，那么对我而言，就没有继续活下去的理由了。[135]

由于失去恰当的目的，现代人总是有一种未得到满足的欲望。这即是说，迷失了方向的现代人总是试图通过无节制地疯狂占有商品来重新找回失去的东西。[136]"大部分奢侈品，以及许多所谓使生活舒适的物品，不仅不是不可或缺的，而且还极大地阻碍了人类进步。谈到奢侈与舒适，最明智的人过着比穷人还要简单、朴素的生活。"[137]人们通过不断地占有来满足自身永无休止的欲望，只是为了确证生命的存在感。

很多人只是生存着，而不是生活着。我们活得像台机器，而不像个人。拥有如此清醒的意识，梭罗一生都在努力追求这种诗意的生活。他绝不愿意为了金钱和事业放弃自由，也断不可能将林中漫步的时间用在听高深的讲座上。对梭罗来说，更重要的是能够任自己蹉跎时光，享受休闲的当下。虽然避世，过着闲云野鹤的生活，但只要他那张三条腿的桌子还立在松树和山核桃树之间，上面放着书、笔和墨水，就是令人愉快的。尽管梭罗没有直言生活的意义，但他以一种对自己生活方式的肯定与珍视，回答了自己对于生活的态度。梭罗承认自己没有做成什么值得纪念的事情，但他记录下的不值得纪念的事情，也就是在瓦尔登湖畔回归一种贴近自然的简单生活，这本身就是意义非凡的。他的这种更贴近自然的生活方式，为我们提供了一种具有更高意义的生活观念。那些被生活中人为的烦恼和过于粗重的劳作占满时间的人是无法领略生活的美的，人必须有自己的空闲才能说自己拥有真正完整的生活，才能轻柔地与自己相处，才能异于机器。

梭罗想要的生活状态是："一个诚实的人计数时，几乎不需要超过自己的十个手指头，或者在极端情况下，可能要加上十只脚趾头，剩下的估摸一下就行。简单些，再简单些，更简单些！"[138]梭罗所提倡的简单生活不是远离社会、与世隔绝的生活，他所倡导的是将物质生活简单化，将人对物质的需求降到最低；主张将物质生产劳动也简单化，只从事为了获取生活必需品的劳动。因为对物质的需求简单了，为了获取简单的物质而从事的劳动也就相应简单了，这样就可以拥有更多自由的时间追求精神生活。梭罗发现为了维持一年的生计，只需要工作六个星期，这样"整个冬天和夏天的大部分时间，我都可以自由而畅快地读书"[139]。

梭罗不想把自己的时间浪费在获取美味的食物、富丽堂皇的房屋上，但并不等于他反对别人拥有。他所倡导的简单生活观"并非令人不齿的吝啬或者残忍的禁欲主义，而是对自由的向往，对奴役人们的物欲的鄙夷；他不反对他人的宽裕，只要这些努力不是受到贪婪的驱动"[140]。

瓦尔登湖与文明社会的距离不到两英里，梭罗的"隐居"生活因此遭质疑，这是中西方文化差异的体现之一。颜回选择陋巷而居，食不果腹，以致盛年辞世，与此不同，梭罗要表达的是简单生活带来心灵升华的喜悦，对盲目积累财富的厌恶，他反对的是物质追求对精神生活的挤压。在梭罗看来，物质的优越或简朴并非衡量道德卑下或高尚的尺度，"真正的标准和尺度是我们是否能摆脱物欲的枷锁，获得心灵的自由与充盈"[141]。

如果文明人的追求并不比野蛮人更为高贵，那么他们将大部分时间花费在更宽敞的住宅、更优裕的生活上又有何意义？人类只有从物质的泥沼中抽身，知道自己需要什么、必须要什么，才能从更高的意义上追求更多自由。1880 年出版的《康科德指南》指出他（梭罗）"是一个真挚的哲学家，他希望以他的简单生活来对抗那些以耗费大量时间为代价来满足各种需求的愚蠢行为"[142]。

尽管梭罗一再说简单生活并不难，但对于长久以来浸淫于物质社会或消费社会的人来说绝非易事。简单生活要求人们摆脱物欲控制，还要求人们一再地、不断地、走向极简地节制物欲，它与人的某些本能需要存在明显而强烈的抵触，是一种提倡人超越自我、走向升华甚至趋向至善的思想。那么，这种思想有什么深层意义和重要价值值得人们坚韧地节制物质享受、克制物质生活舒适之欲望呢？以上都是从人生哲学或生存方式的角度理解梭罗简单生活观的意义和价值，从生态思想和生态批评的角度来看，这种思想又有哪些重要的意义和价值呢？

梭罗倡导简单生活的直接目的之一是保护生态。梭罗对使人类社会越来越复杂的工业文明忧心忡忡，他担心工业文明破坏美好的自然，他把工业文明的象征火车比作射进瓦尔登湖心脏的利箭："那邪恶的铁马，他震耳欲聋的声音已传遍了整个城镇，他的铁蹄已让翻滚的湖水浑浊不堪，正是他掠过了瓦尔登湖畔所有的树木。这匹腹中藏了一千人的特洛伊木马，是唯利是图的希腊人想出来的！"[143]

作为现代文明重要标志的火车出现在很多 19 世纪作家的笔下，与梭罗同时代的作家霍桑也曾表达过类似的困惑。1844 年，在梭罗来到瓦尔登湖的前一年，霍桑曾辟居睡谷，试图不受打扰地感受自然，但火车呼啸而过发出的惊人轰鸣声，打破了宁谧安静的世界，使得作家对清晨的林中记录纷乱贫乏，也严重影响了作家的行为和举止，他"像恶神一样"在蚂蚁的洞口撒上沙粒并堵住了出口，导致蚁群惊慌失措。对于 19 世纪中期的美国作家来说，火车作为一种文明的象征，干扰、影响了他们对于自然的认知，迫使他们"承认与田园梦想格格不入的现实的存在"[144]，回归自然、融入自然更多只是天真快乐的幻想，因为机器的突然出现不仅中止了这个过程，而且将轻松愉快的期待转变成复杂的心境。

在仅仅一代人的时间内，美国人相继拥有了运河、汽船、铁路。被印第安人称为"铁马"的铁路于 1828 年在美国首次通车，在接下来的十年之中，美国铁路发展成为世界上最长的铁路系统。[145] 铁路改变了美国人的生活，铁路产生了巨大的财富，但铁路也造成了严重的生态破坏。梭罗生活的年代，"美国已经很明显地成了一个火车轮上的国家"[146]。梭罗写道："我宁可驾着一辆牛车，在地球上自由环行，也不愿坐在观光列车的奢华车厢里到天堂去，一路上呼吸着乌烟瘴气。"[147] 梭罗不仅担忧森林、湖泊乃至整个淡水系统以及适宜栖居的城镇被复杂的工业文明摧毁，还担忧大气系统被污染。梭罗以超凡的远见在一个半世纪之前就预言了当今人类的困境。如果人类能够听从梭罗的劝告，早早地走上物质生活简单化的道路，把对资源的索取和对自然的干扰降低到生态承载范围之内，生态危机就不会如此严重。

梭罗所谓的简单生活是依据大自然的简单规律而生活，是置身于生态系统秩序中生活。他质问，我们为什么不能把生活变得"与大自然一样简单、健康呢"[148]？在梭罗看来，大自然的法则是简单的，宇宙的规律也不复杂，人们维持生命或物质生存并不需要那么复杂，只要依从自然法则就足够了。

简单生活就是根据自然的许可生活，就是遵循生态系统的内部规律生活。英国生态批评家乔纳森·贝特（Jonathan Bate）对这一点有深刻的论述。所谓简单的、从容的生活，就是"要深思熟虑、细致用心地生活，将思想的语言和外部的世界协调起来，然后才能认识到，尽管我们借助语言来理解事物，但我们没有脱离世界而生活。因为文化和环境被结合在一张复杂而精细的网中"[149]。在贝特看来，将人的身体、

感觉、思想置于生态之网中并与这个网络协调的生活就是简单生活。

日本学者中野孝次也指出简单生活就是与自然整体有机融合的生活，简单生活观"是积极参与宇宙生命整体的人生原理。为了不被闭锁在狭隘的自我封闭的大墙内，不被世俗的欲望和执着所拘束，人必须将所有的物质减少到最低限度，让自己的肉体与自然共同盛衰枯荣，从而感受到自我之外的永恒的宇宙生命"[150]。由此看来，简单生活的生态哲学表述应当是进入生态整体、遵守生态整体秩序的生活。

简单生活是与自然万物和谐共生的生活，是观察和审美大自然的生活。这种生存观把自然生存或称生态生存放在更高的位置。对物质的需求简单之后，就有更多的时间和精力观察自然、欣赏自然；当人与自然融为一体时，就能抵御人类创造的物质社会或消费社会的诱惑，过着简单的生活。简单生活与融入自然是一个相伴相生、相互作用的良性循环。梭罗用简单的文字细腻而生动地描写了融入自然的诗情画意的简单生活。

> 每个早晨都是一次令人愉快的邀请，它让我的生活变得和自然本身一样简单，或者说一样纯洁……一大清早，我就光着脚在豆田劳动，像造型艺术家侍弄沾着露珠的细沙一样……有一次，我在村中的花园里锄草时，有一只麻雀落在我肩上歇了会儿脚……
>
> 这是一个美妙的夜晚，整个身体都是一样的感觉，

每个毛孔都洋溢着快乐……鸟雀飞过，伴着歌声和闪亮的羽毛……斑鸠栖息在湖边，或者在我头顶上方的雪松柔软的枝条间飞来飞去，或者有只红松鼠从最近的树枝上滑下来……我经常在最深的积雪中跋涉八或十英里，为了赶赴和一株山毛榉、一株黄桦或松林中的一个老相识的约会……当这些想法在轻柔细雨中蔓延开来的时候，我突然感到身处的自然多么甜蜜、多么仁慈。滴答的雨声里，屋子周围的每种声响、每个景象，所有的一切都构成一种无穷无尽、难以言说的友善气氛滋养着我。[151]

这是多么诗意的简单劳动、多么美妙的简单生活！生活简单了，与朴素的自然和谐了，自然为他呈现了无数的美丽与惊喜，人被自然无尽的爱包围浸润，同时也把自己对自然无限的爱洒向万物。由此看来，简单生活的生态哲学表述应当是生态生存（或生态栖居）与生态审美的生活。

简单生活以精神生活的丰富来补偿物质生活的简化。这种生存观更重视人的精神，是一种属灵的而非满足肉身需要的思想，而凡是强调人的精神生活和减少人对物理自然干扰的思想都是具有生态意义的思想。只有内心丰盈的人才能放下追逐物质的欲望；相反，精神匮乏的人往往需要不断追求物质满足来补偿。梭罗历史地考察了这个问题，他发现古往今来大多数"最明智的人过着比穷人还要简单、朴素的生活。古代中国、印度、波斯和希腊的哲学家都是同一种类型的人：从外表上看，他们比谁都贫穷；但从内心上看，他们比谁都富有"。接着，梭罗又将视线转回现实："好几百万人能够清醒地从事体力劳动；但在一百万人里面只有一个人能清醒地从事有效的脑力劳动，一亿人里头只有一个人过着诗意或神圣的生活。清醒才算真正活着。"[152] 尽管梭罗这段话并没有统计学上的依据，但他非常清醒地知道，芸芸众生中绝大多数人主要追求的是物质生活而非精神生活，真正能领会生活意义的人寥寥无几。梭罗一生都在努力追求精神生活的充实丰富，在他看来，生活的诗意不仅体现在自然和艺术审美方面，还体现在整个精神领域的探索方面，唯有丰富的精神生活才堪称清醒的生活、审慎的生活和神圣的生活。

> 如果我们愿意生活得简单而明智，那么，根据信仰和经验我确信在这个地球上生存就非但不是苦事而是一桩乐事……生活得简单，宇宙法则也将随之变得简单，那么，孤独也就不再是孤独，贫困也将不再是贫困，虚弱也不再是虚弱……我们为什么要活得如此匆忙，如此浪费生命呢？[153]

梭罗不仅从正面表达了简单生活的优越性，还从反面告诫人们，简单生活是摆脱主要的生存困扰的有效方法。反思自己人生的人常常有这样的疑问：我为什么要活得如此匆忙？我为什么要在没有意义的事情上浪费生命？生活中为什么有这么多的苦却只有那么少的乐？怎么才能化解人生的孤独、贫困和虚弱？梭罗用他的亲身经验和经由深刻理性探索而形成的思想告诉人们：简单些，再简单些，更简单些！

梭罗倡导的简单生活不仅是一种生活的态度，还是一种看待世界的方式，具有重要的哲学意义。梭罗和庄子在对待漫步的态度上也有着异曲同工之妙。将人类视作生态系统的一部分，漫步就是一种有别于语言、社会活动、政治等的介入自然的实践模式。《逍遥游》的开篇展示了鲲鹏展翅，击水三千，扶摇直上九万里的豪迈，那是庄子对自由畅快地遨游自然的美好期望。因为对都市生活感到烦扰、失望，梭罗钟情于自然，对他而言，荒野意味着自由。不管是他透过望远镜看到的桦树，还是与他一同居于木屋的老鼠，在他眼里都是自由的象征。当他背负着村民邻居的鄙夷午后漫步在康科德的原野上时，当他放弃当时的康科德人认为的正当职业时，他是在努力摒弃那些阻碍他与自然合二为一的外在束缚。

梭罗倡导的简单生活观所表达的不仅是拥有财富与精神追求的相互违背，而且是简单生活与心灵升华的相得益彰，影响了一代又一代人。卡森在缅因州西索斯波特海边的一片林地中盖起了她的小屋，小屋四壁都留有窗户，以便她360°地观林望海。杰弗斯在加州蒙特雷海岸的卡梅尔山上自己动手采石，盖了一座傲临峭壁悬崖、俯瞰延绵的海岸线的住所"鹰塔"，与鹰隼、山石、红杉、青苔同居，面对着浩瀚的太平洋吟诵他的诗作。梭罗的影响远涉重洋，20世纪的中国诗人苇岸说，是《瓦尔登湖》"教人简化生活，抵制金钱至上主义的诱惑。它使我建立了一种信仰，确立了我今后朴素的生活方式"[154]。只有认识到更多并不意味着更好，我们才能抵抗欲望，阻止生态恶化；只有不断反思，我们才能看到围绕在我们身边的那些刺激我们非必要需求的东西。[155]

小　结

梭罗全身心地爱着大自然，他将自己一生中的大部分时间都用在对自然的思考、观察、体验和写作上。他宁可将学习的时光用来漫步林间、溯流而上。他在日记里深情地写道，相较于社会的一分子，"我宁可成为自然的子民、自然的栖息者"[156]。出于对大自然的赤子之爱，梭罗与自然中的鸟兽虫鱼、江河湖海、花草树木、流云飞霞产生了深深的共鸣和联结，这一切成为梭罗生态思想的摇篮。

梭罗的生态思想是丰富而多维的，他认识了自然的内在价值，即自然自身的而非对人类的价值、作为生态系统组成部分的自然物对整个生态系统的价值；他把自然当作一个整体来看待，以生态整体利益为最高价值、评判标准和行动准则；他表达了丰富的生态处所观，生态主义的自然处所观，而非人类中心主义的文化处所观或社会处所观，多方面地强调了生态处所的必要性与重要性；他的简单生活观具有重要的生态哲学意义，是一种倡导回归自然、遵从自然简单规律、将人的物质生活需要限制在生态承载限度之内、与自然万物和谐共生的生态生存观念。梭罗生态思想的这四个维度是最重要的，除此之外，梭罗生态思想还有很多较小的维度，比如生态平衡观、荒野价值观、敬畏自然观等，所有这些与本书侧重分析的四个主要维度共同构成了梭罗复杂多维的生态思想体系。

梭罗的作品中也有不少矛盾的观点，使他多维的生态思想具有含混的特征。我们将进一步发现、探讨、认识这种含混，并努力揭示导致这种含混的主要因素。

注　释：

1. Ralph Waldo Emerson, "Thoreau." *Thoreau: A Century of Criticism*. Ed. Walter Harding. Dallas, TX: Southern Methodist UP, 1954, pp.38-39.

2. Robert D. Richardson Jr., *Henry Thoreau: A Life of the Mind*. Berkeley, CA: U of California P,1986, p.185.

3. Walter Harding, *A Thoreau Handbook*. New York, NY: New York UP, 1959, p.11.

4. Henry David Thoreau, *The Writings of Henry David Thoreau: Journal V*. Boston, MA: Houghton Mifflin Company, 1906, p.459.

5. Henry David Thoreau, *A Week on the Concord and Merrimack Rivers*. Boston, MA: Houghton Mifflin Company 1893, p.49.

6. Henry David Thoreau, *A Week on the Concord and Merrimack Rivers*. Boston, MA: Houghton Mifflin Company 1893, p.45.

7. James C. McKusick, *Green Writing: Romanticism and Ecology*. New York, NY: Palgrave Macmillan, 2010, p.147.

8. Henry David Thoreau, *Walden, Civil Disobedience and Other Writings*, 3rd ed. Ed. William Rossi, New York, NY: W. W. Norton, 2008, p.109.

9. Henry David Thoreau, *Walden, Civil Disobedience and Other Writings*, 3rd ed. Ed. William Rossi, New York, NY: W. W. Norton, 2008, p.114.

10. Robert D. Richardson, Jr., *Henry Thoreau: A Life of the Mind*. Berkeley, CA: U of California P, 1986, p.25.

11. ［美］得利斯:《梭罗》，曾永莉译，名人出版事业股份有限公司，1982。

12. 雷毅:《深层生态学：阐释与整合》，上海交通大学出版社，2012。

13. ［美］戴斯·贾丁斯:《环境伦理学：环境哲学导论》，林官明、杨爱民译，北京大学出版社，2002。

14. Donald Worster, *Nature's Economy: A History of Ecological Ideas*. Cambridge, UK: Cambridge UP, 1985, pp.64-65.

15. ［英］布赖恩·巴克斯特:《生态主义导论》，曾建平译，重庆出版社，2007。

16. Henry David Thoreau, *Walden, Civil Disobedience and Other Writings*, 3rd ed. Ed. William Rossi. New York, NY: W. W. Norton, 2008, p.153.

17. Donald Worster, *Nature's Economy: A History of Ecological Ideas*. Cambridge, UK: Cambridge UP, 1985, p.78.

18. ［古希腊］亚里士多德:《政治学》，吴寿彭译，商务印书馆，1997。

19. ［德］爱克曼辑录:《歌德谈话录》，朱光潜译，人民文学出版社，2000。

20. ［美］列奥·施特劳斯:《自然权力与历史》，彭刚译，生活·读书·新知三联书店，2003。

21. ［英］基思·托马斯:《人类与自然世界》，宋丽丽译，译林出版社，2008。

22. Donald Worster, *Nature's Economy: A History of Ecological Ideas*. Cambridge, UK: Cambridge UP, 1985, pp.7-8.

23. Roderick Nash, *The Right of Nature: A History of Environmental Ethics*. Madison, WI: U of Wisconsin P, 1989, p.58.

24. Henry David Thoreau, *The Maine Woods*. Boston, MA: Houghton Mifflin Company, 1893, p.86.

25. Henry David Thoreau, *A Week on the Concord and Merrimack Rivers*. Boston, MA: Houghton Mifflin Company, 1893, p.414.

26. Henry David Thoreau, "Paradise (to be) Regained." *Miscellanies*. Boston, MA: Houghton Mifflin Company, 1893, p.41.

27. Hannah Arendt, *The Human Condition*. Chicago, IL: Chicago UP, 1958, p.121.

28. ［美］艾伦·杜宁:《多少算够——消费社会与地球的未来》，毕聿译，吉林人民出版社，1997。

29. Henry David Thoreau, *Walden, Civil Disobedience and Other Writings*, 3rd ed. Ed. William Rossi. New York, NY: W. W. Norton, 2008, pp.59-60.

30. Walter Harding, *A Thoreau Handbook*. New York, NY: New York UP, 1959, p.47.

31. Henry David Thoreau, *Walden, Civil Disobedience and Other Writings*, 3rd ed. Ed. William Rossi. New York, NY: W. W. Norton, 2008, p.163.

32. Kristen Case, "Henry Thoreau, Charles Olson and the Poetics of Place." *The Concord Saunterer*. New Series, Vol. 17, 2009, pp.48-49.

33. Henry David Thoreau, *Walden, Civil Disobedience and Other Writings*, 3rd ed. Ed. William Rossi. New York, NY: W. W. Norton, 2008, p.61.

34. Henry David Thoreau, *Walden, Civil Disobedience and Other Writings*, 3rd ed. Ed. William Rossi. New York, NY: W. W. Norton, 2008, p.162.

35. Henry David Thoreau, *Walden, Civil Disobedience and Other Writings*, 3rd ed. Ed. William Rossi. New York, NY: W. W.Norton, 2008, p.80.

36. Henry David Thoreau, *Wild Apples and Other Natural History Essays*. Athens, GA: U of Georgia P, 2002, p.159.

37. Lawrence Buell, *The Environmental Imagination: Thoreau, Nature Writing and the Formation of American Culture*. Cambridge, MA: Belknap Press of Harvard UP, 1995, p.7.

38. Henry David Thoreau, *Walden, Civil Disobedience and Other Writings*. 3rd ed. Ed. William Rossi. New York, NY: W. W. Norton, 2008, p.190.

39. Barry Commoner, *The Closing Circle: Nature, Man and Technology*. New York, NY: Alfred A. Knopf, 1971, p.41.

40. Henry David Thoreau, "Paradise (to be) Regained." *Miscellanies*. Boston, MA: Houghton Mifflin Company, 1893, p.41.

41. Henry David Thoreau, *Walden, Civil Disobedience and Other Writings*, 3rd ed. Ed. William Rossi. New York, NY: W. W. Norton, 2008, pp.195-196.

42. ［美］罗伯特·塞尔编:《梭罗集》, 陈凯等译, 生活·读书·新知三联书店, 1996。

43. ［美］唐纳德·沃斯特:《自然的经济体系: 生态思想史》, 侯文慧译, 商务印书馆, 1999。

44. Richard J. Schneider, *Henry David Thoreau*. Boston, MA: Twayne Publishers, 1987, p.116.

45. Donald Worster, *Nature's Economy: A History of Ecological Ideas*. Cambridge, UK: Cambridge UP, 1994, pp. 84, 85.

46. ［美］约翰·贝拉米·福斯特:《马克思的生态学: 唯物主义与自然》, 刘仁胜、肖峰译，刘庸安校，高等教育出版社，2006。

47. Robert Kuhn McGregor, *A Wilder View of the Universe: Henry David Thoreau's Study of Nature.*Champaign, IL: U of Illinois P, 1997, p.3.

48. 余谋昌:《生态文明论》，中央编译出版社，2010。

49. 〔美〕大卫·雷·格里芬:《后现代精神》，王成兵译，中央编译出版社，1998。

50. Harold Glasser, "Demystifying the Critiques of Deep Ecology." *Environmental Philosophy.* Ed. Zimmerman. Upper Saddle River, NJ: Prentice-Hall Inc., 1998, p.215.

51. Henry David Thoreau, *The Natural History Essays.* Ed. Robert Sattlemeyer. Salt Lake, UT: Peregrine Smith, 1980, p. 174.

52. Barry Commoner, *The Closing Circle: Nature, Man and Technology.* New York, NY: Alfred A. Knopf, 1971, p.33.

53. 〔英〕布赖恩·巴克斯特:《生态主义导论》，曾建平译，重庆出版社，2007。

54. Freya Mathews, *The Ecological Self.* London, UK: Routledge, 1991, p.108.

55. 〔英〕基思·托马斯:《人类与自然世界》，宋丽丽译，译林出版社，2008。

56. 〔英〕基思·托马斯:《人类与自然世界》，宋丽丽译，译林出版社，2008。

57. Henry David Thoreau, *Walden, Civil Disobedience and Other Writings*, 3rded. Ed. William Rossi. New York, NY: W. W. Norton, 2008, pp.213-214.

58. James McIntosh, *Thoreau as Romantic Naturalist: His Shifting Stance toward Nature.* New York Ithaca, NY: Cornell UP, 1974, p.17.

59. 〔美〕加勒特·哈丁:《生活在极限之内：生态学、经济学和人口禁忌》，戴星翼、张真译，上海译文出版社，2001。

60. Henry David Thoreau, *The Correspondence of Henry David Thoreau.* Vol. Ⅰ.Ed. Robert N. Hudspeth. Princeton, NJ: Princeton UP, 2013, pp.104-105.

61. Robert D. Richardson Jr., *Henry Thoreau: A Life of the Mind.* Berkeley, CA: U of California P,1986, p.389.

62. 《庄子》，方勇译注，中华书局，2010。

63. Henry David Thoreau, *Wild Apples and Other Natural History Essays.* Athens, GA: U of Georgia P, 2002, p.124-125.

64. David M. Robinson, *Nature Life: Thoreau's Worldly Transcendentalism.* Ithaca, NY: Cornell UP, 2004, pp.42-43.

65. Henry David Thoreau, *Wild Apples and Other Natural History Essays.* Athens, GA:

U of Georgia P, 2002, pp.124-125.

66. Gary Snyder, *The Practice of the Wild*. San Francisco, CA: North Point Press, 1990, p.76.

67. 《老子译注》，陈剑译注，上海古籍出版社，2016。

68. Henry David Thoreau, *The Writings of Henry David Thoreau: Journal II*. Ed. Bradford Torrey. Boston, MA: Houghton Mifflin Company, 1906, p. 449.

69. ［美］丹尼尔·A. 科尔曼:《生态政治: 建设一个绿色社会》，梅俊杰译，上海译文出版社，2006。

70. ［美］苏珊·桑塔格:《疾病的隐喻》，程巍译，上海译文出版社，2003。

71. Walter Harding, *A Thoreau Handbook*. New York, NY: New York UP, 1959, p.460,468.

72. Henry David Thoreau, *Walden, Civil Disobedience and Other Writings*, 3rd ed. Ed. William Rossi. New York, NY: W. W. Norton, 2008, p.92.

73. Henry David Thoreau, *Walden, Civil Disobedience and Other Writings*, 3rd ed. Ed. William Rossi. New York, NY: W. W. Norton, 2008, pp.107, 92.

74. Lawrence Buell, *The Future of Environmental Criticism: Environmental Crisis and Literary Imagination*. Malden, MA: Blackwell Publishing, 2005, p.37.

75. Debra A.Segura, "Championing this Nature 'So Rife with Life': Ecological Consciousness in *Walden*." *AUMLA: Australian Universities Modern Language Association*, 102(2004), p.105.

76. Henry David Thoreau, *Walden, Civil Disobedience and Other Writings*, 3rd ed. Ed. William Rossi. New York, NY: W. W. Norton, 2008, p.96.

77. ［美］比尔·麦克基本:《自然的终结》，孙晓春、马树林译，吉林出版社，2000。

78. ［英］布赖恩·巴克斯特:《生态主义导论》，曾建平译，重庆出版社，2007。

79. Stephen Hahn, *On Thoreau*. Belmont, CA: Wadsworth, 2000, p.20.

80. J. Lyndon Shanley, *The Making of Walden, with the Text of the First Version*. Chicago, IL: U of Chicago P, 1957, pp.72-73.

81. Wood W. Peter, "Thoreau on Ice." *Claremont Review of Books*. Fall 2014, p. 91.

82. ［美］罗伯特·米尔德:《重塑梭罗》，马会娟、管兴忠译，东方出版社，2002。

83. Lawrence Buell, *The Environmental Imagination: Thoreau, Nature Writing and the Formation of American Culture*. Cambridge, MA: Belknap Press of Harvard UP,

1995, p.118.

84. 余杰:《瓦尔登湖：大地的眸子》,《清明》2003 年第 6 期。

85. Ralph Waldo Emerson, "Thoreau." *Thoreau: A Century of Criticism*. Ed. Walter Harding. Dallas, TX: Southern Methodist UP, 1954, p.31.

86. Robert D. Richardson, Jr. "Thoreau and Concord." *The Cambridge Companion to Henry David Thoreau*. Ed. Joel Myerson. Cambridge, UK: Cambridge UP, 1995, p.12.

87. Nina Baym & Ronald Gottsman ed. *The Norton Anthology of American Literature*, Vol. I. 3rd ed. New York, NY: W. W. Norton, 1989, p.1043.

88. Cheryll Glotfelty, "Introduction: Literary Studies in an Age of Environmental Crisis." *The Ecocriticism Reader: Landmarks in Literary Ecology*. Ed. Cheryll Glotfelty and Harold Fromm, Athens, GA: U of Georgia P, 1996: XX.

89. Pierre Nora, "Between Memory and History: Les Lieux De Memoire." *Representations* 26 (1989), pp. 7-25.

90. Robert D. Richardson Jr., *Henry Thoreau: A Life of the Mind*. Berkeley, CA: U of California P,1986, p.112.

91. Henry David Thoreau, *The Writings of Henry David Thoreau: Journal III*. Ed. Bradford Torrey. Boston, MA: Houghton Mifflin Company, 1906, p.182.

92. Walter Harding, *AThoreau Handbook*. New York, NY: New York UP, 1959, p.65.

93. Henry David Thoreau, *Walden, Civil Disobedience and Other Writings*, 3rd ed. Ed. William Rossi, New York, NY: W. W. Norton, 2008, p.60.

94. Robert D. Richardson Jr., *Henry Thoreau: A Life of the Mind*. Berkeley, CA: U of California P,1986, p.147.

95. Henry David Thoreau, *Walden, Civil Disobedience and Other Writings*, 3rd ed. Ed. William Rossi, New York, NY: W. W. Norton, 2008, p.31.

96. Henry David Thoreau, *Wild Apples and Other Natural History Essays*. Athens, GA: U of Georgia Press, 2002, p.3.

97. Henry David Thoreau, *Walden, Civil Disobedience and Other Writings*, 3rd ed. Ed. William Rossi, New York, NY: W. W. Norton, 2008, p.31.

98. Henry David Thoreau, *Walden, Civil Disobedience and Other Writings*, 3rd ed. Ed. William Rossi, New York, NY: W. W. Norton, 2008, p.169.

99. Henry David Thoreau, *Walden, Civil Disobedience and Other Writings*, 3rd ed. Ed. William Rossi, New York, NY: W. W.Norton, 2008, p.169.

100. Henry David Thoreau, *Excursions, Translations, and Poems*. Ed. F. B. Sanborn. Boston, MA: Houghton Mifflin Company, 1906, pp.306-307.

101. Henry David Thoreau, *The Writings of Henry David Thoreau: Journal I*. Ed. Bradford Torrey. Boston, MA: Houghton Mifflin Co., 1906, p. 431.

102. Henry David Thoreau, *Wild Apples and Other Natural History Essays*. Athens, GA: U of Georgia P, 2002, p.80.

103. Henry David Thoreau, *The Writings of Henry David Thoreau: Journal II*. Ed. Bradford Torrey. Boston, MA: HoughtonMifflin Company, 1906, p.295.

104. ［美］得利斯：《梭罗》，曾永莉译，名人出版事业股份有限公司，1982。

105. John Hildebidle, *Thoreau: A Naturalist's Liberty*. Cambridge, MA: Harvard UP, 1983, p.149.

106. Henry David Thoreau, *A Week on the Concord and Merrimack Rivers*. Boston, MA: Houghton Mifflin Company, 1893, p.223.

107. Henry David Thoreau, *Walden, Civil Disobedience and Other Writings*, 3rd ed. Ed. William Rossi. New York, NY: W. W. Norton, 2008, p.96.

108. Henry David Thoreau, *Walden, Civil Disobedience and Other Writings*, 3rd ed. Ed. William Rossi. New York, NY: W. W. Norton, 2008, p.117.

109. Kristen Case, "Henry Thoreau, Charles Olson and the Poetics of Place." *The Concord Saunterer*. New Series, Vol. 17, 2009, p.46.

110. William Howarth, "SomePrinciples of Ecocriticism." *The Ecocriticism Reader; Landmarks in Literary Ecology*. Ed. Cheryll Glotfelty and Harold Fromm. Athens, GA: U of Georgia P, 1996, p.69.

111. Henry David Thoreau, *Walden, Civil Disobedience and Other Writings*, 3rd ed. Ed. William Rossi. New York, NY: W. W. Norton, 2008, p.118.

112. ［德］海德格尔：《人，诗意地安居：海德格尔语要》，郜元宝译，张汝伦校，上海远东出版社，2004。

113. H. Daniel Peck, *Thoreau's Morning Work*. New Haven, CT: Yale UP, 1994, p.85.

114. ［美］得利斯：《梭罗》，曾永莉译，名人出版事业股份有限公司，1982。

115. ［美］阿诺德·伯林特：《环境美学》，张敏、周雨译，湖南科学技术出版社，2006。

116. ［美］阿诺德·伯林特：《环境美学》，张敏、周雨译，湖南科学技术出版社，2006。

117. James H. Maguire, "The Canon and the 'Diminished Thing'," *American*

Literature 60 (1998), pp.645-652.

118. Eugene Victor Walter, *Placeways: A Theory of the Human Environment*. Chapel Hill, NC: U of North Carolina P, 1988, p.142.

119. David Glassberg, *Sense of History: The Place of the Past in American Life*. Amherst, MA: U of Massachusetts P, 2001, pp.7-8.

120. Wallace Stegner, *Where the Bluebird Sings to the Lemonade Springs*. New York, NY: Random House, 1992, pp.202, 205.

121. Nina Baym & Ronald Gottsmaneds. *The Norton Anthology of American Literature*. 3rd Edition Vol. I. New York, NY: W. W. Norton, 1989, p.1043.

122. Bryan L. Moore, *Ecology and Literature: Ecocentric Personification from Antiquity to the Twenty-first Century*. New York, NY: Palgrave Macmillan, 2008, p.144.

123. Perry Miller, "Thoreau in the Context of International Romanticism", *The New England Quarterly*, Vol. XXXLV, No.2, June, 1961, pp.156-157.

124. Lawrence Buell, *The Future of Environmental Criticism: Environmental Crisis and Literary Imagination*. Malden, MA: Blackwell Publishing, 2005, p.65.

125. Lawrence Buell, *The Future of Environmental Criticism: Environmental Crisis and Literary Imagination*. Malden, MA: Blackwell Publishing, 2005, pp.62-63.

126. Ursula K. Heise, *Sense of Place and Sense of Planet: The Environmental Imagination of the Global*. New York, NY: Oxford UP, 2008, p.42-43.

127. Ursula K. Heise, *Sense of Place and Sense of Planet: The Environmental Imagination of the Global*. New York, NY: Oxford UP, 2008：p.60-61.

128. Ursula K. Heise, *Sense of Place and Sense of Planet: The Environmental Imagination of the Global*. New York, NY: Oxford UP, 2008：p.136.

129. Henry David Thoreau, *Walden, Civil Disobedience and Other Writings*, 3rd ed. Ed. William Rossi. New York, NY: W. W. Norton, 2008, p.189.

130. Henry David Thoreau, *Walden, Civil Disobedience and Other Writings*, 3rd ed. Ed. William Rossi. New York, NY: W. W. Norton, 2008, p.45.

131. Henry David Thoreau, *Walden, Civil Disobedience and Other Writings*, 3rd ed. Ed. William Rossi. New York, NY: W. W. Norton, 2008, p.13.

132. Henry David Thoreau, *Walden, Civil Disobedience and Other Writings*. 3rd ed. Ed. William Rossi. New York, NY: W. W. Norton, 2008, p.11.

133. ［英］安德鲁·多布森:《绿色政治思想》，郇庆治译，山东大学出版社，2005。

134. Henry David Thoreau, *Walden, Civil Disobedience and Other Writings*, 3rd ed. Ed. William Rossi. New York, NY: W. W. Norton, 2008, p.11.

135. Henry David Thoreau, "Life Without Principle," *Miscellanies*. Boston, MA: Houghton Mifflin Company, 1893, p.260.

136.［美］赫尔曼・E・戴利、肯尼思・N・汤森编《珍惜地球：经济学、生态学、伦理学》，马杰、钟斌、朱又红译，商务印书馆，2001。

137. Henry David Thoreau, *Walden, Civil Disobedience and Other Writings*, 3rd ed. Ed. William Rossi. New York, NY: W. W. Norton, 2008, p.13.

138. Henry David Thoreau, *Walden, Civil Disobedience and Other Writings*, 3rd ed. Ed. William Rossi. New York, NY: W. W. Norton, 2008, p.65.

139. Henry David Thoreau, *Walden, Civil Disobedience and Other Writings*, 3rd ed. Ed. William Rossi. New York, NY: W. W. Norton, 2008, p.50.

140. Emmanuel Mounier, *A Personalist Manifesto*. New York, NY: Langmans, Green and Co., 1938, p.192.

141. 王焱:《一个别处的世界：梭罗瓦尔登湖畔的生命实验》，上海交通大学出版社，2021。

142. George B. Bartlett, *The Concord Guide Book*. Boston, MA: D. Lothrop, 1880, pp.60-65.

143. Henry David Thoreau, *Walden, Civil Disobedience and Other Writings*, 3rd ed. Ed. William Rossi. New York, NY: W. W. Norton, 2008, p.132.

144.［美］利奥・马克斯:《花园里的机器：美国的技术与田园理想》，马海良、雷月梅译，北京大学出版社，2011。

145.［美］威廉・本内特:《美国通史》（上），刘军等译，北京理工大学出版社，2020。

146.［美］威廉・本内特:《美国通史》（上），刘军等译，北京理工大学出版社，2020。

147. Henry David Thoreau, *Walden, Civil Disobedience and Other Writings*, 3rd ed. Ed. William Rossi. New York, NY: W. W. Norton, 2008, p.29.

148. Henry David Thoreau, *Walden, Civil Disobedience and Other Writings*, 3rd ed. Ed. William Rossi. New York, NY: W. W. Norton, 2008, p.57.

149. Jonathan Bate, *The Song of the Earth*. Cambridge, MA: Harvard UP, 2000, p.23.

150.［日］中野孝次:《清贫思想》，劲宇达译，上海三联书店，1997。

151. Henry David Thoreau, *Walden, Civil Disobedience and Other Writings*, 3rd ed. Ed.

William Rossi. New York, NY: W. W. Norton, 2008, pp.63, 108, 185, 90, 210, 155, 179, 92.

152. Henry David Thoreau, *Walden, Civil Disobedience and Other Writings*, 3rd ed. Ed. William Rossi. New York, NY: W. W. Norton, 2008, pp.13, 64.

153. Henry David Thoreau, *Walden, Civil Disobedience and Other Writings*, 3rd ed. Ed. William Rossi. New York, NY: W. W. Norton, 2008, pp. 51, 217, 66.

154. 苇岸:《太阳升起以后》,中国工人出版社,2000。

155. [美] 艾伦·杜宁:《多少算够:消费社会与地球的未来》,毕聿译,吉林人民出版社,1997。

156. Henry David Thoreau, *The Writings of Henry David Thoreau (Vol. V)*. Ed. Bradford Torrey. Boston, MA: Houghton Mifflin Company, 1906, p.539.

第三章

我是文明的匆匆过客

——梭罗生态思想的含混特征

我们如此彻底而谨慎地生活，充满敬畏，否定变化的可能。我们会说，这是唯一的一条路；可人的生活方式本该多种多样，如同一个圆心可以画出无数条的半径。

梭罗的传记作家坎比在其前言中写道："事实就是，根据所关注的不同侧面，不同的传记作家可能写出半打不同风格的梭罗传记。"[1]这并非夸大其词，我们在阅读梭罗时也常产生类似的疑虑，梭罗有时候平易近人，有时候又拒人千里；有时候似乎与世隔绝，有时候又突然愤慨发言。他隐遁于湖畔一角，自喻如仙后座般遥不可及，却每隔数日就漫步逡巡于附近的村庄；他盛赞自然的美丽，也认识到自然的无情和残忍。正如麦金托什曾指出的，在梭罗的笔下，常常出现相互矛盾的不同想法，"他往往把自己的观点推向极致，但一旦他觉得事实并不像想象的那么简单时，又对已知的问题采取反对的立场"[2]。麦金托什认为这不仅源于万物真相的复杂，也是梭罗有意为之，不过这些看似矛盾的想法可能是梭罗自己都没有意识到的含混的体现。

在展开对梭罗生态思想之含混的具体论述前，有必要明确本书在什么意义上使用"含混"这个概念。与叙事学里的"含混"（ambiguity）主要指代一种叙事方法不同，生态思想中的"含混"（ecoambiguity）主要是指一种实际存在的现象，即人们对生态问题的态度和思想的不确定或含混不清；生态文学作品表现的是人对生态及人与自然关系的态度和思想的不确定或含混不清。这个术语由哈佛大学比较文学系教授卡伦·索恩伯（Karen Thornber）提出并论证。在其影响广泛的学术专著《生态含混：环境危机与东亚文学》（*Ecoambiguity: Environmental Crises and East Asian Literatures*, 2012）里，索恩伯在考察了东亚生态文学并与西方生态文学比较的基础上，指出了一个普遍存在的现象：不仅人们对生态的思想态度呈现含混态势，而且迄今为止多数生态文学作品在对待自然和人与自然关系的思想态度方面也呈现含混态势。生态含混"主要不是指一种伦理或美学价值，而是认识论上的不确定性征兆"[3]。人类对生态的认识模糊、含混、不确定，作家在表现这种含混的生态思想时也就模糊、含混、不确定。索恩伯强调，所有文学文本的思想大都具有含混性，但生态文学的含混性更为突出，因为人类（包括东西方作家）的自然观或生态观，较之他们的其他观念更加含混。从这个意义上可以说，含混是多数生态文学的重要标志之一。

当然，生态含混带来的并非只有负面的效应，既然是一种普遍现象，那就有其存在的合理性。索恩伯指出，生态文学的含混不仅仅由人类生态思想的含混所决定，而且反过来艺术地表现了人类生态思想的含混。换句话说，恰恰因为生态文学的含混，它才能更真实准确地反映人类的生态思想："文学经常公然反对逻辑性、精确性和整体性，这使得它可以对一般意义上的含混、人与生态系统相互作用中产生的特定问题进行更为持续、更为深入的揭示。更具体点说，文学内在的多义性使它可以凸显、探讨——揭露、（重新）解释和表现——长期以来存在于人类与环境相互作用间的含混，包括那些涉及人类对生态系统伤害的相互作用。"⁴这一独特的观点为我们研究梭罗生态思想的含混提供了有力的支撑和学理性意义，研究梭罗生态思想多维之下的含混，不仅有助于人们更真实、更客观地理解梭罗的生态思想，也有助于人们更真实、更具体地认识人类的生态观。

梭罗生态思想的含混是客观存在的事实。大自然的真相并非单一不变，而是丰富多变的，为了准确无误地热爱自然，梭罗感知它的变化、调整对它的态度。梭罗思想中的矛盾既因为自然万物的真相具有复杂性，也由于梭罗本人的看法含混或者不确定，而梭罗自己没有意识到思想中的含混。"显而易见，梭罗不只以一种姿态感受自然。梭罗对于自然的态度不仅复杂而且矛盾：有时候振奋，有时候温和；经常性地表达热爱，偶尔也有些畏惧。他与它的关系并非我们想象的那般简单或机械。"⁵作为学术研究，仅仅揭示梭罗生态思想的含混性或其具体表现还不够，还要尽可能客观地以文本实际为依据揭示导致其思想含混的主要原因。索恩伯通过她的研究为人们指出了一些探讨生态含混成因的路径，"包括对自然的矛盾态度；对非人类实际情况的困惑，这通常是模棱两可的信息带来的结果；人类对生态系统的矛盾行为；因态度、条件和行为间的不一致而导致的对非人类世界退化的漠视和默许，以及对意欲保护的环境无意的伤害"⁶；等等。本书借鉴这些研究路径，侧重分析导致梭罗生态思想的四个含混表现：在出世与入世之间徘徊；在自然与荒野之间彷徨；在认同与否定印第安文化中犹豫；在为了自然与为了人类之间挣扎。

文明世界的过客

瓦尔登湖畔两年两个月零两天的独居生活成就了梭罗，促成了他生态思想的发展、成熟。在《瓦尔登湖》中经常可以读到梭罗对独处于自然山水之中的希望，但不能因此将之过度解释为梭罗想要彻底弃绝人类、放弃文明，他只是希望有那么一个相对自由独立的空间，当他自己一个人待着的时候可以不受打扰。因此，梭罗的作品中往往同时存在独处的倾向与对人类文明社会不舍和返回的希望。

在缅因森林旅行时，梭罗发现了一种理想的独居方式，住在离邻居或小镇几英里远的地方，这种似离非离、似隐非隐的距离很是恰当。他同意帮助爱默生管理瓦尔登湖畔的林地，在很大程度上也是因为这样能使他与文明社会保持不近不远、若即若离的联系，从瓦尔登湖畔森林的小木屋步行到镇上不到半个小时。这样，他就可以一只脚站在熟悉的原野中，另一只脚仍站在康科德的门槛上，他可以随心所欲地进入任何一边。[7]

梭罗需要的就是这样一种生存方式，尽可能与大自然交融共生，在文明社会边缘游离又时而复归。梭罗在谈到林中独居的动机和目的时这样写道：

　　我到林中去，因为我想要从容地生活，每天只面对
生活的基本事实，看看我能否学到生活想要教我的东西，
省得到临死前才发现自己根本就没有生活过。生活如此
可爱，我不想过没有生命的生活；除非万不得已，我也
不想听天由命。我要深刻地活着，吸取生命的精髓，斯
巴达式稳稳地活着，以便剔除一切非生活的东西。划出
一片宽阔的地方，将它细细修剪，把生活压到角落里去，
将要求降到最低。如果它被证明是卑微的，那为什么不
把它所有的平庸真正认识到，并公之于世？如果它是崇
高的，那么就亲身体验它，也可在下次远游时做一个真
实的记录。[8]

　　这段表述至少表达了三个方面的意思。首先，梭罗认识
到现有的文明社会生活不是从容的生活（"live deliberately"
的第一层含义），而是让人疲惫不堪的生活；不是深思熟虑
而后选择的生活（"live deliberately"的第二层含义），而是
没有主体性的被抛入、被强迫、被异化的生活；不是面对基
本事实或精髓的生活，而是附加了大量"非生活"负担的生
活。这是当时大多数人所过的看似文明实则平庸麻木的生
活，这种生活远离人的本真存在。梭罗反感这样的文明生
活，渴望离开这样的文明社会，他不能不反抗，他不想听天
由命，他不愿意至死都没有体验真正的、可爱的生活。
　　其次，梭罗选择的反抗文明社会的途径主要是回归自

然，其意象性表述就是到林中去（went to the woods），在他看来，解决文明社会存在的问题需要回归自然。真正的生活、从容的生活、简单的生活和快乐的生活不是继续在文明社会里生活，而是与大自然和谐相处、密切交流的生活。这一变革文明的方式不仅对他自己有效，对其他人也应当有效，所以梭罗说，他发现很多继承了家业的邻居过得非常不幸，因为承载了很多家族的责任就有义务将之发扬光大，而"倘若他们出生在旷野中、由狼哺育长大反而更好，那样他们或许会对辛苦不辍地耕种其中的土地有着更为明澈的认识"[9]。

最后，梭罗对他的这些思想仍有犹豫和不确定。梭罗自己并不能确定他的这种独居到底会带给他什么样的生命体验，也不知道最终结果究竟会怎样。他不能确定这样的生存究竟是卑微的、平庸的、落后的甚至反动的，还是崇高的、先进的、可爱的、正确的。人类文明进化发展了数千年才有了现在的生存方式，人类的绝大多数也都按这种方式生存；而选择独居，很大程度上是对文明社会的离弃，也是对大多数人类的离弃。然而，要真正做到离弃文明而出世独居是需要很大勇气或者彻底绝望的。梭罗显然做不到，他对社会的看法也并非像他自己所宣称的那么一以贯之，他常常在日记中表现出对社会的赞扬，希望可以与这个世界产生交流，但他又有强烈的探索渴望，所以他选择了疏离但又不远离，这样他可以随时返回。

梭罗迁居瓦尔登湖的行为在同时代人眼里也不是那么

的离经叛道、特立独行，相较其他人的壮举，他的行为不过小打小闹。写下《白鲸》的麦尔维尔曾经在海上当了4年水手，埃勒里·钱宁跑到伊利诺伊州的草原居住，富兰克林率领两艘帆船从格陵兰岛出发驶向太平洋。至于梭罗，他到瓦尔登湖居住不是想出世，而是希望制造适当的距离，对生活中重要的东西进行新的思考。即便如此，他依然没有把握认为这种生存方式的探索是成功的，他把两年多的瓦尔登湖畔独居称为一次生活方式的实验，也就是说，无论实验的结果如何，他都要返回文明社会。他要做的就是把这次实验如实地记录下来，公之于众，为后人提供经验或者教训。

　　梭罗不会自欺欺人，他不认为在湖畔的生活是野性而原始的，对他来说，是他想在更接近自然的地方尝试更自然的生活的一次实验，《瓦尔登湖》呈现给世人的正是这种矛盾和纠缠。尽管后来的事实证明，正是瓦尔登湖畔的经历最终解决了梭罗的思想与行为、内心寻求与外在叙事的冲突。1845年底，美国经济危机带来的影响并未结束，又传来了爱尔兰马铃薯饥荒的消息。《经济篇》不仅是《瓦尔登湖》的开篇，也是篇幅最长的一章，梭罗用全书九分之一的篇幅来表达自己对资本、经济和金钱的思考。我们可以看到梭罗津津乐道于他建造小木屋的实践，此时自然对他来说只是一个阻滞他践行经济理念的障碍。一直到《更高的规律》，梭罗才想起让读者略略一瞥瓦尔登湖的样子，重心才转到生态思想上。正是由于梭罗对经济问题的关注，才会在《瓦尔登

湖》剩下的大部分内容里不断地追问：什么才是人类的必需品？每个人到底需要付出多少的劳动？

独居在瓦尔登湖畔的那段时间是梭罗一生中社交最频繁的时候，常有客来访，多时达二三十人。他自己更是常常沿着火车铁轨漫步到城中拜访朋友，回家吃饭，听镇民闲聊，有时甚至逗留到深夜，再在漆黑的夜色中穿林回屋。

> 我想我和大多数人一样喜欢交际，我已经做好充分准备，当任何一个血气旺盛的人来时，都像吸血鬼似的紧紧缠住他不放。我本来就不是隐士，如果我有事情需要去酒吧，我很可能会成为那里的常客。[10]

这段话与前一段引文形成了鲜明的对照，明确地表现出梭罗对文明社会不舍的主要原因是人际交往，而不是物质生活的舒适方便。文明社会是个聚居社会，哪怕他再怎么反感它、批评它，甚至厌恶它，依然不能完全离开它，因为他需要与人交流，而大多数人际交往只能在文明社会里发生。何况梭罗并不反感。

在 1838 年的讲座中，梭罗明确了自己的观点：虽然社会并不总让他满意，但他不否定社会的重要性，也不否认社会对个人的作用。可以看出，梭罗的人际交往需求十分强烈，强烈到在缺失时可能达到变本加厉、矫枉过正的程度（比如像"吸血鬼"一样紧紧缠住访客）。他坚决而明确地自我定位，他本来就不是隐士，也绝不打算做或者装作隐士。

交往需要是人的一种本能需要，显然也属于梭罗所说的基本的、精髓的、自然的需要。[11] 现代人之所以羡慕梭罗，不完全是因为他可以独自在瓦尔登湖畔生活，还因为他始终真实地按照自己希望的方式活着。他不介意邻人的目光，也不在乎同时代人的看法，他只遵从自己的内心。因此，他在想去瓦尔登湖的时候去了，在想离开的时候离开了，保持着"陶醉与独立、审美与客观之间"[12] 的平衡，一种既亲近自然又离开自然的动态平衡，从而保持着对自然的一种意识张力。

在 19 世纪，社会现实、文化现实和人类思想现状都注定了梭罗要回归自然简单生活必然不可能有很多人认同与追随，注定了梭罗的生态生存必然是独居，也就注定了他融入自然的需要必然与他的人际交往需求严重抵触或剧烈冲撞，他回归自然并和自然万物共生的简单生活必然与他喜欢、热衷、沉湎甚至死死抓住任何机会与人交流产生了难以化解的矛盾。这种矛盾是人的两种基本需求之间的矛盾。认识到这种不得已也无法化解的矛盾，就不难理解梭罗对离开文明社会、完全投身于大自然的怀抱所产生的不确定与困惑了。

梭罗对待现代工业文明优势的态度是大方接受。这种对经济发展的矛盾态度不仅表现在行为上，还体现在思想上。他曾提到印第安的帐篷或兽皮很好，他也说一美元就可以买到一个六英寸长、三英寸宽安身的箱子，但他还是花了 28 美元为自己建了一间依山临湖的木屋。他对铁路的态度也很矛盾，他一边批判身边的年轻人蠢蠢欲动，一边又大肆赞扬铁路带来的便利。

铁路属于那种无法令农民们安心生活的事物。康科德年轻的农民们和他们同样年轻的妻子们，由于听到身边火车的喧闹，就担心自己可能错失整个世界，都不能静下心来过安于一隅的、宁静的旧式农夫的生活。他们有的每天都要为自己的生计进城，有的去了加利福尼亚。要是住的地方离铁路超过一英里远，他们就会变得不耐烦。[13]

1844 年，铁路通到了康科德，从此康科德与外面广阔世界的联系变得前所未有的紧密。[14]铁路意味着与外面世界的连接，它让康科德人躁动不安，因为外面有着一个不为他们所知的多姿多彩的世界。不可否认，铁路的出现提高了人们的生活水平。梭罗是纠结的，他不能无视现代文明带来的益处，却又质疑这是不是一种必需，所以当铁路铺设到瓦尔登湖畔时，梭罗既感到害怕又心怀希望。

只有读懂这种矛盾，才能更好地还原一个完整而真实的梭罗。面对科技发明提供的各种便利，他和大众一样兴奋，但作为生态文学作家，却难免踌躇。人们在获取便利的同时，是否一定要以牺牲部分自主性为代价？人类在发展经济的同时，是否一定会对自然造成难以弥补的破坏？对此，梭罗的态度是模棱两可的。

现代文明裹挟着时间，借由速度推动人类社会不断前进，一切都是未知的。如果一定要说有什么是确定的，那便是

"变化"本身。马克斯（Leo Marx）说美国人称这种变化为
"进步"，姑且不论这种进步是否真的给人类带来光明的未来，
它的进程已不可阻挡。"就像麦尔维尔的亚哈，对梭罗来说，
机器就是一个不可逆进程的典型代表，不仅代表了科学或科
技发展，而且代表了不可改变的历史演进。"[15] 正因为意识到
"进步"的历史性、严重性，梭罗才会觉得难以取舍，因此落
笔也更为谨慎。梭罗反对的不是新发明，他抨击的是文明带
来的无所不能的关于进步的神话和错觉。因为工业的发展使
得劳动者丧失了对人格的追求、对自然的向往，最后变成了
资本主义工业大生产中的一台机器。况且如此大张旗鼓的进
步，倘若有所差池，瓦尔登湖也难逃劫难。1854 年，瓦尔登
湖已经不是原来的样子了，湖泊当然还在，但大多数树木已
经被砍掉，他的小屋也没有了。

　　在历史进程面前，人类是否还有选择的主动权呢？对于
这个问题，梭罗的答案是肯定的，他仍然对个人的选择与个
体的自主性心怀信仰，相信人类应该也可以依凭自己的力量
捍卫那些被社会抛弃的信仰。

　　　　人们认为，一个国家毫无疑问要有商业、要能出口
　　冰块、要能打电报、一小时能行三十英里，不管人们要
　　不要这么做。至于我们应该生活得像狒狒，还是像人，
　　反倒有点说不准。如果说我们没有打造枕木、锻造钢轨，
　　夜以继日地工作，而是思考如何改善我们的生活，那么
　　谁会去修建铁路？如果没修铁路，我们如何及时去天堂？

不过话说回来，如果我们待在家里，只管自己的事儿，那么谁又需要铁路呢？不是我们乘坐铁路，是铁路在乘坐我们。你难道不曾想过，铁路底下的枕木是什么吗？每根都是血肉之躯，爱尔兰人的或北方佬的。铁轨铺设在他们上面，然后又被黄沙覆盖，而列车平滑地驶过他们。我保证，他们都是好枕木。隔上几年换上新的木头，车辆又在上面奔驰了；所以，如果有人觉得快乐地乘坐火车，必然也有人不幸地在下面被碾过。[16]

有人享受着现代文明带来的进步，必然有人为文明付出生命的代价。人类忙于发展铁路事业，成天在铁道上奔波辛劳，却未曾想过人的生命已经变成死亡的一个形式，象征性地被埋葬了，像黄沙覆盖的铁轨一样。现代经济已经发展到这样一个阶段：每个人似乎都成了机器链条中的一环，不跟着转动随时有被甩出的危险。问题的关键是，我们真的有必要成为其中的一环吗？我们为什么要生活得如此匆忙，为什么要如此浪费生命呢？

火车的出现扰乱了村子昔日的宁静，在这样一个工业化大生产的时代里，再遥远的村落都无法躲开它的侵扰。"不管寒冬酷暑，火车的汽笛声穿过我的树林，好像一只盘旋在农夫院子上空的苍鹰在尖声叫唤，告诉我有许多躁动不安的城市商人正来到这个村镇的周围，或者说，富有冒险精神的乡村商人正从相反方向来到这里。他们来自同一条地平线，所以彼此大声发出警告让对方给自己让道，这种声音有时候

两个村镇都能听得到。"[17] 铁路的意象在梭罗的笔下具有了双重性，起初像鸥鸪，后来像苍鹰；起初像嵌在风景画中的工业意象，后来又像打破人与自然天籁的杂音。

经济发展的代价是惨重的，梭罗的担忧还是变成了事实。自从铁路修到了康科德，动物惨遭灭顶之灾，植被遭到无情践踏，烟雾遮蔽了田野，连太阳都黯淡了，人们变得喧嚣不安。梭罗不惜笔墨描绘那些曾经安然恬静地享受大自然赐予的宁静和谐的植物、动物如何被穿越森林的火车弄得无法安生，但是坐在火车里的乘客却对此毫不知情。"那些远离城镇、人迹罕至的森林，过去只有猎户白天进入过，如今这些灯火辉煌的客车却在漆黑的夜里风驰电掣般驶过，此刻停靠在某个上流社会人士云集的村镇或城市的灯光灿烂的车站，下一站却停靠在迪斯默尔沼泽。他们根本就没有想到森林的原住民，他们把猫头鹰和狐狸都给吓跑了。"[18] 穿越瓦尔登湖畔的铁路预示着《瓦尔登湖》内在的含混性，不管瓦尔登湖的湖水多么宁静动人，不管湖畔的树林多么超凡入圣，瓦尔登湖都难以遗世独立，成为免遭"变化"影响的世外桃源。

在批判了铁路运输以及随之而来的商业发展带来的种种生态破坏之后，梭罗忍不住又开始肯定商业文明给人们生活带来的便利。"商业总是出人意料的自信、沉静、机警、大胆，而且不知疲倦。此外，它所用的方法都很自然，远胜于许多异想天开的事业和感情用事的实验，因此才获得如此出色的成功。一列火车打我身边轰隆轰隆地驶过，我不由得顿觉心旷神怡，我闻得到从长码头到香普兰湖一路上货物散发出的气味，使我想起了异国他乡，想起了珊瑚岛、印度洋、热带地区，乃至于广袤无边的世界。"[19] 只是这种便利似乎让我们忘记了发明这一切的初衷，到头来进步变成只是为了进步本身。与铁路并行发展的是摩尔斯发明的电报机。自 1844 年发出第一条信息之后，电报机的电缆很快遍布整个美国大陆，"从缅因州到佛罗里达州"[20]，"我们并不是想发明一些将我们的注意力从严肃的事情上移开的漂亮玩具。它们只是一些改进的手段，因为目的已经毫无进步的可能，而且这些目的其实早已非常容易地达到了，就像直达波士顿或纽约的铁路一样。我们迫不及待地要从缅因州筑一条磁力电报线到得克萨斯州，可是缅因州到得克萨斯州之间可能并没有什么重要的电讯要拍发"[21]。

梭罗对 19 世纪资本主义的抗议并没有像很多社会改革者和乌托邦追求者所期待的那样是真正的抗议或者推翻。相反，他只是在寻求一条可以将文明进步和自然发展相融合的道路。因此，在梭罗的笔下，火车的轰鸣不只意味着对自然生态的打扰，还传递着更为进步的文明和更为先进的秩序，比如火车的通行为村镇人民带来了琳琅满目的异域商品和准确无误的机械时间。梭罗真正反对的不是现代文明，因为他知道这一切绝不可扭转，他批判的是被社会发展和文明进步扰乱的生命节奏。我们原本可以活得从容一些，却急急忙忙、毫无意义地向前发展，而且只为了发展。"我们迫切地想要在大西洋底下挖设隧道，只为了能让旧世界缩短几个星期到达新世界，但也许第一个传到美国人八卦的大耳朵里只是阿德莱德公主得了百日咳之类的消息。"[22]

因为过于关注外面的世界，我们忽视了对自己内心的探求，忽视了自然这一无尽的宝藏。在这个问题上，我们的教育有着不可推卸的责任，它教会了我们很多高深的知识，却没有教会我们如何生活，没有教会我们如何与自然相处。梭罗大胆地质疑了19世纪美国的教育。

那些最花钱的事情往往不是学生最需要的东西。比方说学费，这是学期账单上重要的一项，可是与最有教养的同时代人交流可以得到更有价值的教育，还完全免费……年轻人如若不赶快投入生活实践，怎么能学会更好地生活呢？……教授们什么都教、什么都练，唯独不教生活的艺术——教他从望远镜或显微镜下观察世界，却没有教他用肉眼来看；学了化学，却不懂得面包是如何做成的；学了力学，却不懂得力从何而来；发现了海王星周围有好几颗卫星，却没有发现自己眼睛里有微尘，或者没有发现自己是一颗漂泊不定的星星；再或者就是学会在一滴醋里观察各种怪物，自己反而被周围的怪物所吞噬……结果就是学生一边学着亚当·斯密、李嘉图和萨伊的政治经济学，一边却不可避免地使自己的父亲陷入债务当中。[23]

梭罗的这些质疑我们今日听来依然振聋发聩，我们的教育到底教会了我们什么？我们学了一大堆理论知识，却不具备任何实践的能力，何况我们的教育越来越偏离了方向。将赚钱设立为人生的主要目的，不仅是教育的失败，更是对人性的侮辱。梭罗认为理想的教育应该是这样的：

> 每个村子应该都是一座大学，年老的居民就是学校职员——如果他们日子过得还宽裕的话——余生就可以用来自由学习。难道这个世界永远只能有一个巴黎或一个牛津吗？难道学生们就不能在这里，在康科德的天空下接受自由教育？难道我们就不能请一位阿伯拉尔来给我们讲学？哎！我们忙于饲养牲口、照料店铺，已经太久没上过学堂了，我们的教育就这么可悲地被荒废了。在这个国家，这个村子在某些方面可以取代欧洲的贵族……[24]

只要你愿意去体验、只要你愿意去融入，自然蕴藏着取之不尽的资源。"物体被隐藏在我们的视线之外，不完全因为它们脱离了我们的视线，还因为我们没有把思想和目光集中在它们上面。实际上，眼睛和其他任何胶状物一样，并不具备看见的力量。我们没有意识到我们要看多远、多宽，或者多近、多窄。由于这个原因，自然现象中的大部分都从我们所有人的生活中隐藏起来。"[25]自然有着这个世界上最佳、最健全的教育体制，我们为什么要把教育限制在学校和教师职责之内呢？"需要拥有什么样的自然特色才能使一个城镇富有魅力、值得居住？一条小河流过，旁边有着瀑布、草地、湖泊、丘陵或者独特的石头、森林和单一的古老树种。这些东西都是美丽的。它们拥有无法用金钱衡量的功用。如果城镇的居民足够明智，就会尽可能地保护它们。这些自然事物的教育功能远胜于任何聘请来的教师或牧师，或现在任何认可的学校教育体系。"[26]

事实上，梭罗是否隐居，是否仍然保持了人际交往都不影响梭罗独居瓦尔登湖畔的意义，他努力寻求对自然更好的理解，因此在一个相对独立、自由的环境下，不受打扰、自在地和自然万物相处。换句话说，瓦尔登湖畔的生活是梭罗有目的地批判人生、体验生活的一个阶段，而走出瓦尔登湖则是梭罗渴望更好地了解自然的必由之路。

梭罗真正追求的是隐士和实干家之间的一种平衡，尽管他还不明确如何找到实现它的道路。在《瓦尔登湖》首版问世一百多年之后，怀特在《夜里的微音》（A Slight Sound at Evening）一文里这样评断梭罗在生态文明来临之前的黑夜里发出的被众人忽视的微弱声音的价值："当亨利走向林中时，他是准备去战斗。《瓦尔登湖》记述了这样一个被两种强烈却对立的欲望——享受世间乐趣（且不为蚊翅所扰）的欲念和端正世风的冲动——相撕扯的人的经历。一个人是不可能将此二者完美地协调起来的，但在某些鲜见的例子中，某种优秀甚至伟大的东西便脱胎于这种受着折磨、试图调和的心灵。"[27]

梭罗住到瓦尔登湖的那天是 1845 年 7 月 4 日，正是美国国庆日，这一时间选择意味深长。这位优秀甚至伟大的思想者和行动者，在美国建国 69 年之时，像当年踏上新英格兰荒野的移民一样，为人类文明开辟一个新大陆——返回自然的生存领域。这种行为既是对美国现有文明的宣战，也是引领人类走向生态文明新领域的探索之战。在梭罗看来，美国自建国以来并没有多少值得庆祝的事，人们沉迷于爱默生所说的各种俗事中，拼命追求经济利益，自然在人类眼里只是可供利用的资源。美国人没有学会珍惜爱护这片新大陆，也没有学会与新大陆的其他自然子民平等和谐共生。他们的所作所为与他们在欧洲和其他地方的祖先一样，都是在蹂躏剥夺毁灭这个地球。他感慨道："在我看来，大多数人并不关心自然，甚至愿意出售他们在自然中的股份……谢天谢地，人还不会飞，所以还能在地球和天空中留下某些荒芜的地方！"[28]虽然当时梭罗并未使用"环境伦理"一词，但他的思想中已经包含了环境伦理的某些方面。

环境伦理的第一个原则是"凡物，活着总比死的好；人、鹿、松树莫不如此"[29]，还对人类统治大自然的合理性提出了疑问。丹尼尔·佩克在分析了《瓦尔登湖》和《河上一周》，尤其是梭罗的日记后总结道："虽然还未能完全理解他早晨工作的根本意义，但是作为偏好和理念的独特混合体，梭罗站在客观的角度看待自然，并遵从了过程指向的哲学。"[30]当然，完全客观只能是一种理论上的假设，是不可能真正达到的。人类不可能作为自然、作为一个非人类生物说话，自然也不可能用我们所能理解的语言与我们对话。"我们可以努力将人类视为利奥波德称之为'生物共同体'的一个组成部分，然后从这个角度发言，也就是说，将人类认定为根植于生态或自然的一个部分。"[31] 我们只能利用自然和其他生物来找到自己的位置，以便更好、更尊重地去看待它们。当我们说自然因人类行为而退化时，我们要表达的是自然的内在价值没有受到应有的尊重或者丧失。当大峡谷的断面被上游水坝泄流引发的洪水冲蚀时，当酸雨腐蚀古希腊罗马的建筑时，当海滩被人行栈道和娱乐场所取代时，人类的行为正在或者已经破坏了自然的内在价值。贝特说："自然物，如大地、海洋、被污染的空气、濒危物种，不能为自己说话，因此批评家没有选择，只能站在他者的立场说话。在生态批评中，批评家不能作为自然说话，但是可以为自然说话。"[32] 我们不可能作为自然发声，但我们可以像梭罗那样以一个生态学家的身份"为自然、为绝对的自由和野性说话"[33]。

让人感到庆幸的是，在梭罗生活的时代，还有些荒野供人们探索新的生态生存方式。因此，他甘冒被同时代人视为懒汉甚至异类的风险，在这一年的国庆日开始他一个人的战斗，这是堪比他的祖辈发现新大陆的战斗！从这个角度来看，梭罗的离群索居绝非与文明社会无关。认识到这一层，也许会感到更加含混了，离开文明社会是为了文明社会、改造文明社会，那到底是离开了还是没有离开？还有更令人感到困惑的，1847年9月6日，梭罗决定结束独居生活，离开瓦尔登湖，回归社会，梭罗这位在大自然里为引导人类文明走向而战斗的战士，在两年多之后就退出了他的"战场"瓦尔登湖。

在那里，我住了两年又两个月。而现在，我又是文明生活的过客了。

我离开树林的理由和我来时一样充分。可能在我看来，还有好几种生活要去体验，不能再把时间花在这种独居生活上了。我们很容易在不知不觉间陷入某种生活，然后沿着一成不变的轨迹过着。我在树林里还未住满一个星期时，双脚就已在屋门和湖畔之间踩出一条小径，虽然已经过去五六年了，那条路现在依然清晰可见……我不希望始终走在屋前的小径上，我宁可作为一名普通的水手站在世界的甲板上，因为在那里，才能看到群山之间的月光。我不希望到船舱里。[34]

梭罗的这种行为让很多读者甚至研究者感到费解。他貌似毅然决然地离开文明社会，独自来到林中生活，又似乎果断坚决地离开瓦尔登湖林区，重新进入文明社会的生活体系。事实上，"我们应该把《瓦尔登湖》既看成是一个结果，又视为一个过程。这是一部经过了近十年的经验积累、不断修订并最终完成的作品，对梭罗的内在生命而言，这十年又恰巧是最重要的时期"[35]。从生活的角度来看，这十年是梭罗纠结的十年，他想远离人类文明不仅源于对自然的向往，也源于对社会的厌弃，但他又不舍得完全地离开文明社会。梭罗在持续近三十年的日记中吐露了自己的困扰，他始终没有"处理好自己与同胞的关系，处理好与工作的关系"[36]。因此，不管是出世还是入世，看似令人费解的行为并不能证明梭罗思想的转变，反而更能表明他的思想态度有着内在的矛盾——他对独处性的生态生存有向往也有不满，而对脱离自然的社会化生存有厌恶也有不舍。

简单、片面地看问题，并一厢情愿地把自己的简单判断强加给梭罗，是导致人们对梭罗感到费解甚至不理解的根本原因。在上面这两段引文里，梭罗自己已经很明确地告诉读者他看似费解的行为并不难解，因为他要追求不同需要的满足，他要体验不同种类的生活，他不能画地为牢于任何一种有局限的、一成不变的生活方式里；同时他也明确地告诉读者，即便他离开瓦尔登湖，也不意味着他不再具有生态思想和不再为生态保护而战斗，不意味着他向反生态的文明投降；他不是返回文明社会加入他所厌恶的破坏自然的大军，不是以反生态的生活方式生活，而是换一种甚至换好多种角度更广泛地欣赏这个大千世界，全面地认识和把握这个星球的生态系统。正因为这样，梭罗才说，他离开社会与离开森林的理由一样；也正因为这样，梭罗才说他又成了文明生活的过客，注意是"过客"而不是主人，他还要走过，也即离开文明生活。如果我们可以客观地看待梭罗来到瓦尔登湖的事实，就能更好地理解他后来离开瓦尔登湖的举动。梭罗说过，他去瓦尔登湖并非隐居，只是想体验另一种形式的生活，所以进入人类社会也不是他立场转变、自相矛盾的做法，只是世人一厢情愿地将自己的解释强加在他身上，或者说是因为他没有满足世人的视域期待。斯科特·

斯洛维克（Scott Slovic）坚信，梭罗离开人类社会、退居林间是为了更好地返回社会、进行战斗，他说："社会义务强化了作家休憩的愉悦，沉思的休憩亦强化了作家介入社会的价值。"[37]

这里才是真正的乐园

"荒野"是美国文化的重要特质，甚至可以说，荒野从某种程度上注塑了美国人的性格。从词源学的角度来看，"wilderness"指的是"森林覆盖的土地"[38]，后来的词典将其定义为"未耕种或者未开垦的土地"[39]。但不管在何种意义上，荒野始终未丧失其冷酷严峻的特点。浪漫主义者对荒野的渴望源于他们对城市的厌恶，荒野是对社会的逃离，象征着人类对自由的向往。卢梭在《新爱洛依丝》（1761）中对阿尔卑斯山荒野景观的赞美充满了浪漫主义的想象。对于美国作家来说，美国风景中最具特色的就是它相较于欧洲大陆的广袤荒野。在梭罗之前，被誉为"美国文学之父"的华盛顿·欧文曾盛赞美国荒野的美丽，他认为自己的国家拥有不亚于任何一个欧洲国家的自然，包括"美丽的山谷，丰富的野生产物……广阔的平原以及人迹罕至的森林"[40]。到了梭罗生活的19世纪中叶，对经济发展的盲目追求使美国人贪婪地攫取物质财富，忘记了人性的丰富和人格的完善，也根本没有考虑到随之而来的对生态的破坏，因此引发了一系列精神危机。身处其中的梭罗虽然无法完全拒绝社会发展带来的便利，但他反对人与自然的疏离，忧心建设新世界对自然的过度破坏，并将希望寄托在广袤的、未被开发的西部荒野。尽管荒野有着现代文明不可替代的优点，尽管梭罗常在作品中强调那种远离人类居住地的疏离感觉，似乎只有这种疏离才可以真正地返回自然，事实上，瓦尔登湖距康科德镇只有 1.5 英里，步行不到半个小时。梭罗因此常遭诟病，似乎他作品中所展现的荒野是为了博人眼球而蓄意创造出来的。

作为自然资源的荒野，可以使人类更强壮，让人类产生美德、懂得谦卑，滋养诗歌和哲学，最重要的是，荒野催生了人们对自由的渴望。对于梭罗来说，虽然瓦尔登湖离康科德镇很近，但依然是有别于城市的"荒野"，因为那里足以承载他的生态理想，或者说，荒野更多地存在于梭罗的意念中，而非现实世界里。对此，布伊尔这么分析："梭罗的《瓦尔登湖》既指出了以何种方式想象与更接近自然的生活，也展现了进行这种想象又不陷入思想矛盾的问题所在。《瓦尔登湖》一次又一次地屈服于这种诱惑，幻想康科德周边俨然就是原始荒野，尽管该书坚持关注的是将精神重新定位成一种朝着家园之内以及处所之外被广泛忽视的荒野的转向。"[41] 正是由于这个原因，梭罗的作品中呈现出对荒野与文明模棱两可的态度。

刚开始写作《瓦尔登湖》时，梭罗似乎一直避免提及现代文明对康科德地区的生态影响。事实上，梭罗从哈佛大学毕业回到这个小镇时，它就已经不再是他离开时的样子了，在梭罗来到瓦尔登湖的前一年，康科德—菲奇堡铁路由湖的西端经过，通向远方。不管是获取燃料，还是建造铁路，都不可避免地造成瓦尔登湖地区森林面积锐减，滥捕滥猎更是导致了当地各类野生动物如狼、麋、鹿、海狸、鲑鱼、鲱鱼等数量的急剧减少。梭罗很清楚，森林保护问题已经很严峻，但他不愿提及，所以《瓦尔登湖》描述的俨然是一片与世隔绝的世外桃源，在梭罗笔下，瓦尔登湖是他童年记忆中的原始状态。梭罗不是出于"担心读者不能接受，而是因为他将瓦尔登湖想象成未被污染的处所的田园化冲动压倒了他对该地区被破坏的担心"[42]。在评价约翰·巴斯（John Barth）的作品时，布伊尔提到"非彼处美学"（the aesthetics of the not-there），即在描述一个处所时，往往使用人们惯常用来描述另一处的词汇，或者让它们之间产生某种联系。布伊尔认为，梭罗在《瓦尔登湖》里的手法正是如此，他利用欧洲及世界上其他地方的风景元素来摹画康科德本地的特色。[43]梭罗笔下的自然并非真实的自然，而是经过文学想象加工过的自然；他笔下的康科德也并非当时的康科德，而是承载着很多他过去的记忆和现在的想象的康科德。

　　我最感兴趣的是原始的自然。举个例子来说，我原以为我看到的所有春天的景象是一首完整的诗，可后来却懊恼地听说我所拥有和读到的不过是一个不完美的副本，我的先辈们已经撕掉了开头好几页以及最重要的段落，而且把它弄得七零八落的。知道这些令我非常痛苦。我不应该认为是某个神人已先我而来，摘走了其中一些最亮的星星。我想认识的是整个的天空和完整的大地。

可各种不同寻常的树木、兽类、鱼类和鸟类都已无影无踪，小河的水势可能也大不如前了。[44]

梭罗感慨真正原始的自然已经不复存在，他希望自己可以看到、感受、描摹那没有经过人类干扰的自然。但他的知识和理性明确地告诉他，未被人类侵扰的自然，甚至很少被人侵扰的自然也已经很罕见了，因此也更为珍贵。这也表明，梭罗对现存自然并不满意，有时候还相当懊恼，意识到自然已经大范围地、不可逆地被人类破坏了，令他非常痛苦。梭罗常常以想象来重塑自然，用他的文字描绘理想的自然，或者更学理性地说，是寻找并凸显自然的荒野性和自然性。他对瓦尔登湖的描写、对梅里马克河的描写、对缅因森林的描写、对科德角的描写，都呈现了荒野化自然的倾向，同时也有意忽视或者减少描写自然被人干扰破坏的痕迹，这是可以理解的，就像当代自然摄影师选取画面时尽量避开人类痕迹甚至避开人，就像生态文学奠基人卡森尽量不让人类出现在她表现大海的优美散文里。

梭罗假定《瓦尔登湖》的读者是生活在新英格兰的居民们，他认为是文明让他们远离自然的生活状态，这些居民因为继承了财产而终身受到奴役，强度超过了传说中的婆罗门教徒，长度超过了赫拉克勒斯。"我看到年轻人，我的邻居们，他们的不幸源于他们继承了农场屋舍、仓廪畜群以及各种农具，因为这些物什容易得到，却难以舍弃……是谁让他们桎梏于土地？"[45]对于年轻人来说，继承大量的家业实际上是一种负担，因为他们不得不受制于这些财产、料理它们，也就在无形中被迫放弃自由的生活方式，以致荒废了自我，疲于奔命、人为物役，对土地也就缺少了审美的观照。我们不是生活着，我们只是拥有着。梭罗"发现人们如此渴望得到文明生活夸张虚饰的'必需品'，以至于丧失了从文明自身得益的机会，当他们的物质需求越来越复杂时，他们的生活从文化上看却没有成比例地变得富足，而是变得更为贫穷，被漂去了颜色"[46]。于是梭罗提醒我们，"文明只是改善了我们的居住环境，却没有相应提升居于其中的人的层次。文明只是创造了宫殿，却没有办法创造绅士和国王"[47]。

就此而言，梭罗无疑可以被视作 20 世纪欧洲存在主义的先行者。和尼采一样，梭罗认为哲学的本质不是逻辑连贯和语言秩序的问题，而是一个实践勇气的问题。真正的挑战不是设计出自己理想的模式，而是按照自己所赞扬的模式生活，而梭罗就是勇于追求真理的例子。

> 现在只有哲学教授，没有哲学家，尽管当教授曾是一种让人艳美的生活方式。当一个哲学家，不仅要有犀利的思想，甚至不只是要开宗立派，而且要热爱智慧，以使自己过一种坦诚简单、不复依傍、恢宏大度和饱含希冀的生活。哲学家需要解决生活中某些方面的问题，不仅从理论上，更要从实践上。[48]

梭罗带着对哲学家的希冀过着哲学家式的生活，只是在物质越来越发达的社会里，有着太多的诱惑和障碍，想要成为一个真实而简单的人又谈何容易？如梭罗所言，他不是在唱颂歌，"但是要像黎明时站在栖木上的金鸡一样，放声啼叫，即使我这样做只不过是为了唤醒我的邻人罢了"[49]。

在《瓦尔登湖》中，梭罗通过搬到湖边居住来接近自然，而在《河上一周》中，则通过穿插印第安人的故事来穿越一个又一个编年史和传说中的风景，但那些不曾亲历也不可能亲历的过去却增加了梭罗逃离现实的愿望。有评论家曾对这两本书做过对比，"以黎明意象和回到文明时代的源头开始的《星期天》在《河上一周》中的位置相当于《我生活的地方，我为什么生活》在《瓦尔登湖》中的位置。区别在于《瓦尔登湖》中环视的天堂根植于真正的世界，可以描绘和象征性地探讨，而《河上一周》幻想的天堂只能在诗歌的景象中才能够被把握，只有远离这次具体航行的水闸和运河上的船只，通过透明的语言和深思才能够传达出来"[50]。梭罗的河上旅行蜿蜒穿过一个富有田园风光的风景区，河岸的一边是美丽原始的殖民地生活，另一边是现代化的工厂、水坝和铁路。梭罗在世外桃源的宁静自然和现代文明的工业喧嚣中努力找寻着不稳定的平衡。不同于《瓦尔登湖》，《河上一周》见证了时间的流逝和文明的发展，暗示着社会发展的不可抗拒和原始自然的不可复现。文明的不可逆决定了一个人只有退回到一个没有时间概念的世界里，远离加速前进的 19 世纪，才可能与之抗衡，所以梭罗笔下的自然更多的是想象的自然、期待的自然。

为了更深入地了解真正的自然，梭罗于 1846 年、1853 年和 1857 年三次去缅因森林。罗尔斯顿说："我们到荒野去与自然相遇时，不是要对自然采取什么行动，而是要对她进行沉思；是让自己纳入自然的秩序中，而不是将自然纳入我们的秩序。"[51] 事实上，真正的荒野不是人类想象中美丽、崇高的伊甸园。尽管梭罗以史无前例的激情赞美荒野，但他的热情难以始终如一，常有一些挥之不去的反感和恐惧在他的脑海里萦绕。

1846 年，梭罗第一次来到缅因森林北部，他带着很高的期望，希望可以在那里找到真正的、原始的自然，可是与缅因森林的真实相遇带给他的却是跟预设不同的感受。真正的荒野并非梭罗想象的那般美丽和谐，而是狂暴沉闷，在自然面前，梭罗感受到的是他不曾预料的孤独。在荒野中，梭罗似乎失去了思考和超越的能力。因此，相较于荒野，梭罗更偏爱美丽宜人的自然，他用了更多笔墨描写葱翠茂密的森林、波涛汹涌的大海、苍劲雄伟的高山、平静如镜的湖泊、星罗棋布的沼泽、色彩缤纷的鲜花、展翅高飞的鸟儿、自由嬉戏的动物以及奇形怪状的昆虫等。相对于荒野的混乱可怖，梭罗更愿意相信自然的平和有序。然而，当梭罗在加拿大发现尚未被开发的海洋和荒野时，又难掩兴奋之情。梭罗觉得看到它们的存在，才不至于迷失自己。可以说，梭罗追求的是一个在道德上和人类相连的自然，一种比情感的支持更具深意的同源物。

带着对欣赏到更美的海景的期待，梭罗于 1849 年、1850

年和 1855 年三次到科德角。他第一次到科德角时，看到的不
是早期新英格兰风光，而是海滩上盖着白色床单的尸体和泡
在海里肿胀的尸体，在他到达前两天，来自爱尔兰戈尔韦的
移民帆船在远海触礁，这样的场景让梭罗更加切实地感受到
了自然的冷酷无情和对人类深深的敌意。

> 我看见很多僵硬的脚、头发蓬乱的脑袋和缠绕的衣
> 物……一道道伤口像一双双凝视着的睁大的眼睛，苍白
> 无神，闪烁着死亡之光，或者像搁浅帆船的玻璃舷窗，
> 沾满了沙子。[52]

因此，《科德角》中的自然延续了《缅因森林》的冷漠和
狂野，甚至更严酷、更荒凉。人们满怀希望奔向新大陆，未
曾想到迎接他们的是冰冷的死亡。这就是赤裸裸的自然，野
性丰盛的自然。从自然的角度看，海难也是自然现象，自然
不会把时间浪费在人类身上，也不会去考虑人类的感受。我
们也不用在意那些死去的身体，他们将成为蛆虫或鱼儿们的
朋友。"如果这就是自然的律令，我们为什么还要浪费时间同
情或敬畏？"[53]

时隔一年，1850 年 7 月，曾任先验主义流派刊物《日晷》
杂志主编的玛格丽特·富勒乘坐的"伊丽莎白"号在火烧岛
附近遭遇海难而沉没，梭罗受爱默生之托前往事故现场找寻
尸体，却一无所获。比起他上一次科德角之行，在寻找玛格
丽特·富勒的过程中，他所见的残酷的自然再一次给他留下

了难以磨灭的印象，破碎的桅杆、散乱的货物、缠绕的丝绸和面目全非的尸体绵延三四公里。死亡带来的孤独感和人类在自然面前的无力感都影响了梭罗对自然的看法。

梭罗真正喜欢的是介于全然荒野与人造自然之间的半荒野，或者说是温和的田园乡野。

> 不管怎么说，回到虽仍在变化但温和的地方还是令人宽慰的。对我来说，作为一处永久的居住地，这里与荒野之间是没有可比性的。作为我们所有文明的来源、背景以及原材料，荒野是不可或缺的。荒野简单到几近贫瘠……也许我们自己的森林和田野——在那些树林最繁茂的城镇，我们无须为越橘而争吵——原始沼泽散布其间、但并未遍布，本身就是完美的公园、果园、花园、棚架、小径、景观及地貌。每个村庄普遍都拥有这些，它们是经我们人类艺术改良后的自然结果，真正的乐园。[54]

这段表述是和缓而妥协的，从荒凉残酷的荒野回到康科德，梭罗如释重负。从生态思想的角度来评断这段话，它显示了梭罗的思想在生态与非生态之间、在为自然与为人类之间摇摆不定。这段话不仅体现了梭罗对纯自然或原始自然的矛盾态度，体现了他在自然与人类、生态与文明之间的徘徊，更体现了梭罗思考与评判的出发点并非大自然而是人类，是从对人有利、令人舒适的角度去评判荒野的价值并比较田园与荒野的优劣。在梭罗看来，荒野蕴含了文明资源，是"所有文明的来源、背景以及原材料"，同时荒野又是简单贫瘠的（与他的简单生活观形成强烈冲突！），不适合人类居住。他认同和支持人对原始自然的改造，建公园、果园、花园，搭棚架，铺道路，建村庄和城镇（这些都是文明的符号），把荒野改造成对人温和无害的栖居地，并且不断地加以改造，使之变化，变成人类的天堂。

对荒野既热爱又恐惧、对文明既反感又向往的矛盾心理是美国生态文学的一个重要特征。同样崇尚自然的哈德逊河画派的奠基人托马斯·科尔（Thomas Cole），曾在卡茨基尔山脉中经历过一场暴风雨，他在日记中记录下了当时的感受，一开始他全身心投入暴风雨中，并宣称这样的情形非常浪漫，当雷雨越来越强烈，最初的意乱神迷转变为恐惧。1828年秋，科尔在白山之行后总结了人类在荒野中的矛盾情感："一个人可以在荒野中找到这种景色并享受乐趣，但随即就会有一种隐秘的恐惧爬上心头并催他离开。"[55]生态历史学家威廉·克罗农（William Cronon）曾指出，这种浪漫的传统一以贯之，后来的生态作家，如约翰·缪尔、奥尔多·利奥波德、蕾切尔·卡森和爱德华·艾比（Edward Abbey）都曾有过区分纯粹的自然和被人类破坏过的自然、真正的荒野与想象的荒野的冲动，但作家笔下的荒野往往"只是人类一个深思熟虑的创造"。[56]我们可以看到，在《沙漠独居者》里，艾比笔下的荒野"不仅意味着苹果树和美貌女人，也意味着蝎子、鸟蛛和苍蝇，响尾蛇和希拉毒蜥，沙尘暴、火山爆发和地震，细菌和熊，树形仙人掌、丝兰、木槿、蔓仙人掌和牧豆树，暴洪和流沙，还有疾病、死亡和腐肉。伊甸园不是一个永远完美的极乐园，狮子也不可能像绵羊那样躺着（否则它们吃什么？）"[57]。如果只能接受自然的美丽，而无视或忽视它的残忍，就失去了与自然的统一。在进化的过程中，数十亿个体作为突变失误的牺牲品而毁灭，在这样的事实面前，将自然看作特别平和之物，是虔诚的自我欺骗。[58]

虽然热爱荒野，但梭罗并不排斥文明，他的本意是"在不破坏自然利益的前提下，接受文明带来的好处"[59]。然而，他不幸地发现，现代人类在对各种物质的追求中失去了自我，更忽视了对自然的伤害。"贯穿在整个人类社会中的观念就是剥削，迄今为止，我们和大自然母亲的关系仍然是心安理得的婴儿般的掠夺关系。我们剥削的能力大大提高了；但是，我们控制自己作为人的情绪反应和欲望的能力决不能说有什么增长。"[60]人们原本希望通过从自然中掠夺财富来提高社会文明的程度，却事与愿违，工业文明破坏了森林植被，惊扰了动物宁静的生活，不仅毁坏了自然，也扰乱了人的心智。在《我生活的地方，我为何生活》中，梭罗谈起了他的住所，他说："我暂且放下不管，让它闲置着，间或让它休耕，因为一个人总有很多事情需要记挂，反而是越放得下，就越富有。"[61]在现代社会中，人们追求拥有现代化设施的住所，并为此耗费了过多的体力和心力，可是"如果文明人的追求并不比野蛮人的更有价值，如果文明人花去一生中的大部分时间只为了获取那些必需品和舒适的生活，那他为什么非要住得比野蛮人好呢？"[62]鸟儿有窝，狐狸有洞，野蛮人有棚屋，但现代文明社会里，居有其所的家庭却不到一半。很多人终其一生努力解决住房问题，却不能得偿所愿，更根本的问题是：这么做真的有意义吗？在梭罗看来，花费一生中最宝贵的时光拼命赚钱，为的只是在最不宝贵的时间里享受一点可疑的自由生活，这是不可取的，这"使我想起了那个英国人，他为了可以回到英国去过一个诗人般的生活，先跑到印度去发财"[63]。

梭罗向往的荒野很多时候是一种野性的象征，在《散步》的开篇，梭罗就宣称自己要"为自然、为绝对的自由和野性说话"[64]，因为对于梭罗来说，未被文明驯化的野性才是构建文明的力量，就像罗马将野狼视为他们的图腾。只有保持野性，才能获得最终的自由。

我有了负罪感

看到现代人类对自然的背离，梭罗希求能在原始文化中找到自己的依托，于是他经常在作品中提及印第安人，对他们能与自然和谐一体流露出羡慕和向往。在梭罗看来，印第安人更接近自然，文明似乎是现代人事与愿违、背道而驰的努力，因为野蛮人可以轻易获得住处，而现代人只有不到一半的人拥有自己的住房。也许有人会反驳说，现代人的住房条件好了，对此梭罗质疑道："如果坚持认为文明提高了人们的生活条件——我想是对的，虽然只有智者才会改进他们的有利条件——那就必须能证明，他们花费得更少但能住得更好。"[65] 尽管如此，梭罗却难以掩饰自己身为文明人的优越感，他用居高临下的态度来审视印第安人，谈到印第安人时的口气难掩鄙夷和不屑。他看到的印第安人虽然强壮，却反应迟钝、态度懒散。此时的梭罗很难与激烈批判为了工作而工作的美国人时的梭罗画上等号，所以梭罗谈到的、关注的其实是历史上的印第安人，而非现实中的印第安人。"现实中的印第安人受到白人文明的腐蚀，却无法吸纳白人文明的益处。梭罗受到了当时白人种族主义者对印第安人的许多陈旧看法的影响。虽然通过大量阅读及 1857 年与缅因州印第安向导波利斯的相遇，梭罗获悉了不少有关印第安人真实生活的情况，但他从没完全摆脱对印第安人的思想偏见。"[66]

在白人登上美洲大陆之前，印第安人就已经在那片广袤的荒野中生活了几千年，他们不自觉但发自本心的对自然的热爱和对自然规律的遵守是美国生态意识的渊薮。梭罗曾写道："如果我们能真正遵从印第安式的、植物的、磁性的或自然的方式来修复我们的天性，那我们就必须如自然般简单又健康，将萦绕在我们眉间的阴云驱散，将生命的气息吸入我们的每一个毛孔。"[67] 19 世纪美国白人作家为了强化、凸显自己是本土意识的真正继承者，往往有意无意地忽视、鄙视甚至擦除印第安人的存在，这也成为后代美国作家在创作具有美国特色的故事时的一个预设逻辑。当代生态批评理论赖以产生的奠基性作品《瓦尔登湖》自是首当其冲。梭罗写作《瓦尔登湖》时，美国政治本土化运动正如火如荼地进行着，这个运动所产生的历史暴力间接影响了梭罗的创作。从思想上看，白人生态作家一直自视为本土意识的承继者，于是带着审视的态度看待印第安人。具化到创作上，就是蒂莫西·鲍威尔（Timothy Powell）所说的"话语擦除"（discursive erasure），这是一种白人话语者或叙述者把他的叙述从着力表现土著人慢慢转移，直至完全替代的话语策略。[68]

19 世纪的美国白人作家在讲述每一个具有特别美国意味的故事时都有一个预设的逻辑——当他跨越了真实或想象的印第安人身份后，俨然自己就是一个更本土的叙述者，尽管他是通过模仿而形成了不同于当时流行的风格。这种通过想象努力本土化的想法和话语擦除的形式在梭罗作品中得到了独特的呈现。虽然梭罗不是一个种族主义者，但为了解决美国生态意识源自土著和他作为一个白人继承者之间的矛盾，他"把土著美国人描述成'已经灭绝的'或者'正在消失的'。在《瓦尔登湖》第一章中，梭罗回忆起他'曾在镇上见到诺斯科特印第安人，住在薄棉布搭成的帐篷中'……他在不经意间慢慢地转移读者对土著人的注意，直至最后被白人的故事完全替代"。[69]梭罗的这种做法并非出于政治目的，而是出于无意识地想保持他对本土主义的努力，最终使得这种排除变得如此强有力，如此不可抗拒。[70]

也许梭罗根本没有意识到，为了凸显自己的生态意识，为了成就他高于同时代人的对自然的觉悟，他在叙述中设法将依然存在的印第安人描述成一个正在消亡的群体。在《瓦尔登湖》中，梭罗写到一个到处兜售篮子却不断碰壁的流浪印第安人，"看到自己勤勉的白人邻居那么富裕——随便编造些说辞，财富和名利却像变戏法一样蜂拥而至的律师"[71]，只能自我安慰编篮子是自己唯一能做的事，而买篮子则是白人应该做的事。如果他编好了篮子，但白人不买，那就是白人的错。"他压根就没想到，他有义务让别人产生购买他所编制的篮子的欲望，或者编制些让别人有兴趣购买的东西。"[72] 就像文字所暗示的那样，梭罗遇到的那个印第安人已经显示即将退出历史舞台的迹象：他只会编织篮子，但他所处的环境已经不需要他编织的篮子了。换句话说，那个四处漫游、兜售篮子的印第安人已经无法跟上现代社会经济发展的步伐了，这是他自己的问题，不是时代的错。那么，有趣的问题来了：那个为了和自然亲近，一天可以花四个小时在瓦尔登湖畔逡巡的梭罗，那个在洒满阳光的小屋门口从日出坐到晌午、"不愿意将宝贵的时间花在任何工作上，不管是脑力劳动还是体力劳动"[73] 的梭罗是否有资格批判这个只因为保持天性而四处漫步的印第安人？坚持编织篮子的印第安人出于自发的本能漫游，这是他与生俱来、自然而然的生存方式，他只会、也只能这么做；尽管梭罗自己也曾编织过这种篮子，但他纯粹是觉得好玩，从未也根本无须考虑销售的问题。梭罗放慢生活的脚步并非出于本能，而是对生活方式的一种主动选择。

梭罗对我们身处其中的蓝色星球的描绘恰恰是建立在这些正在"消失"的土著身上，印第安人注定要消失，这种消失既是经济意义上的，也是文化意义上的。尽管梭罗不排斥，甚至表示过尊崇印第安人的生活方式，但事实上他却残酷地预见了土著文化的未来，他预见了那个漫游的印第安人走向毁灭的必然，因为他无法跟上时代的脚步，因为他不能理解、更不能适应建立在供需关系之上的资本主义经济。梭罗看似在物质经济问题上充当了那个土著人的向导，实际上却无意帮助他们避免消失。正是从这个意义上说，梭罗的生态意识是建立在那些依然存在、却注定要消失的印第安人的命运之上的。在《瓦尔登湖》中，心甘情愿来到瓦尔登湖畔进行简朴生活实验的超脱感与面对无法适应时代潮流徘徊在贫困线上的印第安居民的俯视的优越感相互交织，造成了梭罗在生态叙述上的含混。虽然梭罗宣称自己不排斥印第安人的这种生活方式，"为人称道而谓之成功只是一种生活方式而已，我们何必在褒扬一种的时候贬抑另一种呢"[74]，可是仅凭他对印第安人的那点同情并不能掩盖身为白人居高临下的眼光，也不能阻止他在自己的叙述中对印第安人进行了话语擦除。

正是因为梭罗在对印第安人的叙述中使用了话语擦除，导致了读者对印第安人存在着认识暴力。滥用同情本身也不过是现代文明人的一种软弱的伤感。对此，鲍威尔曾替梭罗做出辩解："我不认为梭罗是种族主义者，或者他在《瓦尔登湖》中有意擦除土著美国人、非裔美国人、女人或者爱尔兰人。相反，我相信梭罗这种话语擦除更多是由于他的哲学信仰所致，而非他的政治理想。想理解梭罗的超验主义以及他对爱尔兰人、黑人、女人和印第安人的擦除之间的关系，我们应该从文化和哲学的层面阅读他的文本。"[75] 也许梭罗并非有意为之，也许只是美国白人的集体无意识，但梭罗俨然认为自己是最接近自然的。与同时代人相比，梭罗无疑是亲近自然的，但是梭罗真的了解印第安人吗？

在梭罗的笔下，印第安人既是与自然保持亲近、具有生态思想萌芽的一群人，也是在政治、经济和文化领域已经被边缘化的他者。身为美国白人作家，梭罗虽然欣赏印第安人的生态观，同情他们的遭遇，却难以避免地将自己视为一个更本土的叙述者。于是，梭罗对印第安人的没落表达感伤情绪，同时又暗示印第安人已经逐渐消失在历史的深处，除非得到白人的帮助和拯救。这种印象延续到当代，就像《阿凡达》中的纳威人。真正的印第安人和依然存在的印第安人在梭罗的笔下注定是要消失的，不管是在经济、政治层面，还是在文化层面。批评家米塔·班纳吉（Mita Banerjee）质疑那些已然成为生态批评奠基性文本的作品在完成擦除的同时是否意识到自己对土著文化和生态意识的吸收。[76] 因为美国白人叙述者在继承土著人的生态意识之后，质疑、转移直至最后消除了土著人的声音。在这些作家的笔下，我们看到的只是他们理解中的土著，并未看到、听到真正的土著人对自然的理解。

1846 年，梭罗到瓦尔登湖畔的第二个夏天，他第一次来到缅因森林攀登卡塔丁山，他清楚地知道印第安人才是美洲大陆最初的主人，必须仰赖他们的帮助才能更好地走进荒野、亲近自然。梭罗两度进入缅因森林，也是因为不断加深对印第安人的兴趣[77]，但在他的作品中，在对印第安人自然耕种和生活方式充分赞美的同时，也毫不掩饰自己对印第安人的嫌弃。在《缅因森林》中，我们既可以读到梭罗对纽约、波士顿等大都市的人们的热情呼唤——"来这边吧！你想多富有就能多富有，来这边吧！你可以像亚当一样重新开启新的生活"[78]；也可以看到他对行将没落的印第安民族的书写——印第安岛上的女子"满脸忧伤、衣着寒酸、像为洒掉的牛奶而哭泣的洗衣妇"[79]，男子"身体健壮、却满脸油腻、反应迟钝，当天唯一做的正经事似乎就是懒洋洋地回答我们的问题"[80]。在《奇森库克湖》中，梭罗对当地印第安人的态度也是矛盾的。

第二次到缅因森林旅行时，梭罗请了一个当地的印第安人——年轻的伐木工乔·艾特恩当向导。作为一个具有丰富林中生活经验的人，乔很胜任向导的工作，不过他既不是一个亚当式的原始人，也不是一个文明的新英格兰人，而是介乎原始土著和现代人之间。乔带着梭罗猎杀了一头驼鹿，并运回营地剥皮割肉。这件事成为梭罗情感和叙事笔调的转折点："因为下午的悲剧，因为我参与了悲剧，我有了负罪感，"梭罗写道，"这次探险带来的乐趣也荡然无存了。"[81]因为这场在土著人看来非常自然的屠杀引发了梭罗身为文明人的怜悯之心和对杀戮的反感，这也使得他以寻求荒野、希望更多地了解印第安人为出发点的旅行宣告失败。梭罗曾对木材考察者"寂寞、冒险的生活"印象深刻，他曾认为这种生活"最接近西部设陷阱的捕兽者的生活"，但后来却认为木材考察者好像只是"唯利是图的雇工"，"如同伐木者对森林没有感情一样，探险家也谈不上对荒野有多么热爱"。对林中那些以打驼鹿为生的猎人，梭罗同样报以怨恨的目光："印第安人和猎人们对自然多么粗暴、多么不懂珍惜！难怪他们的种族这么快就灭绝了。"[82] 写到这里，梭罗的口气已经不是《瓦尔登湖》中的略带惋惜，更多的是赤裸裸的厌恶和嫌弃，更别提当初的向往和尊重了。在梭罗的眼里，这些印第安人不再是自然之子，他们已经退化，与阴险懒散的城市底层有很多共性。如果他们可以退回原始时代，也许可以继续过着原始自然的生活，但在白人已经成为主人的新时代，印第安人无疑被时代抛弃了。

梭罗曾在《瓦尔登湖》中悉心描写了他编织的理想生活方式。

> 我发现，每年只需要工作六个星期，就足够支付我的一切生活开销了……因为我对某些事物有所偏爱又特别注重自由，因为我能吃苦又获得些成功，我只是不想花费时间来赚钱购买富丽的地毯或其他讲究的家具，或可口的食物，或希腊式、哥特式的房屋。不过倘若有人可以毫无障碍地获得这一切，并且在获得之后懂得利用，我还是会让他们去追求的。有些人天生"勤勉"、爱劳动，或者只是因为劳动可以避免他们干坏事；对于这种人，我暂时无话可说。对于那些如果有了更多闲暇却不知所措的人，我建议他们加倍努力劳动，直至劳动可以养活自己并获得自

由证书。就我自己而言，所有职业中临时工最自由，何况一年之内只要工作三四十天就可以养活自己？临时工的工作随着太阳落山而结束，然后他就可以自由地专心于他自己喜欢的事，与工作无关；而他的雇主却要日复一日绞尽脑汁，年复一年不能休息。[83]

梭罗带着无比的自豪写下这段文字，我们知道，他非常享受在瓦尔登湖畔亲手耕种、自己养活自己的简单生活，尽管梭罗说过这只是他试验过的一种生活方式，不是唯一。人生具有无数的可能，每个人应该也可以去寻找最适合自己的生活方式。"无论如何，我是不会让任何人遵循我的生活方式的，除了可能他还没有学会我就已经找到另一种方式，还因为我希望这世界上的人活得越多姿多彩越好；但我希望每个人都能谨慎选择并追求适合自己的方式，而不要沿袭他父亲、母亲或者邻居的。"[84]可是，细心的读者不难发现，这种假设在梭罗笔下根本不可能演变成现实。梭罗一边展示自己的自由宽容，一边却用异常专断的口气断言自己的生活不可复制。这种专断不仅表现在他反对市场关系上，而且表现在他反对几乎所有可以想象的社会秩序中的财产、劳动以及公民。从表面上看，梭罗鼓励他的读者去过各种各样的生活，只要他们的选择是深思熟虑后的决定，但实际上，只有摒除欲望、不拥有财产的生活才是他所肯定的。因此，基于各种假设，梭罗其实已经否定了其他选择存在的完整性和可能性。

那这是不是可以推论出梭罗倡导回归真正自然的生活，

比如印第安式的生活？答案也是否定的。尽管梭罗对印第安文化充满浓厚的兴趣，但他的思想在许多方面是与印第安文化有冲突的。梭罗追求的是有限度地回归自然，他所要回归的自然是文明人想象的自然。我们前面已经提到过，梭罗不能接受印第安人对动物的猎杀，以至于他不能以平静的心情看待他们，甚至充满怨恨，他觉得印第安人在寂静的林中开枪射杀动物是对大自然的侮辱。难道他不知道这正是印第安人的生活方式吗？难道他忘了这种猎杀也是生态循环中不可忽视的一个部分吗？在缅因森林看到当地印第安人猎杀驼鹿之后，梭罗失望而归，回到康科德让他感到无比的安慰。

梭罗的传记作者米尔德将此评断为"一个调和的声明，梭罗把自己定位于荒野和文明、自然与文化、绝对自由和人类社会的中间位置"[85]。我认为这个评价非常到位，相较于同时代人，梭罗的生活处于一种边缘化状态，他偶尔要到自然之中寻找实践野性的机会和养料；但他很清楚自己不可能一直如此，更不消说回归真正的自然状态。对于梭罗来说，最好的生活存在于自己能够随意穿越在荒野和文明的自由之中。

梭罗不仅在想象中将自己视为自然的代言人，而且在想象中将印第安人与自然的关系理想化。印第安人从未像梭罗认为的那样完美地与自然相统一。与自然有着最强烈联系的人往往存在着无意识的生态矛盾，这些梭罗没有意识到的矛盾反过来又进一步加深了他思想中原有的矛盾。实际上，含混一直是梭罗生态思想的一个侧面。当梭罗谈到身边的年轻人继承了祖辈、父辈的田产屋舍、仓廪畜群时，他真的相信在几本书和一套日常穿的衣服之外，拥有其他任何东西都会造成不幸吗？我想并不尽然。"尽管梭罗对康科德的反抗使得他对物质主义猛烈攻击，但名义上的改革者的立场需要他去掩饰那些极端的物质主义的观点。然而，他拒绝缓和他的批评；相反，他使自己从可以识别的标准中分离出来，作为讽刺作家，他面对康科德的生活模式来写作，在任何积极理想的方面他都是一个冷嘲热讽者。"[86]

最明智的依然是关于人类

阅读梭罗，我们知道自然具有不为人类存在的内在价值，自然规律是不依存于人类而存在的最高规律。梭罗声称自己的目的是"为自然、为绝对的自由和野性说话"[87]，他认识到并尊重自然的内在价值，把生态系统整体利益当作判断依据，反复呼吁为减少对自然的干扰破坏而简单生活，又不时地流露出另一种动机和目的——为了人类。比尔·麦克基本（Bill McKibben）在《自然的终结》中对梭罗如此评价："当我们走进森林里的时候，我们是为了找回人类自己，而不是为了找回自然。他是一个激情的人类中心论者，令他担忧的更多的是人类对于自己的亵渎，而不是人类对于自然的亵渎。"[88] 这种评价是很严厉的，因为它对梭罗的总体定性是人类中心主义的。本书并不认同麦克基本对梭罗主导思想的定性，但他的这一论断值得我们高度重视，它指出了梭罗对于自然的含混认识。

在《森林的演替》（The Succession of Forest Trees）一文中，梭罗大方地赞叹大自然的智慧，每一种植物都会找到帮自己运送种子的"翅膀或者腿"，却不无人类中心主义的评判："看樱桃多狡黠啊，为了让鸟儿不得不运送，将种子放在那诱人的果肉中间。如此一来，动物要想狼吞虎咽地吃樱桃就必须连果核一起吞进去……大自然如果要达到自己的目的，几乎可以说服我们为她做任何事情……结果就是，樱桃树到处生长。其他很多种子亦是如此。"[89]梭罗是矛盾的，他一方面认为自然有其自身存在的理由，另一方面又认为人类无法建立与自然的主体间性，人类对万物应该更友善，但这种有限度的尊重是为了让它们更好地为人类提供服务，比如从自然中习得智慧。《瓦尔登湖》开篇，梭罗津津乐道于他建造小木屋的实践，似乎他写作的主要目的只是极简生活方式和极简经济理念的实现，而自然几乎被他遗忘，直到他写到全书九分之一的篇幅，才想起描写瓦尔登湖这一自然处所，才想起表现他的生态思想。如此安排文本，不禁令人怀疑梭罗究竟是为了解决人类的问题才回归自然，还是为了解决生态问题才离开文明社会。当然，我们也可以将文本的这种安排理解为一种叙述策略，或者理解为作家想要呈现的思想转变过程，从解决人的问题之动机出发，逐渐超越个人乃至人类，越来越多单纯关注大自然，在越来越高的程度上达到一种新境界，也即为了实现自然的内在价值、为了生态整体的利益，最大限度地撇开人的利益去考量，去认识自然、审美自然、关爱自然，并以自然规律或生态整体价值约束人的行为与生活。

然而，仅仅基于叙述策略和思想转变过程还是无法完全解释在梭罗不同时期的各种文本里出现的非生态思想，这是与他的生态思想相矛盾的人类中心主义思想遗存。

梭罗观察自然更多是想了解自然万象中人类的位置，他坚信人类必须从大地中汲取力量，因此瓦尔登湖终将不是他最后的目的地，他只是想找一个地方完成他的心理旅程，只是刚好有那么一个合适的机会，他来到了瓦尔登湖畔。作为自然存在物的瓦尔登湖固然重要，但并没有它作为人类的处所来得重要，更没有梭罗对深层自我的思考来得重要。

> 有时候我责备自己，因为我在人们一些琐碎的工作中没发现什么吸引人的地方，所以我常常忽视他们以及与他们有关的事——职业、商业，我无法从思想上提升他们的地位，也无法直接从他们那里找到诗歌的素材。但我不可避免要经过他们正在修建的石桥，尽管我不能从中看到诗意，我也想看看能否从中得到启发。仅仅把目光局限在树林、田野以及自然的各方面是狭隘的，最重要、最明智的依然是关乎人类的。为什么就不能看看站立在阳光中并投下阴影的人，像看待树木那样？难道就不能看看从他们身上反射出来的光线，像看到透过树木枝桠的光那样？我将努力地尝试去欣赏人类，至少像欣赏动物那样。[90]

梭罗在这里明确指出了最重要和最明智的事情是关乎人

类的事情，确切地表明了他将人类置于最重要、最智慧的地位。不过，梭罗在这里讨论的并非对自然物的价值判断，并非从人类利益的角度去评价自然万物的重要性；梭罗在这里讨论的是认识论的问题，亦即如何认识世界、从什么角度去认识世界的各个方面的问题。他所强调的是从与人类有关的角度去认识世界，人对自然万物的认识不能脱离人，也不可能脱离人，因此他得出了结论，只有从有关人类的角度去认识才是最重要和最明智的。实事求是地说，梭罗这句话虽然有人类中心主义的痕迹，有将人类置于世界最重要位置的嫌疑，但并非严格意义上的人类中心主义思想，或者说并非人类中心主义的核心观点。

布伊尔对人类中心主义的核心特征有个简洁的界定："认为人类的利益高于非人类利益的假说或观点。"[91] 这个界定清晰地点出了人类中心主义是一种价值论，其核心思想是一种价值标准，即根据对人的利益的有或无、大或小、益或害来对非人类存在物进行价值判断。生态思想研究者菲利浦·J. 艾凡赫（Philip J. Ivanhoe）更明确地区分了认识论上的人类中心主义和价值论上的人类中心主义，指出认识论上的人类中心主义"根本不是必然有害的，从这一类型的人类中心主义中带出很少的伦理原则"，相反，价值论上的人类中心才是导致人类蔑视自然和破坏生态的思想动因。[92] 我国生态批评学者王诺则进一步将认识论上的人类中心主义排除在人类中心主义思想之外，指出："生态主义承认、也不可能反对认识论上的人类中心倾向，它反对的只是以人类为中心、以人类利益为尺度确定其他自然物的价值……任何思想，包括生态主义，都是人提出的思想，都建立在人对自然和人类社会的认识之上，因此必然带有人的色彩，打上人的烙印。"[93] 由此看来，梭罗的这段话主要强调了人对世界的认识应当也必然与人类有关，那么这种观点显然是有道理的，至少是可以理解的。

更重要的是，这段话显示了梭罗对生态视角的认识之局限性的反思、对生态审美和生态文学创作之局限性的反思、对生态思想之局限性的反思。这种反思使梭罗意识到，热衷于欣赏自然、学习自然和表现自然的他，对人类的生存、人类地位的提升、人类的文化、人类所创造的美以及人类自身的诗意关注不够，甚至有所忽视。生态的生存不应当是忽视人甚至没有人的生存，融入自然的生活不应当是脱离社会、脱离文明的生活；他要弥补过去的缺失，要防止走向偏颇和片面，他要增加对人和人类社会文明的关注，至少要提高到与关注非人类存在物和整个大自然同等的强度。非人类自然物与人、自然与文明都是不可或缺的，都具有重要价值；生态思想、生态文学和生态生存不能走向非人类、非文明甚至反人类、反文明的极端。由此而言，这种反思的意义已经不仅仅关乎梭罗本人及其思想创作了，它实际上是对所有生态文学乃至整个生态思想文化未来发展可能有的偏颇与局限的反思和预警了。

不幸的是，生态文学后来的发展还真的出现了梭罗所预警过的偏颇。生态文学的奠基人卡森在创作《海风下》时决定"整本书必须用叙述的视角写……中心'人物'必须是鱼和其他生物，它们的世界必须写得栩栩如生、可摸可触……不必让任何人类形象进入，除非是那些从鱼儿们的角度观察到的掠夺者和毁灭者"[94]。卡森之后，很多生态文学作家都有过这种偏颇或极端化倾向。为了反拨人类中心主义，在生态文学刚刚兴起的阶段，很多作家都矫枉过正地单纯书写自然而故意忽视人甚至抹去人，即便是写人，也以批判为主。

布伊尔以巴里·洛佩兹（Barry Lopez）、玛丽·奥斯汀（Mary Austin）等人的作品为例，批评生态文学从反对人类中心主义走向压抑人的正常需求的极端写法，"有时候走向极点，把人的形象从想象世界完全排除"。[95]王诺也对这种片面和极端提出了批评："生态文学倡导生态整体主义，主张自然整体至上和以是否有利于生态整体的平衡、稳定、美和持续存有作为衡量万事万物价值的终极标准；但绝对不是反人类的，把人都写没了的作品不是好的生态文学作品。"他借鉴了梭罗的反思，指出了生态文学健康发展的方向："生态文学如果要进一步发展，则不能不从过正的矫枉返回生态整体与人类物种甚至个体人的平衡。"[96]

的确，生态文学和整个生态文明不仅仅是"破"的文学与文明，更是"立"的文学与文明；而要真正立得起来、立得长久，就必须实现平衡与和谐，实现人与自然的平衡与和谐。从这个意义上来说，梭罗的这一段反思，不仅给人以含混的困惑，也给人以含混的深意，他赋予了含混重大而深远的意义。

不过，梭罗的下面这段话就很难说不是人类中心主义的典型观念了。

> 我们绝不能向自然屈服。我们要让云雨俯首，以致风调雨顺；我们要将有毒气体封藏；我们要探测地震，查出问题，为危险气体找到出口；我们要根除火山，去除它的毒害，连根拔起；我们要将水涤净，让火变暖，使冰变凉，我们要支撑起整个地球。我们要教鸟儿飞翔，教鱼儿游泳，教动物幼崽反刍。是时候开始行动了！[97]

这段话充分表现了人在自然面前的自大狂妄、为所欲为，表现了根深蒂固的征服自然、控制自然和改造自然的观念。这种对待自然的主宰霸道的态度，这种随人之意征服控制自然的思想，是人类中心主义最具代表性的观念。且不论他是否因为缺乏必要的物理、化学知识才有如此想法，此时豪情满怀的梭罗与讴歌"人是万物的灵长"的莎士比亚何异？

人类是这个世界上最具创造力、也最具破坏力的生物，从科技革命开始，人类大肆改变了这个世界的进程，真正意义上的自然已经不存在了。可是人类到底看清了自己了没有？杰弗斯质问道："我们是什么？／一种长着稀疏的毛发和会说话的嘴唇，／能够直立行走的动物。／难道可以说我们应该永久地被供养，／永久地受到庇护，永久地不被伤害？／我们能够自我控制吗？"[98]我们凭什么认为自己就是万物的主宰，凭什么认为只要人类需要，地球就可以源源不断地供给？地球也是有承受限度的。早在罗马时期，普林尼就告诫人们不要对地球深处进行开采，地球已经在其表层给了人类足够的供养，而将那些她不愿意被惊扰的东西隐藏起来，但人类出于好奇和欲望，上天入地，完全无视对地球的伤害。

尽管普林尼的《自然史》（The Natural History）颇受批评，但这部被贬斥为"古代谬误集合"的巨著却对梭罗产生了重大的影响。人类的文明具有自我毁灭的倾向和力量，世界末日已经不再是一个宗教观念，而是一种日益迫近人类社会和经济的可能性。麦茜特在《自然之死》中写道："生病的地球，'肯定死了，肯定腐烂了'的地球，唯有对主流价值观进行逆转，对经济优先进行革命，才有可能最后恢复健康。"[99] 作为生态系统的一个组成部分，人类应该发挥自己的能动性，但不应该为了自己的目的无视其他事物存在的权利。

无论梭罗表达了多少生态思想，只要他还有这样的言论，就足以说明他的思想中仍存在人类中心主义残余，这些残余在适当的时候就会冒出来，甚至不由自主地冒出来。也正因为梭罗思想中还存有这样明显的人类中心主义观念，并且与他反复强调的尊重自然、遵守自然规律、不能突破自然限度、与自然为友、向自然万物学习的思想相冲突，才使得梭罗的生态思想具有一种含混或不确定，才令人怀疑这段话是否真的是梭罗自己写的，是否真的表现了他自己一贯的、不变的想法。

　　这段话出自《复乐园》，是针对埃茨勒的书《所有人都可抵达的天堂》而写的。梭罗认为该书最大的错误在于它的目的是保证人获得最大限度的舒适和愉悦，他主张人类不该放弃自己应当承担的责任，人应该发挥主观能动性来改变地球。在这一段表述之前，梭罗说我们不能总是希望找到更好的土地，不断地迁徙宜居，而应当把脚下的这片土地改造得适合生存。梭罗质问说，相比移居俄亥俄州，固守新英格兰这片土地难道不会显得更英勇、更忠诚吗？[100] 从全篇旨意和上下文的关系来看，梭罗在此不是泛论和总论人对自然的征服控制，而是在继续表达他的生态处所观，在继续表达他的约束人类侵入自然的范围之观点，同时提出人应当在有限的栖居区域里积极改造自然。这一想法显然是有特定所指的，是针对特定问题的，不应当过度阐释其反生态意义，不应当将特指无限扩大到泛指或全称判断。

　　更为重要也特别值得反复玩味的是梭罗对征服和改造自然观念的表达方式和举例特点，他没有用真实的、已经发生过的、的确存在的、有可信度的事实来证明这种人类中心主义观念（如果真的要证实，理应选择确切可信的事实），而是用了很多并非真实存在的、不曾发生过的、乌托邦的、梦呓妄语一般的想象——控制云雨、消除地震、根除火山、支撑地球，人类迄今都没能将其变成现实。此外还用了很多反常识的、非理性的、荒谬绝伦的幻想——让火变暖、使冰变凉、教鸟儿飞翔、教鱼儿游泳、教动物幼崽反刍，全然不顾火本来就是暖的、冰本来就是凉的、鸟儿天生会飞、鱼儿天生会游、动物幼崽天生会反刍这些事实与常识。这种表达和列举令人严重怀疑梭罗在这里是要证明人类中心主义的征服控制自然观呢，还是要以反讽的方式揭示这种观念的荒谬呢？即便这些都是反讽，即便文本的确具有相反的含义，这样的言说也使得梭罗的生态思想更加云山雾罩、真相不明，我们很难分辨他的话到底哪里是正说哪里是反说，但是有一点是明确的，无论正说还是反说，无论正解还是反解，都有含混的奥妙和深意。

1851年4月中旬，梭罗在探索自然时曾发生过一段插曲。他绕过树丛时巧遇了一只山鼠，于是打算和它交个朋友。"我绕着围篱奔跑并截住它的去路。当我距它只有一箭之遥时，它停住了脚步，我也驻足不前。而后它再度向前奔跑，我追随它身旁三尺的距离之内。不久它又停住，我们便隔着围篱对立。我蹲下身子好观察它。它的眼珠呈深黑色，而中央的虹彩透着栗色。它眼中并无愤怒的神色，只有无可奈何的表情。它的毛色呈棕灰色，近皮肤处呈浅褐色。它的头型介于麻雀和熊之间，头顶扁平并呈深棕色……"他堵住这只山鼠的去路，并拿树枝触弄他，试着拨开它的嘴。[101] 纵然是带着亲近动物的目的，梭罗还是无礼地干扰了这只山鼠的平静，将自己的意志强加在它身上。以交朋友的名义强迫动物接受人类所谓的友情，实际上只是为了满足自己的欲望。梭罗既已看到山鼠的无可奈何，想必也曾为自己是个比它强大的生物而洋洋自得，因此更不愿放弃自己的努力。说到底，梭罗在意的只是自己的感受，注重的只是自己的目的是否达成，而根本没有关心山鼠的意愿。

因为梭罗的耕种，瓦尔登湖边的豆田闻名于世。梭罗曾用整个夏季在地里忙活。"我开始喜欢我的田垄、我的豆子，尽管产量比我需要的多得多。它们让我亲近大地，让我跟安泰一样获得力量。但我为什么要增加产量呢？天知道。这是我整个夏天充满惊喜的工作——在这块大地表层的土地上，原先长着草莓、黑莓和狗尾草，还有甜味野果子和好看的花儿，可现在却只长豆子了。"[102] 不过对于自己除去其他物种来种豆子是否合适，梭罗心里是矛盾的。为了让豆子安全生长，残害其他动植物的生命让他心生愧疚，他曾详细地记下自己心底的纠结。

> 想想与各种杂草打交道，关系亲密而奇怪——这种劳动需要经常重复，不是一次两次就好——粗鲁地捣毁杂草微妙的组织——用锄头仔细分辨，把一种通通除掉，然后小心翼翼地去栽种另一种。那是罗马苦艾草——那是苋草——那是酢浆草——那是芦苇草——对准他，把他锄掉，然后把根翻过来在太阳下曝晒，不能把根须留在荫凉处，要不然他自己翻个身又会立起来，两天内就能像韭菜一样青翠。[103]

我们注意到，梭罗在描写杂草时将它们视作有生命的存在，而非只是一种物，所以他用了"him"（他）而非"it"（它）来指代，但写到酣畅淋漓处，他已然忘了自己落笔时的

纠结，将他与杂草之间的战斗看成是一场场关于他的豆子们
生存的战役。此时的梭罗恐怕忘了，于自然而言，无所谓良
莠，所谓杂草只是人类带着自己的目的审视的结果，只是人
类以自己是否需要作为决定它们是否该存在的标准。

除了杂草，天凉一点的时候，那些有可能以豆子为食的
动物也被梭罗列入敌人的名单。

这是一场持久战，对手不是鹤，是杂草，这些特洛
伊人有太阳和雨露都它们助阵。豆子每天看着我扛着锄
头来救援它们，痛歼它们的敌人，让杂草的尸体填满战
壕。很多身强力壮、趾高气扬、比战友们高出整整一英
尺的赫克托耳，在我的武器前倒毙，滚进尘土里。

我的敌人是虫子、寒冷的天气和土拨鼠。八成儿是
土拨鼠，它们啃光了我四分之一英亩的豆子。[104]

梭罗将杂草、虫子、土拨鼠等非人类生物视为对手和
敌人，与它们战斗，痛歼它们，使它们倒毙并滚进尘土，用
它们的尸体填满战壕，而他展开这一场场持久的残酷战斗是
因为那些非人类生物啃了他种植的豆苗，甚至仅仅是妨碍了
豆苗的生长。这样的描写与文本中更多的其他描写，他与山
雀、松鼠、潜鸟、太阳鱼、山毛榉、黄杨、松树等平等友好
和谐共生并为了这种友好共生而牺牲自己利益的描写，形成
了强烈的反差。这种反差很可能令读者诧异与迷惑，使他们
搞不清哪一种情境里的梭罗才是真正的梭罗，哪一种想法才

是他真实的想法。他这里所说的对手、敌人、战斗、死亡究竟是夸张、戏谑、修辞性的表述，还是代表了他真实想法的表述？

还有一类不常见的描写具有人类中心主义的审美意味。"每一株最不起眼的植物，或者说我们所谓的杂草，立在那儿都是在表达我们的某种思想或者心情；但是，它在那边儿徒劳无功地站了多久啊！"[105] 这两句话引自梭罗的晚期作品《秋色》，与其早期就确立并在后来不断强化的生态地审美自然的方式和生态地表现自然的方式截然不同。在这里，植物仅仅是表达人的思想情绪的工具，其存在的审美意义只能由人来赋予，如果没有人来，植物只能空空地等待，无意义、无价值地等待，无论多久都只能等待，等着人来审美观照。这种观点与人类中心主义的自然审美观完全一致。这种将自然物对象化、工具化的审美观念有一个潜在的自然哲学预设：所有自然物都是为人存在的，其存在的全部价值或意义都是由人赋予的。由此可见，梭罗的思想在审美观、认识论和价值论等方面都有人类中心主义遗存。这些遗存本身不是生态思想，却使梭罗的生态思想显得不确定或含混不清了。

要忠实客观地看待梭罗，就不得不承认上述文本的确体现了梭罗的真实想法，体现了梭罗一生一直在努力摒弃却没能彻底清除干净的人类中心主义思想；只要是忠实客观地对待梭罗并全面审视过梭罗的作品，就一定会发现在他的思想中，人类中心主义并未占据主导地位，只是次要的、阴影一般陪衬性的（为避免重复，这里不再详细阐述梭罗的主导思想——生态思想，请参见第二章）。但是，这些次要的非生态思想也是客观存在的，它们与主要的生态思想共同构成了梭罗思想的全部，也使得梭罗的生态思想出现了含混。

含混是真实的，导致含混的矛盾也是真实的，但并不意味着梭罗没有反抗含混、追求清晰，并不意味着梭罗没有努力化解矛盾、追求统一与自洽。事实上，梭罗一生都在与其脑海里残存的人类中心主义思想做斗争，斗争的主要方式就是不断地自我反省与自我批评。在描写了他为保护豆苗而与野草战斗之后，梭罗又主动反思："可我到底有什么权利铲掉狗尾草之类的杂草，毁掉它们亘古以来的草原呢？"[106] 这样的反思显然是其主要的生态思想对次要的非生态思想的反拨与批判。我国梭罗研究学者陈茂林高度评价了这种反思的意义，指出"这是梭罗从整体观和相互联系的观点看待豆田及其周围所有东西。自然界的一切都享受阳光。除了他的劳动，太阳、雨水都为豆子的生长和收获发挥了重要作用，梭罗并不是豆田的唯一耕耘者，因此，与土拨鼠共享丰收是公平的"[107]。

是啊，难道我们不应该为杂草的丰盛而高兴吗？难道我们不知道杂草是土拨鼠的粮仓吗？难道我们忘了太阳照耀着我们耕种的田野，也一视同仁地照耀着草原和森林吗？田地里的产出很多时候仰赖阳光雨露，人类的努力只是大自然中非常微小的一部分。就像英国诗人亚历山大·蒲柏（Alexander Pope）在《论人》中写道，生物"全都是但也只是一个宏大的整体的一部分，/ 大自然就是这个整体的身躯，上帝是它的灵魂"。"尔等蠢人！难道上帝辛勤劳作仅仅是为了你们的利益 / 你们的工作、你们的消遣、你们的盛装、你们的食物？ / 要知道，大自然的所有子女都能分享她的关怀 / 她既恩及君王，也泽及野熊。"[108] 可是，人类真的可以跳出自身的局限，不带褒贬地看待自然吗？在短暂的感伤之后，梭罗意识到杂草对豆子的威胁，于是它们依然需要面对的是被除掉的命运。

梭罗曾在面对一只土拨鼠时产生了一种生吞活剥它的欲望，因为他受到了土拨鼠野性的吸引。

> 我拖着钓竿、提着一串鱼、穿过树林子回家时，天已经很黑了，我瞥见一只土拨鼠从我的小径溜过去，突然感到一阵奇特的狂喜，恨不能将它生擒活捉、狼吞虎咽下去。是它身上那种野性吸引了我，而不是因为饥饿……我过去发现，现在仍然发现，在自己的内心深处，一边想和大多数人一样过上更高的生活，亦即精神生活；另一边却想过着原始野性的生活。这两种生活方式我都很尊崇。[109]

因为土拨鼠身上蕴藏着梭罗孜孜以求的野性力量而使他有了杀生的欲望，足见梭罗对原始生活的痴迷，但在这种并非因了生存需要而想伤害动物生命以寻求野性的想法是否是生态的？如果是生存必需，则不必假装怜悯，因为人类与其他物种一样都是生态系统的一部分，那么就理所当然拥有获取其所需生活资源的权利，就像梭罗为了果腹去钓鱼、打猎。

> 和最早的渔民一样，我钓鱼是出于同样的需要……我既不同情鱼儿，也不怜悯鱼饵。这些只是习惯。说到打鸟，过去几年我经常扛着猎枪，借口是我正在研究鸟类，正在寻找新的或珍稀鸟类。我承认，现在我开始觉得研究鸟类还有比这更好的方式。这就需要更加仔细观察鸟类的生活习惯，就凭这个理由，我愿意放下猎枪。[110]

为了研究的缘故也不该滥杀生物，若是把打猎作为一种娱乐活动，则更应放弃。人类没有权利滥杀任何生物，"因为生物跟人类一样，也具有生存的权利"[111]。出于这种原因，梭罗后来放弃了打猎，甚至提倡素食，戒绝暴饮暴食。在他看来，锦衣玉食的生活是毫无意义的，如果说人类是一种食肉动物某种程度上是对人类的谴责，那么光会吃吃喝喝就是一种牲畜似的生活。"的确，在很大程度上，人类可以、也真的靠猎杀别的动物存活下来，不过这是一种凄惨的方式——任何一个准备捕捉兔子、屠宰羔羊的人都知道——如果有人能够教导人们拥有更为纯洁、更为健康的饮食，他将会被视为种族的恩人。不管我个人实践的成果如何，我都毫不怀疑这将是人类命运的一部分。人类在逐渐的进化过程中，必然慢慢戒除荤腥，就像野蛮人在接触了较高文明之后，戒除了各部落间互相吃人的习惯一样。"[112] 在这里,梭罗把各种动物上升到与人类平等的高度,在梭罗眼里,人类捕食吃动物就像野蛮社会中人吃人一样,早晚是会在人类的文明发展过程中消失的。

事实上,人类的每个行为都造成自然的变化,有些变化是可以看见和解释的,有些看见了却被忽视或否认,有些只有在考古挖掘或科学检测后才变得明显,有些还仅仅是假设,还有无数的变化人类并不知情。长时间以来,描述自然的变化都是一个挑战,精确地说出变化的原因并不容易。[113] 西蒙·C.埃斯托克(Simon C. Estok)认为,人为引起的生态变化主要源于生态恐惧(ecophobia),也就是"对自然世界非理性的、无根据的恐惧或仇恨,类似于目前在我们日常生活和文学中对同性恋、种族主义、女性主义的微妙情绪"[114]。埃斯托克接着写道,生态恐惧常常"超越"它所谓的对立面——生物之爱,也就是"人类天生地与其他活着的有机体的情感联系",更普遍的提法叫生态之爱(ecophilia)或者热爱自然。[115] 不能否认的是,生态恐惧可以用来解释历史上很多人类意欲控制(部分的)自然环境、对自然进行大规模破坏的行为,比如大规模的森林砍伐或者物种灭绝。生态之爱看起来是促使人类拥抱自然、促进生态保护的心理驱动力。但是,生态变化并不一定完全由生态恐惧或生态之爱导致,人类的思想与行为所导致的生态结果往往事与愿违、不可预期。与热爱自然、愿意驱车数小时去远足或划独木舟的人相比,那些对自然世界存在偏见而宁愿窝在城市公寓中、与自然切断联系的人对生态的影响肯定没有那么直接和巨大，甚至那些单纯由生态恐惧或生态之爱引起的变化也常常是难以估算的。人类与环境间的关系与相互作用充满了不确定性，这些不确定性使得生态含混往往比单纯的生态恐惧或生态之爱更引人注意。[116]

人类对非人类的态度往往充满矛盾的印记，对不同物种，个人或团体可以同时表现为积极（比如恭敬）、消极（比如敌对）、不确定和没兴趣；对同一物种也可以有复杂的感情，对非人类就更是如此了。[117]就像我们常常看到的，某种植物、动物或某个生态系统唤起的人类情绪是不同的，有些人是积极的，有些人是消极的，有些人是不确定的，还有一些人是漠不关心的。[118]

斯宾诺莎认为："自然界中任何在我们看来可笑、怪异或邪恶的事，都是因为我们对事物的片面了解所致，还有就是因为我们对作为整体的自然的次序性与统一性一无所知，却总想按我们自己的理由来安排一切。事实上，从人类的角度视为恶的事物，从自然的秩序与法则考量并非恶，仅仅是因为我们单从人类法则进行判断。"[119]世界本应呈现无穷的丰富，而不仅仅是为了迎合人类的喜好。"自然是通过自身而不是通过任何他物被认识的。它包含着无限多的属性，其中每一个属性都是自类无限和自类充满的，存在属于它的本质，因此，在它之外没有另外的本质或存在。所以，自然恰好符合无上荣耀和神圣的神的本质"。[120]恩格斯曾告诫我们："我们必须在每一步都记住：我们统治自然界，绝不像征服者统治异民族那样，绝不同于站在自然界以外的某一个人，相反，我们连同肉、血和脑都属于自然界并存在于其中的：我们对自然界的全部支配力量就是我们比其他一切生物强，能够认识和正确运用自然规律。"[121] 正确认识和使用自然规律，从理论上说是自足和完满的，但从实践来看，永远只是一个不断接近完满的良好欲望。也就是说，梭罗生态思想的含混不完全是他个人的矛盾，而是一种必然。

小 结

梭罗的生态思想是含混的，造成其含混的主要原因是在回归自然的生态生存方式和人类文明的社会生存方式中，梭罗有犹豫，有反复，有思想矛盾，他既做不到完全融入自然，又做不到彻底离开文明。他对文明的认识与评价也有矛盾，尽管总体上看他更倾向于自然而非文明，但他依然客观地指出文明（包括商业文明）的必要和重要。在对印第安人的态度上，他既想望回归自然的生活方式，又无法掩饰自己身为文明人的优越感。在终极目的是为了自然还是为了人类这一根本性选择方面，梭罗的思想也有矛盾，尽管从总体上看他更倾向于为了自然而非为了人类，他并没有把人类置于中心位置和终极目标，但他有时候声称最重要、最明智的是关乎人类的，有时候又认同为了人类的发展而征服改造自然。这些思想矛盾造成了梭罗生态思想的含混，尽管梭罗有关自然和人与自然关系的思想之主流是生态的，而且他一生都在持续不断地对自己思想中残存的人类中心主义进行自我反省和自我批判。

梭罗是一位真正伟大的生态思想家，他的伟大不只因为他的生态思想始终如一、清晰明确、完全自洽；更因为他致力于多侧面、多维度构建了丰富复杂的生态思想体系，并始终坚持以这一思想体系来审视自己所有的思想和行为，不断地自我反思和自我批判，不断地消除思想中的矛盾，不断地调和思想的含混而走向思想的澄明。这才是真正的梭罗。研究梭罗作品中所蕴含的含混，不仅有助于客观地理解梭罗作品中所蕴含的生态思想，而且有助于辩证地看待生态文学的创作，还有助于具体地理解人类的生态观，促进生态文明建设的良性发展。

注　释：

1. Henry Seidel Canby, *Thoreau*. Boston, MA: Houghton Mifflin Company, 1939, p.xvi.

2. James McIntosh, *Thoreau as Romantic Naturalist: His Shifting Stance toward Nature*. Ithaca, NY: Cornell UP, 1974, p.11.

3. Karen Thornber, *Ecoambiguity: Environmental Crises and East Asian Literature*. Ann Arbor, MI: U of Michigan P, 2012, p.6.

4. Karen Thornber, *Ecoambiguity: Environmental Crises and East Asian Literature*. Ann Arbor, MI: U of Michigan P, 2012, p.5-6.

5. James McIntosh, *Thoreau as Romantic Naturalist: His Shifting Stance toward Nature*. Ithaca, NY: Cornell UP, 1974, p.11, 18-20.

6. Karen Thornber, *Ecoambiguity: Environmental Crises and East Asian Literature*. Ann Arbor, MI: U of Michigan P, 2012, p.6.

7. ［美］得利斯:《梭罗》，曾永莉译，名人出版事业股份有限公司，1982。

8. Henry David Thoreau, *Walden, Civil Disobedience and Other Writings*, 3rd ed. Ed. William Rossi. New York, NY: W. W. Norton, 2008, p.65.

9. Henry David Thoreau, *Walden, Civil Disobedience and Other Writings*, 3rd ed. Ed. William Rossi. New York, NY: W. W. Norton, 2008, p.6.

10. Henry David Thoreau, *Walden, Civil Disobedience and Other Writings*, 3rd ed. Ed. William Rossi. New York, NY: W. W. Norton, 2008, p.97.

11. Henry David Thoreau. *Walden, Civil Disobedience and Other Writings*, 3rd ed. Ed.William Rossi. New York: W. W. Norton, 2008, p.97.

12. Scott Slovic, *Seeking Awareness in American Nature Writing: Henry Thoreau, Annie Dilliard, Edward Abbey, Wendell Berry, Barry Lopes*, Salt Lake City, UT: U of Utah P, 1992, p.3.

13. Henry David Thoreau, *The Writings of Henry David Thoreau: Journal III*. Ed. Bradford Torrey. Boston, MA: Houghton Mifflin Company., 1906, p.32.

14. Robert A. Gross, "Thoreau and the Laborers of Concord." *Raritan*, Vol. 33 (1), Summer 2013, pp.50-66.

15. Leo Marx, "Two Kingdoms of Force." *The Machine in the Garden: Technology and the Pastoral Ideal in America*. New York, NY: Oxford UP, 1964, pp.242-251.

16. Henry David Thoreau, *Walden, Civil Disobedience and Other Writings*, 3rd ed. Ed. William Rossi. New York, NY: W. W. Norton, 2008, p.66.

17. Henry David Thoreau, *Walden, Civil Disobedience and Other Writings*, 3rd ed. Ed. William Rossi. New York, NY: W. W. Norton, 2008, p.81.

18. Henry David Thoreau, *Walden, Civil Disobedience and Other Writings*, 3rd ed. Ed. William Rossi. New York, NY: W. W. Norton, 2008, p.83.

19. Henry David Thoreau, *Walden, Civil Disobedience and Other Writings*, 3rd ed. Ed. William Rossi. New York, NY: W. W. Norton, 2008, p.84.

20. ［美］威廉·本内特:《美国通史》（上），刘军等译，北京理工大学出版社，2020。

21. Henry David Thoreau, *Walden, Civil Disobedience and Other Writings*, 3rd ed. Ed. William Rossi. New York, NY: W. W. Norton, 2008, p.39.

22. Henry David Thoreau, *Walden, Civil Disobedience and Other Writings*, 3rd ed. Ed.

William Rossi. New York, NY: W. W. Norton, 2008, p.39.

23. Henry David Thoreau, *Walden, Civil Disobedience and Other Writings*, 3rd ed. Ed. William Rossi. New York, NY: W. W. Norton, 2008, p.38.

24. Henry David Thoreau, *Walden, Civil Disobedience and Other Writings*, 3rd ed. Ed. William Rossi. New York, NY: W. W. Norton, 2008, pp.77-78.

25. Henry David Thoreau, "Autumnal Tins." *Wild Apples and Other Natural History Essays*. Athens, GA: U of Georgia P, 2002, p.136.

26. Henry David Thoreau, "Huckleberries." *Wild Apples and Other Natural History Essays*. Athens, GA: U of Georgia P, 2002, p.196.

27. Scott Slovic, *Going Away to Think: Engagement, Retreat, and Ecocritical Responsibility*. Reno, NV: U of Nevada P, 2008, p.4.

28. Henry David Thoreau, *The Writings of Henry David Thoreau: Journal XIV*.Ed. Bradford Torrey.Boston, MA: Houghton Mifflin Company, 1906, pp.306-307.

29. Roderick Nash, *The Rights of Nature: A History of Environmental Ethics*. Madison, WI: U of Wisconsin P, 1989, p.37.

30. Daniel Peck, *Thoreau's Morning Work*. New Haven, CT: Yale UP, 1994, p.xi.

31. Lawrence Buell, *The Future of Environmental Criticism: Environmental Crisis and Literary Imagination*. Malden, MA: Blackwell Publishing, 2005, p.8.

32. Jonathan Bate. *The Song of the Earth*. Cambridge, MA: Harvard UP, 2000, p.72.

33. Henry David Thoreau, *Wild Apples and Other Natural History Essays*. Athens, GA: U of Georgia P, 2002, p.59.

34. Henry David Thoreau, *Walden, Civil Disobedience and Other Writings*, 3rded. Ed. William Rossi. New York, NY: W. W. Norton, 2008, pp.5, 217.

35. Lawrence Buell, *The Environmental Imagination: Thoreau, Nature Writing and the Formation of American Culture*. Cambridge, MA: Belknap Press of Harvard UP, 1995, p.118.

36. [美] 罗伯特·米尔德:《重塑梭罗》，马会娟、管兴忠译，东方出版社，2002。

37. Scott Slovic, *Going Away to Think: Engagement, Retreat, and Ecocritical Responsibility*. Reno, NV: U of Nevada P, 2008, p.5.

38. Roderick Nash, *Wilderness and the American Mind*. New Haven, CT: Yale UP, 1967, p.2.

39. Roderick Nash, *Wilderness and the American Mind*. New Haven, CT: Yale UP,

1967, p.3.

40. Roderick Nash, *Wilderness and the American Mind*. New Haven, CT: Yale UP, 1967, p.72.

41. Lawrence Buell, *The Future of Environmental Criticism: Environmental Crisis and Literary Imagination*. Malden, MA: Blackwell Publishing, 2005, p.67.

42. Lawrence Buell, *The Environmental Imagination: Thoreau, Nature Writing and the Formation of American Culture*. Cambridge, MA: Belknap Press of Harvard UP, 1995, p.120.

43. 转引自 Scott Slovic, *Going Away to Think: Engagement, Retreat, and Ecocritical Responsibility*. Reno, NV: U of Nevada P, 2008, p.74。

44. Henry David Thoreau, *The Writings of Henry David Thoreau: Journal VIII*. Ed. Bradford Torrey. Boston, MA: Houghton Mifflin Company, 1906, pp.221-222.

45. Henry David Thoreau, *Walden, Civil Disobedience and Other Writings*, 3rd ed. Ed. William Rossi. New York, NY: W. W. Norton, 2008, p.6.

46. Lewis Mumford, "The Golden Day." *The Golden Day: A Study in American Experience and Culture*, New York, NY: Boni & Liveright Publishers, 1926, pp.109-112.

47. Henry David Thoreau, *Walden, Civil Disobedience and Other Writings*, 3rd ed. Ed. William Rossi. New York, NY: W.W. Norton, 2008, pp.26-27.

48. Henry David Thoreau, *Walden, Civil Disobedience and Other Writings*, 3rd ed. Ed. William Rossi. New York, NY: W.W. Norton, 2008, p.13.

49. Henry David Thoreau, *Walden, Civil Disobedience and Other Writings*, 3rd ed. Ed. William Rossi. New York, NY: W. W. Norton, 2008, pp.60-61.

50. [美] 罗伯特·米尔德:《重塑梭罗》，马会娟、管兴忠译，东方出版社，2002。

51. [美] 罗尔斯顿:《哲学走向荒野》，刘耳、叶平译，吉林人民出版社，2000。

52. Henry David Thoreau, *Cape Cod*. Boston, MA: Houghton Mifflin Company, 2008, p.6.

53. Henry David Thoreau, *Cape Cod*. Boston, MA: Houghton Mifflin Company, 2008, p.10.

54. Henry David Thoreau, *The Maine Woods*. Boston, MA: Houghton Mifflin Company, 1893, pp.210-211.

55. Roderick Nash, *Wilderness and the American Mind*. New Haven, CT: Yale UP,

1967, p.79.

56. Ashton Nichols, *Beyond Romantic Ecocriticism: Toward Urbanatural Roosting*. New York, NY: Palgrave Macmillan, 2011, p. 64.

57. Edward Abbey, *Desert Solitaire: A Season in the Wilderness*. New York, NY: Simon & Schuster, 1990, p.167.

58. ［德］萨克塞:《生态哲学》，文韬、佩云译，东方出版社，1991。

59. John C. Broderick, *Thoreau's Principle of Simplicity*. The University of North Carolina at Chapel Hill, NC: ProQuest Dissertations Publishing, 1953, p.279.

60. ［德］莫尔特曼:《创造中的上帝：上帝的创造论》，魏仁莲、苏贤贵、宋炳延译，生活·读书·新知三联书店，2002。

61. Henry David Thoreau, *Walden, Civil Disobedience and Other Writings*, 3rd ed. Ed. William Rossi. New York, NY: W. W. Norton, 2008, p.59.

62. Henry David Thoreau, *Walden, Civil Disobedience and Other Writings*, 3rd ed. Ed. William Rossi. New York, NY: W. W. Norton, 2008, pp.26-27.

63. Henry David Thoreau, *Walden, Civil Disobedience and Other Writings*, 3rd ed. Ed. William Rossi. New York, NY: W. W. Norton, 2008, p.40.

64. Henry David Thoreau, *Wild Apples and Other Natural History Essays*. Athens, GA: U of Georgia P, 2002, p.75.

65. Henry David Thoreau, *Walden, Civil Disobedience and Other Writings*, 3rd ed. Ed. William Rossi. New York, NY: W. W. Norton, 2008, p.24.

66. 刘略昌:《梭罗自然思想研究补遗》,《浙江师范大学学报》(社会科学版) 2016 年第 4 期。

67. Henry David Thoreau, *Walden, Civil Disobedience and Other Writings*, 3rd ed. Ed. William Rossi. New York, NY: W. W. Norton, 2008, p.57.

68. Timothy Powell, *Ruthless Democracy: A Multicultural Interpretation of the American Renaissance*. Princeton, NJ: Princeton UP, 2000, p.78.

69. Timothy Powell, *Ruthless Democracy: A Multicultural Interpretation of the American Renaissance*. Princeton, NJ: Princeton UP, 2000, p.78.

70. Timothy Powell, *Ruthless Democracy: A Multicultural Interpretation of the American Renaissance*. Princeton, NJ: Princeton UP, 2000, p.79.

71. Henry David Thoreau, *Walden, Civil Disobedience and Other Writings*, 3rd ed. Ed. William Rossi. New York, NY: W. W. Norton, 2008, p.16.

72. Henry David Thoreau, *Walden, Civil Disobedience and Other Writings*, 3rd ed. Ed.

William Rossi. New York, NY: W. W. Norton, 2008, p.16.

73. Henry David Thoreau, *Walden, Civil Disobedience and Other Writings*, 3rd ed. Ed. William Rossi. New York, NY: W. W. Norton, 2008, p.79.

74. Henry David Thoreau, *Walden, Civil Disobedience and Other Writings*, 3rd ed. Ed. William Rossi. New York, NY: W. W. Norton, 2008, p.16.

75. Timothy Powell, *Ruthless Democracy: A Multicultural Interpretation of the American Renaissance*. Princeton, NJ: Princeton UP, 2000, pp.78-79.

76. Mita Banerjee, "The Myth of the EcoNative?" Eds. Timo Muller and Michael Sauter. *Literature, Ecology, Ethics: Recent Trends in Ecocriticism*. Heidelberg, Germany: Universitätsverlag Winter, 2012, p.219.

77. Henry David Thoreau, *The Maine Woods*. Boston, MA: Houghton Mifflin Company, 1893, p.ix.

78. Henry David Thoreau, *The Maine Woods*. Boston, MA: Houghton Mifflin Company, 1893, p.17.

79. Henry David Thoreau, *The Maine Woods*. Boston, MA: Houghton Mifflin Company, 1893, p.6.

80. Henry David Thoreau, *The Maine Woods*. Boston, MA: Houghton Mifflin Company, 1893, p.10.

81. Henry David Thoreau, *The Maine Woods*. Boston, MA: Houghton Mifflin Company, 1893, p.160.

82. Henry David Thoreau, *The Maine Woods*. Boston, MA: Houghton Mifflin Company, 1893, p.162.

83. Henry David Thoreau, *Walden, Civil Disobedience and Other Writings*, 3rd ed. Ed. William Rossi. New York, NY: W. W. Norton, 2008, pp.50-51.

84. Henry David Thoreau, *Walden, Civil Disobedience and Other Writings*, 3rd ed. Ed. William Rossi. New York, NY: W. W. Norton, 2008, p.52.

85. ［美］罗伯特·米尔德：《重塑梭罗》，马会娟、管兴忠译，东方出版社，2002。

86. ［美］罗伯特·米尔德：《重塑梭罗》，马会娟、管兴忠译，东方出版社，2002。

87. Henry David Thoreau, *Wild Apples and Other Natural History Essays*. Athens, GA: University of Georgia Press, 2002, p.59.

88. ［美］比尔·麦克基本：《自然的终结》，孙晓春、马树林译，吉林人民出版社，2000。

89. Henry David Thoreau, *Wild Apples and Other Natural History Essays*. Athens, GA: U of Georgia P, 2002, p.96.

90. Henry David Thoreau, *The Writings of Henry David Thoreau:JournalII*. Ed. Bradford Torrey. Boston, MA: Houghton Mifflin Company, 1906, pp.420-421.

91. Lawrence Buell, *The Future of Environmental Criticism, Environmental Crisis and Literary Imagination*. Malden, MA: Blackwell Publishing, 2005, p.134.

92. Philip J. Ivanhoe, "Early Confucianism and Environmental Ethics." *Confucianism and Ecology: The Interrelation of Heaven, Earth, and Humans*. Ed. Mary Evelyn Tucker and JohnBerthrong. Boston, MA: Harvard UP, 1998, p.65.

93. 王诺：《生态批评与生态思想》，人民出版社，2013。

94. Mary A. McCay, *Rachel Carson*.New York, NY: Twayne Publishers, 1993, p.25.

95. Lawrence Buell, The Future of Environmental Criticism, Environmental Crisis and Literary Imagination. Malden, MA: Blackwell Publishing, 2005, p.100.

96. 王诺：《生态批评与生态思想》，人民出版社，2013。

97. Henry David Thoreau, "Paradise (to be) Regained." *Miscellanies*. Boston, MA: Houghton Mifflin Company, 1893, p.42.

98. ［美］比尔·麦克基本：《自然的终结》，孙晓春、马树林译，吉林人民出版社，2000。

99. ［美］卡洛琳·麦茜特：《自然之死》，吴国盛等译，吉林人民出版社，1999。

100. Henry David Thoreau, "Paradise (to be) Regained." *Miscellanies*. Boston, MA: Houghton Mifflin Company, 1893, pp.38-69.

101. ［美］得利斯：《梭罗》，曾永莉译，名人出版事业股份有限公司，1982。

102. Henry David Thoreau, *Walden, Civil Disobedience and Other Writings*, 3rd ed. Ed. William Rossi. New York, NY: W. W. Norton, 2008, p.107.

103. Henry David Thoreau, *Walden, Civil Disobedience and Other Writings*, 3rd ed. Ed. William Rossi. New York, NY: W. W. Norton, 2008, p.111.

104. Henry David Thoreau, *Walden, Civil Disobedience and Other Writings*, 3rded. Ed.William Rossi. New York, NY: W. W. Norton, 2008, pp.111, 107.

105. Henry David Thoeau, "Autumnal Tints." *Wild Apples and Other Natural History Essays*. Athens, GA: U of Georgia P, 2002, p.115.

106. Henry David Thoreau, *Walden, Civil Disobedience and Other Writings*, 3rd ed.Ed. William Rossi. New York, NY: W. W. Norton, 2008, p.107.

107. 陈茂林:《和谐交融: 梭罗的自然观及其启示》,《外语教学》2015 年第 5 期。

108. Alexander Pope, *Essay on Man,* in Herbert Davis, ed., *Poetical Works.* London, UK: Oxford UP, 1978, pp. 249, 259, 260.

109. Henry David Thoreau, *Walden, Civil Disobedience and Other Writings*, 3rd ed. Ed. William Rossi. New York, NY: W. W.Norton, 2008, p.143.

110. Henry David Thoreau, *Walden, Civil Disobedience and Other Writings*, 3rd ed. Ed. William Rossi. New York, NY: W. W. Norton, 2008, p.144.

111. Henry David Thoreau, *Walden, Civil Disobedience and Other Writings*, 3rd ed. Ed. William Rossi. New York, NY: W. W. Norton, 2008, p.145.

112. Henry David Thoreau, *Walden, Civil Disobedience and Other Writings*, 3rd ed. Ed. William Rossi. New York, NY: W. W. Norton, 2008, p.147.

113. Jared Diamond, *Collapse: How Societies Choose to Fail or Succeed.* New York, NY: Viking, 2005, p.11.

114. Simon C. Estok, *Ecocriticism and Shakespeare: Reading Ecophobia.* New York, NY: Palgrave Macmillan, 2011, p.4. Seealso, Simon C. Estok "Theorizing in a Space of Ambivalent Openness: Ecocriticism and Ecophobia." *ISLE* Vol.16, Issue 2, Spring 2009, pp.207–208.

115. Simon C. Estok, "Theorizing in a Space of Ambivalent Openness: Ecocriticism and Ecophobia." *ISLE* Vol.16, Issue 2, Spring 2009, p.219. See also, Simon C. Estok, *Ecocriticism and Shakespeare: Reading Ecophobia*, p.129.

116. Simon C. Estok, "Theorizing in a Space of Ambivalent Openness: Ecocriticism and Ecophobia." *ISLE* Vol.16, Issue 2, Spring 2009, p.211.

117. Barbara Almond, *The Monster Within: The Hidden Side of Motherhood*, Berkeley, CA: U of California P, 2010, p.8.

118. Homi Bhabha, *The Location of Culture.* New York, NY: Routledge, 2004, p.131.

119. Will Durant, *The Story of Philosophy.* New York, NY: Simon and Schuster, 1961, p.133.

120. [荷兰] 斯宾诺莎:《简论神、人及心灵健康》, 顾寿现译, 商务印书馆, 2010。

121. [德] 恩格斯:《自然辩证法》, 于光远等译编, 人民出版社, 1984。

第四章

诗人总能撷取最美好的事物

——梭罗生态思想的深远影响

诗人在欣赏完田园中最美丽的风景后，便绝尘而去。固执的农夫还以为他只带走了几个野苹果，殊不知诗人已将美景吟成了抑扬顿挫的诗句。

"从前有一个美国作家，他进行了一场一个人的革命，并且取得了胜利。75年前，他离开了我们，而在这75年里没有人能超越他。他，就是使马萨诸塞州的康科德像伦敦一样著名的梭罗。"[1]美国第一位诺贝尔文学奖获得者辛克莱·刘易斯（Sinclair Lewis）对梭罗的评价并非夸大其词，正如生态思想家沃斯特所言："梭罗既是一位活跃的野外生态学家，又是一位自然哲学家，其思想在很大程度上预测了我们这个时代的境况。在他的生活和作品中，我们发现了用浪漫态度对待自然的重要表达和日益复杂、深奥的生态哲学，我们还发现了一个对现代生态运动的破坏行动主义具有启发和引导作用的、非同寻常的来源。"[2]

　　《瓦尔登湖》的历史影响难以估量，这本书帮助我们了解美国环境公共政策如何产生和发展。梭罗的影响也很难被定义，"一位自然主义者，但更应该作为地理学家被人们记住；一位非凡的散文创作者，同时也是一位杰出的诗人；一位抵抗政府运动的领袖，更是一位康科德的环境史学家"[3]。梭罗不仅影响了后代生态作家的创作，而且影响了他们的生活方式；不仅在文学领域形成回响，而且促进了美国生态运动的发展；不仅对生态学研究，而且对生态哲学乃至整个生态文

明的发展都产生了不可忽视的重大影响；不仅在美国，而且
跨越了半个地球，在中国产生了重大的回响，彰显了文明交
流互鉴的重要性。

现代自然书写的先驱

梭罗是19世纪美国文学中贡献最大的作家之一，他的创
作影响了20世纪很多文坛翘楚，包括爱尔兰文艺复兴的领袖
叶芝、法国意识流小说的先驱普鲁斯特、美国"迷惘的一代"
的代表作家海明威等。梭罗更是"第一位关注作品功效的美
国自然作家"[4]，从《马萨诸塞州自然史》到《沃彻斯特之旅》
（A Walk to Wachusett），从《冬季远足》（A Winter Walk）到
《秋日》（Autumn）；从田园牧歌式的《河上一周》到倡导人
与自然平衡发展的《瓦尔登湖》，再到人类与野性自然相遇的
《卡塔丁山》，梭罗用自己的创作奠定了"现代自然书写的先
驱"[5]的地位。

梭罗的自然书写在美国文学史上具有里程碑意义。在梭
罗之前，美国文学中的自然书写多以科学式的自然史为主，
是梭罗赋予自然灵性与深度，通过自己的创作使自然书写成
为一种"不同于怀特和克雷弗克的'书信'、奥杜邦的'情
节'以及美国早期作家的'漫谈''日记''游记'的明确而
独立的文学样式"[6]。在《马萨诸塞州自然史》中，梭罗在关
于昆虫、植物、鸟类、爬行动物的系列报告中，融入了各种
趣闻逸事和生态思考，凸显了自然的健康有益和自然所蕴含

的野性。《沃彻斯特之旅》记录了他与理查德·富勒（Richard Fuller）在 1842 年 7 月进行的四天远足，温和平实地赞扬了旅途的宜人风景，与《卡塔丁山》中野性荒凉的山峰形成了鲜明的对比。梭罗使自然书写超越了单纯记录观察到的自然现象，成为一种成熟的纯文学类型，为后代作家提供了可供遵从的观察自然和书写自然的方式。

梭罗赋予自然深层交流的情感和温度，他不是用眼，而是用心凝视自然，所以他看到了红色的雪和绿色的太阳；不是用耳，而是用心聆听自然，所以夜间画眉鸟的歌声、清晨公鸡的啼叫，乃至一片树叶悄然落地，都让他心醉神迷；梭罗不是用理性，而是用情感感受自然，所以他与潜鸟玩起了游戏，观赏松鼠在林间的跳跃表演；带着孩子在野外采浆果在他看来是一种像莫扎特作曲、米开朗琪罗绘画一样的艺术。我相信，从约翰·缪尔、利奥波德到安妮·迪拉德（Annie Dillard），每一个读过这段文字的美国生态作家都曾为梭罗看到的日落深深感染。

> 雨后出现的一次壮丽的日落：水平的条状云层为西向的窗户镶上了红色的边框，带状的云像锦帘一样泻在窗户上。首先映入眼帘的是西边低矮、弧形的暴雨云，暴雨云下面是更明洁、更清澈、更宁静的天空和更遥远的日落霞云，最下面、接近地平线的地方是更厚重的层层乌云，几乎与群山难以区分。我见过多少次这样的日落——大自然中最瑰丽的景象！[7]

梭罗开创的自然书写范式影响了后代很多作家，但他作品中的某些特质却是无法复制的。诚如雷金纳德指出的："大多数自然作家在描写自然时显示了局限性，在他们笔下，视觉、听觉、味觉或触觉是分开的，只有梭罗，将所有这些感觉融合成一体，赋予了读者完整、统一的感知。"[8] 斯洛维克也指出梭罗的独到之处："梭罗用自己的行为和创作表达了对自然的两种回应模式——疏离与融入，但其他作家却在此两级之间滑动。"[9] 因此，对于梭罗的后来者来说，梭罗只能被模仿，难以被超越。

梭罗不仅在文体创作上影响了后代作家，而且其对自然的态度和观念也为后世所继承和借鉴，比如梭罗的自然内在价值观。稍晚于梭罗的约翰·缪尔和梭罗一样，认为尊重自然的基础是人类必须意识到任何一个物种都拥有其不为人类所左右的内在价值。人类厌恶的丑陋的美洲鳄，在上帝眼中也一样是美丽的。所有事物的存在都具有不能被忽视的重要性，而"我们这些自私、自负的造物，同情心是多么狭隘！我们对其他物种的权利是多么地熟视无睹！"缪尔更为断然地指出："我尚未发现任何证据可以证明，任何一个动物不是为了它自己，而是为了其他动物而被创造出来的。"[10]

由自然价值观拓展而来的荒野价值论在美国文学史上更是影响深远。对荒野的热爱是美国人特有的文化情结。经历了美国文学史上的超验主义运动后，荒野的价值在美国人的心目中进一步凸显出来，并和美国精神紧密地联系在一起。在越来越多美国人被工业文明圈入城镇之后，荒野为他们提供了一个暂时对抗工业文明的处所。

缪尔"在继承梭罗的荒野理论的基础上，扩展了它的范围，将在荒野中的冒险经历也囊括在内"[11]，以更大的热情和更多的行动拥抱荒野。利奥波德也承袭了梭罗的荒野观，指出："荒野是人类从中锤炼出那种被称为文明的人工制品的原材料。荒野不是一种同质的原材料。它极其多样，从而产生的最终成品也是多种多样的。这些最终产品间的差别就是我们所谓的不同文化。世界文化的丰富多彩折射出作为发源地的荒野的多样性。"[12]加里·斯奈德是梭罗荒野理论的直接继承者，身体力行地倡导"扎根于土地"[13]的生存模式。斯奈德曾在北加州买了一大片山林，并致力于社区建设，"亲眼看见了曾遭滥伐的树林现已绿荫葱葱，曾被大火烧光的土地现已焕然一新"[14]，他的诗歌热切地歌颂："凭着对于建设性法则的认知 / 凭着对于自然律法 / 的尊崇 / 用一场大火帮助 / 我的大陆。"[15]深层生态学家阿伦·奈斯指出，无论人们是否进入其中，荒野都有独立的价值。[16]托马斯·弗里德曼（Thomas Friedman）也高度重视梭罗所说的荒野内在价值，指出荒野不仅具有有利于人类的使用价值，更具有自身独立的文化价值、审美价值、内在价值，不依赖于人类而存在。如果我们在白天看不到绿色，那么就算能够用风力发电照亮黑夜，又有什么用呢？我们无法出售自己在自然界中的股份，但并不意味着我们手上的东西没有价值。[17]

梭罗的生态整体观强调人与自然共存的必要性，强调人与万物的平等友爱的重要性，具有重大的开创意义。汉斯·

胡思（Hans Huth）在其专著《自然与美国人》（*Nature and the American*, 1957）中指出，巴勒斯（John Burroughs）和缪尔"对自然的观点直接来自爱默生和梭罗"[18]。巴勒斯说："除非你带着情感描写自然，带着真正的爱，带着某种发自内心的亲情和友情……否则一切将毫无意义。"[19]缪尔更重视人与自然友好友爱关系背后的理由——生态整体利益至高无上："造物主创造出动植物的首要目的是要使它们中的每一个都获得幸福，而不是为了其中的一个幸福而创造出其余的一切。为什么人类要将自己这一小部分利益凌驾于万物的整体利益之上呢？"[20]利奥波德在梭罗的生态整体观的基础上发展出他的"大地伦理"思想，明确地阐述了生态整体主义是一种认识论和价值观："大地是不可分割的（它的土壤、山脉、河流、森林、气候、植物以及动物都是一个整体）……我们尊重整个大地，不仅因为它有用，而且还因为它是活的生命存在体。"[21]"有助于维持生命共同体的和谐、稳定和美丽（integrity, stability and beauty）的事就是正确的，否则就是错误的。"[22]

经过梭罗的努力，再经过利奥波德的总结，生态整体主义终于成形，对人类思想文化的发展，特别是后来的生态文明发展产生了影响，并且还在产生越来越大的影响。约瑟夫·克鲁奇（Joseph Krutch）在一遍遍阅读梭罗之后，对自然的态度发生了根本性改变。在他最早的著作《现代性情》（*The Modern Temper*, 1929）中，克鲁奇宣称人类为了得到最全面的发展就必须有意识地脱离自然；但在二十年后，在他完成梭罗传记的写作之后，转而强调人类与其他物种共存的必要性以及自然是一个共同体，"我们不仅是人类共同体中的一员，而且必须成为整个共同体中的一员；我们必须认识到，我们不仅与我们的邻居、村人和文明人具有某种同一性，而且与自然的、人为的共同体具有某种同质性。我们的世界不只是通常所理解的字面意义的'一个世界'，它还是'一个地球'。只有对这个事实有一定了解，人们才可能比拒绝承认文明世界中各个部分在政治和经济上具有相互依存关系生活得更成功。一个虽不伤感但却严肃的事实是除非我们与除我们之外的其他生物共享这个地球，否则我们将不可能长久存在下去。"[23] 弗里德曼则强调了生态整体论中的联系原则，即不管其他事物看起来与我们多么不相干，不管自然看起来离我们多么遥远，自然总是以某种我们看不到但依然关键的作用力让万物相互联系、相互影响。"当我们从自然界拿走任何一样东西时，都会发现它与其他一切东西都是连在一起的。"[24] 斯奈德更是直接指出，我们应该秉持人类与自然和谐统一的共同体理念，感谢大地母亲使土地丰饶、感谢野生动物分享它们的勇敢、感谢太阳发出炫目的光芒、感谢植物家族、感谢空气、感谢水，它们与人类共同构成了一个"伟大家族"。[25]

梭罗的生态处所观和生态处所生存方式也影响深远。被称作"鸟之王国中的约翰"的巴勒斯继承了梭罗的看法，认为世界上没有什么地方可以跟自己的家乡相比，人"只需要待在自己的家乡，看世界从眼前走过"。巴勒斯在游历了缅因森林后，发出了和梭罗几近相同的感慨："只有回到家中，我才真正去了缅因。"[26] 1873 年，巴勒斯在其家乡哈德逊西岸的一个农场里亲手修建了一幢石屋"河畔小屋"，两年后他又在附近盖了一所"山间石屋"。这两所贴近自然的乡间小屋不仅是巴勒斯往后几十年的居所，也是他生态思考和生态创作的出发点和归宿。英国作家爱德华·卡彭特（Edward Carpenter）对经历长期生态处所生存的巴勒斯做过如下评价："他的装束像农民，但谈吐像学者，是一位熟读了自然之书的人，一个带着双筒望远镜的诗人，一个更为友善的梭罗。"[27] 可见巴勒斯与梭罗的同源关系。1925 年，贝斯顿追随梭罗的足迹，在科德角荒无人烟的海滩上建起了一座简陋的小木屋，在那里居住了整整一年，记录下大自然的影像，并据此出版了他的经典之作《遥远的房屋》（The Outermost House, 1928）。克鲁奇出版的第一本自然文学作品《十二个季节：周而复始的乡村年记》即是以梭罗的《瓦尔登湖》为模板，记述了他居住在康涅狄格州乡村雷丁的一年中的生活[28]，他在中年之后搬到美国西部亚利桑那州，将沙漠和高地作为自己的描写对象，写成壮美的《沙漠岁月》（The Desert Year, 1952），描写自然的遗迹。安妮·迪拉德居住在弗吉尼亚州蓝岭山脉汀克溪畔的一座小木屋里，用诗人的眼睛观察自然，"像梭罗成为康科德的化身一样，迪拉德也成了汀克溪的化身"[29]。她捕捉到了汀克溪畔的所有自然景色和动植物的变化，她说她"要像小溪一样生活"[30]，她写下的《汀克溪的朝圣者》（Pilgrim at Tinker Creek, 1974）被视为"更有胆魄的《瓦尔登湖》"[31]，"无论是作者在汀克溪畔生活一年的经历，还是此书以自然季节为索引的结构，无不深深带着梭罗的痕迹……更重要的是，迪拉德从梭罗那里继承了精神遗产"。[32] 温德尔·贝里（Wendell Berry）遵循梭罗对自然的理解方式，认为自然的价值存在是因为其自身的目的，而且自然对人类的行为具有指向性。他居住在肯塔基州的一个小农场里，满怀激情地写下《不安定的美国：文化与农业》（*The Unsettling of America: Culture and Agriculture*, 1977），探讨小型农场对美国文化的重要性和大型工业农场的负面经济影响。被称作"现代的梭罗"[33] 的爱德华·艾比曾手持一本第 33 版的《瓦尔登湖》开始他在犹他州西南部的漂流生活，还将他于 1991 年出版的生态散文集《漂流而下》（*Down the River*）中的一章命名为"与梭罗一起漂流而下"，因为"在我的一生中，梭罗的思想一直萦绕在我的心中"。[34] 麦克基本的新书《油和蜂蜜》（*Oil and Honey*, 2013）再现了梭罗关注的两大主题，对西方文明的批判和对可持续农业的理想化。

梭罗对美国文学的影响是全方位的，不仅创造了独特的自然书写范式，而且提供了足以被后世视为典范的生态文学作品。他对自然的热爱和观察，他所做出的与自然和谐共处的努力，他在瓦尔登湖畔的生态生活，甚至包括他对自然看似矛盾含混的态度，不仅影响了后代作家的创作，而且影响了他们的人生选择。梭罗的影响也远不止于文学领域，他对美国的生态运动、生态学学科的发展具有不可忽视的重要推动作用。

每个城镇都应该有个公园

1851 年 4 月 23 日，梭罗在康科德会堂上做了一场演讲，他的开场白是："我希望，可以为自然、为绝对的自由和野性——相对于文明的自由和文化而言——说话，将人类视为自然的一个居民或者一个部分，而非社会的一个成员。"[35] 梭罗将人类视为自然的一部分，并试图为文明之外的自然代言，这在当时可谓惊世骇俗，并且至今依然振聋发聩。尽管这些话语的指涉性很广，并出自当时自视为边缘人的梭罗之口，却给美国文化留下了深远的影响，启发了美国历史上一场意义深远的活动——生态保护运动。

19 世纪中期，以铁路为代表的工业化进程削弱了美国荒野广袤的自然优势，一条条铁路建造起来，把荒野分割成一个个格子，而为了获得铺设铁路的枕木，森林遭到了大肆砍伐。西部淘金运动更是加剧了环境破坏，无论哪个产业兴起都伴随着严重的环境破坏。为了阻止或减缓环境恶化，19 世纪末 20 世纪初，美国的政治家、社会活动家和学者们都开始倡导自然保护运动，试图改变这种涸泽而渔的发展方式。1962 年蕾切尔·卡森的《寂静的春天》出版，最终使环境作为一个政治问题真正走上历史舞台。而早在一百多年前，梭罗就觉察出有必要讨论美国天然资源问题和荒野保护了。1859 年，梭罗撰文呼吁保留公园地："每一个城镇均应有个公园，或至少应有一片原始林以供众人教学及娱乐之用……整片瓦尔登森林可被永远保留为本镇的公园，使本镇成为值得留恋的地方。"[36] 这个提议有效地推动了美国国家公园的建立和荒野保护运动的开展。1872 年 3 月 1 日，格兰特总统签署了关于将怀俄明州西北部两百多万英亩土地设立为约塞米蒂国家公园的文件，这是世界上第一个对大范围荒野进行保护的实例，也是梭罗荒野理念得以实施的现实成果。

梭罗宣称的"荒野中保存着整个世界"成了缪尔创立的著名环保组织塞拉俱乐部（Sierra Club）的口号，启发了后来美国国家公园的建立和荒野保护运动的开展。在梭罗的影响下，缪尔努力证明正在消失的荒野的价值，捍卫国家公园理想。缪尔主张对自然进行"合理利用"，反对人类对待自然的粗暴行为。他曾大声疾呼，人类是多么自私、自负的物种，我们的同情心是多么狭隘，我们对于其他生物的权利是多么无知！因此，缪尔主张建立自然保护区和国家公园，使自然万物可以按照自己的意愿在其中不受打扰地和谐生活。

需要特别指出的是，缪尔的荒野保护理论与以罗斯福政府为主导的资源保护运动有着本质的区别。美国林业局第一任局长平肖声称保护自然是为了明智而有效地利用自然资源[37]，而缪尔是真正将关爱非人类生物、保护自然作为人类身为生态共同体中一员应尽的责任和义务。因为，"对于成年人来说，自然公园与保护区的作用较之于动物玩具对孩子所起的作用没有什么不一样；它们都是幻想，珍藏了整个社会无法身体力行的价值观"[38]。荒野的功能与意义不只是帮助人们享受好的生活，更重要的是对人的行为的一种限制。

值得指出的是，梭罗对于自然的矛盾思想以及由此造成的生态思想的含混，对生态文明建设也有不同程度的影响，现代生态保护运动的矛盾和分裂与此有关。与人类中心主义的自然保护观不同，生态主义的自然保护观强调的是尊重自然内在价值和生态系统整体利益，而这些观点显然也与梭罗的自然内在价值观和生态整体观密切相关。利奥波德指出："这些沼泽的最终价值是荒野，而鹤则是荒野的化身。但所有的荒野保护都是自拆台脚的，因为我们越珍惜，就越要看望、爱抚它，但是，等我们看够和爱抚够了的时候，就再没有荒野来珍惜了。"[39] 深层生态学家比尔·德韦尔（Bill Devall）曾强调，人们不应该把荒野理解为寻求户外娱乐的场所，而应该把荒野保护区的建立理解为我们对地球表示谦虚的方式，理解为我们尊重和敬畏大自然的内在价值的表现。因此，荒野保护展现的是人类对所有存在物（包括山川、河流、岩石、树木）共享环境的一种承诺。[40] 由此看来，梭罗生态思想的含混也导致了人类中心主义的环境保护与生态主义的生态保护之界限的含混，梭罗的思想中相互矛盾的两个方面分别推动了环境保护和生态保护的发展。

生态学出现之前的生态学家

梭罗终其一生都致力于"探究更高法则的科学"，但他并非生态学家，虽然他一直努力亲近自然，尽量客观地记载动植物的生存与演替。他认为科学界人士无法理解他的工作：

"我只好针对他们的情况来讲，只是描述我的观点里面他们理解得了的可怜的部分。事实上我是神秘主义者、超验主义者，而且是自然哲学家……尽管我与自然的亲近程度可能不亚于他们中的任何人，我作为有天赋的观察者也不比大多数的科学家差，但把我与自然的关系真实地描述下来只会引起他们的嘲笑！"[41]虽然梭罗在世时从未发展过一种成熟的生态学理论，但他曾被誉为"一流的地质学家"[42]、美国第一个田野生态学家，沃斯特更是认为梭罗堪称"生态学出现之前的生态学家"[43]。从 20 世纪 50 年代中期到 1983 年，"SCI 论文对梭罗作品的引用频率每年平均超过 4 次，引用率是一般科学家的 8.2 倍"[44]。不管在现实层面，还是在理论层面，梭罗的生态思想都具有不可忽视的意义，对后代的生态学、植物学、气候学等产生了深远的影响。

生态学家大卫·福斯特（David Foster）指出，梭罗关于森林演替的研究成果是现代生态学中演替概念的来源。[45]梭罗在日记中对康科德周边的动植物所做的巨细无遗的记录，对自然史研究来说也是一笔宝贵的资源，对生物学家、气象学家以及其他自然科学家来说极为重要。梭罗曾在1851~1858 年认真观测过超过 500 种生长在康科德的野花，并记录下它们的首次开花日期，梭罗还记录了乔木和灌木长出第一片叶子的日期和春天里第一次看到迁徙鸟类的日期。[46]生态学家对梭罗在 19 世纪 50 年代所记录的观察数据进行分析，发现气候变化早已经影响了物候（phenology）和生物多样性。如今，较过去 6500 万年中的任何时期，地球上的动植物物种消失的速率至少要快上 1000 倍。科学家们发现，自梭罗的时代起，2010 年 4 月是北美最热的 4 月，由于全球变暖和城市热岛效应，波士顿地区和康科德的平均气温上升了 2℃。可以预料，2010 年的开花日期比往年靠前，大概比梭罗观察到的平均日期提前了三个星期。梭罗的记录为进化生物学家提供了数据参考，瓦尔登湖及周边地区成为自然保护区，自然环境得到保护，但梭罗记录的很多开花植物都正在消亡或已经消亡。"梭罗记载的 27% 的物种都已经消失了，还有 36% 的物种种群丰度很低，即将灭绝。"[47] 今天，我们再读梭罗的日记，他所记录的那些自然物种，像是发生在另一个星球上。不管是在数量上，还是在生物多样性上，现存的物种都无法跟梭罗时代相提并论。可见的损失还包括不具备根据春季变暖的气候调节开花时间的植物，如毛茛、紫菀、山茱萸、百合、薄荷、兰花、玫瑰等。这些记录对研究人类活动所导致的气候变化至关重要，因为物候是生态系统动态变化的一个重要方面，也是衡量气候变化的一个重要指标。

　　2007 年，马萨诸塞州一群生态学家根据梭罗当年对瓦尔登湖周遭生态的描绘，进行比照重建，凸显今非昔比的差异，从中看出全球变暖对康科德动植物群生态的冲击程度。皮尤研究中心的气候专家们在关于气候变化的研究报告中指出，全球平均气温"在整个人类历史中一直在自然波动。比如说，北半球的气候在 11~15 世纪经历了一个相对温暖的时期，17~19 世纪中期则是相对寒冷时期。然而，科学家研究了

20 世纪晚期的全球气候，发现用自然规律无法解释现在发生的变化"[48]。美国前副总统阿尔·戈尔（Albert Gore）尖锐地指出："没有什么比对环境问题的研究更有效地让我明白，我们目前的公开言论在很大程度上只围绕着短期价值中最短暂的那一些，于是也就鼓励美国人民和我们这些政治家一道躲避最重要的问题，把真正困难的选择拖延下去。"[49]

梭罗只是自然忠实的观察者和记录者，他还没有意识到气候变化将对后来的世界产生这么大的影响，但他的努力无疑为我们今天的研究提供了宝贵的资料。气候变化今天已然成为生态危机的一个非常重要的表现，任何一个人都牵涉其中。2009 年 12 月 7 日，联合国在哥本哈根召开了气候变化大会，这是对百余年来建立在"排碳"基础上的经济文明的反思，人类必须寻找一种可持续的生活方式。进入 21 世纪，气候变化已经成为生态学的一个非常重要的主题，并且为科学研究提供新的挑战和机遇。

最富中国特色

在近两个世纪前，梭罗发现了中国，发现了中国古典精神，尤其是儒家思想中有益于天地、社会和人健康发展的道理和道家简单质朴生活的精神气质，并调和在自己的思想及作品中，形成了独具特色的生活观，吸引了越来越多人的关注。在梭罗去世一个多世纪后，中国发现了他，并惊奇地从他那里发现了自己，发现了自己一度选择性遗忘的宝贵的传统民族品质。于是，梭罗生态思想的影响远涉重洋，借由中国现当代作家对其作品的阅读、推介，反过来对中国现当代文学的发生发展起到了巨大的促进作用。

中国作家中较早接触梭罗的是当时的留学生，比如郁达夫、林语堂等。早在 1921 年留学日本期间，郁达夫就接触到了梭罗，在其颇具自传色彩的短篇小说《沉沦》中，主人公提到了几部令人感动的奇书，其中就包括梭罗的《远足》（*Excursion*，郁达夫译为沙罗的《逍遥游》）。林语堂在 1937 年出版的英文版《生活的艺术》中多次提到梭罗，认为 20 世纪 30 年代的美国被采金热潮弄糟了，美国人对效率、时间和成功的过度追求也使他们享受悠闲生活的权利被剥夺了，应该保持梭罗倡导的与自然融为一体的生活观，"善于悠游岁月的人才是真正有智慧的"[50]。

当代作家中有两位与梭罗缘分不浅。发愿从明天起做一个幸福的人的海子对乡土世界挽歌式的吟唱、对大自然的痴迷，都表现出《瓦尔登湖》的深厚影响。海子还写了一首关于梭罗的诗歌《梭罗这人有脑子》，将梭罗看作引导他人生的云彩，梭罗在作品中表达的对存在、对生命的深切关注也成了海子一生的追求。就连卧轨山海关，海子还随身带着《瓦尔登湖》。海子之死使得《瓦尔登湖》带着神秘和震撼为更多的中国读者所好奇和熟知。

生态散文作家苇岸对梭罗的阅读也始于海子的推荐，最后却近乎着迷。在苇岸阅读和写作的世界里，梭罗是唯一可以与托尔斯泰比肩的作家。苇岸高度赞赏梭罗，认为将之界定为一个倡导返归自然的作家是低估了梭罗的影响，相较于陶渊明，梭罗绝不仅仅是一个隐士，因为他崇尚的是"人的完整性"。苇岸赞誉《瓦尔登湖》，认为它举世无双，"教人简化生活，抵制金钱至上主义的诱惑。它使我建立了一种信仰，确立了我今后朴素的生活方式"[51]。梭罗不仅影响了苇岸的生活观，而且促成了苇岸创作类型的转变，在《一个人的道路》中，苇岸自述道："最终导致我从诗歌转向散文的，是梭罗的《瓦尔登湖》。"[52]《瓦尔登湖》在中国不断再版显现了梭罗超越时空的价值和他的自然写作作为一种文体应有的力量。

深受梭罗对康科德山山水水的眷恋感染，苇岸将自己的全部热情和天才献给了出生地北京昌平，在那里学习、成长、执教，并拒绝调到北京市区。他曾写道："你脚踏着的土地，你如果不觉得它比世界上任何别的土地更甜润，那你这人就毫无希望了。"[53]苇岸忠实于昌平的田野，曾以居所东部为观察点，采用照片和文字相结合的方式记录二十四节气的物候、时令和风景，尽管因为英年早逝此书未能出版，却为我们了解昌平的季节变化和农事更替提供了细致而微的重要参考。

梭罗对中国文坛的影响不仅限于前面几位作家，张爱玲、葛红兵、余杰、张炜、朱天心等都很喜欢梭罗。张爱玲应该算是国内最早注意到梭罗诗歌价值的作家，认为其诗歌是20世纪诗歌的前驱。她曾自己选译了几首梭罗的诗，并不无遗憾地写道，如果梭罗"继续从事诗的创作，可能会有很高的成就"[54]。张炜对梭罗的湖畔独居生活心生向往，并通过积极实践感受到了梭罗所说的"愉快而真实地生活，高效率地劳动"[55]带来的自得和满足，也领悟到了梭罗所倡导的简单生活观，发现一个人的需要没有想象的那么多。葛红兵在《瓦尔登湖》中找到了人生的导师，那"就是大自然"[56]，他不仅力荐《瓦尔登湖》，而且连作品《沙床》的名字都化用自《瓦尔登湖》。余杰借助梭罗完成了"与湖水、森林、飞鸟"[57]的对话。

中国生态智慧对梭罗生态思想的影响与梭罗生态思想在中国的回响是世界文化交流互鉴、学习创新的一个重要的例证，也从比较文学的视角提醒着我们，中国传统文化中蕴含着丰富的生态智慧，是我国建设生态文明和倡导建设人类命运共同体的重要思想资源。

小　结

梭罗的生态思想是多维而含混的，在意识形态层面和实践层面都具有恒久的意义。尽管梭罗不是生态学家，但他的生态思想和记录自然的文字，对生物学、生态学和气候变化研究具有重要的参考价值。梭罗的思想可能不太完美、不太系统，他在这种生态思想指导下的生态生存可能不太连贯、不太一致；但他的生态思想对后来的生态哲学、生态文学、生态保护运动、生态学研究乃至整个生态文明建设影响巨大且深远。"在他的身上，他们不仅可以找到对现代人不可避免地与自然共同体扭结在一起的紧张关系的提醒，还可以找到对如何创造性地运用这种紧张关系的建议，即将它视为看待更广泛的共同体的一种推动力。"[58] 在现代社会，大多数人不太可能像梭罗那样到山野间采集越橘或找一处荒野独居，但梭罗所倡导的生态思想，特别是其中的基本原则、价值标准、生存方式，对于人类摆正自己在自然中的位置、修复人与自然的关系、建设生态文明、走出生态危机，不仅是可行的而且是必需的。

注　释：

1.　Sinclair Lewis, "One Man Revolution." *The Saturday Review of Literature*, Vol. XVII, No.7, 11 December, 1937, p.19.

2.　Donald Worster, *Nature's Economy: A History of Ecological Ideas*. Cambridge, UK: Cambridge UP, 1985, p.58.

3.　Henry Seidel Canby, *Thoreau*. Boston, MA: Houghton Mifflin Company, 1939, p.xiii.

4.　Philip Marshall Hicks, *The Development of the Natural History Essay in American Literature*. Philadelphia, PA: Pennsylvania UP, 1924, p.88.

5.　Don Scheese, *Nature Writing: The Pastoral Impulse in America*. New York, NY: Twayne Publishers, 1996, p.22.

6.　Philip Marshall Hicks, *The Development of the Natural History Essay in American Literature*. Philadelphia, PA: Pennsylvania UP, 1924, p.88-89.

7.　Henry David Thoreau, *The Writings of Henry David Thoreau: Journal II*. Boston, MA: Houghton Mifflin Company, 1906, p.295.

8.　Reginald Cook, *Passage to Walden*, Boston, MA: Houghton Mifflin Company, 1949, p.51.

9.　Scott Slovic, *Seeking Awareness in American Nature Writing: Henry Thoreau,*

Annie Dilliard, Edward Abbey, Wendell Berry, Barry Lopes, Salt Lake City, UT: U of Utah P, 1992, p.6.

10. Roderick Nash, *The Right of Nature: A History of Environmental Ethics*. Madison, WI: U of Wisconsin P, 1989, pp.39-40.

11. Thomas J. Lyon ed. *This Incomperable Lande: A Book of American Nature Writing*. Boston, MA: Houghton Mifflin Company, 1989, p.60.

12. Aldo Leopold, *A Sand County Almanac, and Sketches Here and There*. New York, NY: Oxford UP, 1968, c1949, p.188.

13. Gary Snyder, *The Gary Snyder Reader: Prose, Poetry and Translations*. Washington, D. C.: Counter Point, 1999, p.183.

14. Gary Snyder, *The Practice of the Wild*. San Francisco , CA : North Point Press, 1990, p.95.

15. Gary Snyder, *Turtle Island*. New York, NY: New Directions, 1974, p.19.

16. 雷毅:《深层生态学：阐释与整合》，上海交通大学出版社，2012。

17. ［美］托马斯·弗里德曼:《世界又热又平又挤》，王玮沁等译，湖南科学技术出版社，2009。

18. Hans Huth, *Nature and the American: Three Centuries of Changing Attitudes*. Berkeley, CA: U of California P, 1957, p.179.

19. Lawrence Buell, *The Environmental Imagination: Thoreau, Nature Writing, and the Formation of American Culture*. Cambridge, MA: Belknap Press of Harvard UP, 1995, p.190.

20. ［美］约翰·缪尔:《我们的国家公园》，郭名惊译，吉林人民出版社，1999。

21. Aldo Leopold, *The River of the Mother of God*. Ed. Susan L. Flader and J. Baird Callicott. Madison, WI: U of Wisconsin P, 1991, p.95.

22. Aldo Leopold, *A Sand County Almanac, and Sketches Here and There*. New York, NY: Oxford UP, 1968, c1949, pp.224-225.

23. Donald Worster, *Nature's Economy: A History of Ecological Ideas*. Cambridge, UK: Cambridge UP, 1985, p.334.

24. ［美］托马斯·弗里德曼:《世界又热又平又挤》，王玮沁等译，湖南科学技术出版社，2009。

25. Gary Snyder, *Turtle Island*. New York, NY: New Directions, 1974, pp.24-25.

26. Ann Ronald ed. *Words for the Wild*. San Francisco, CA: Sierra Club Books, 1987, pp.92, 93-94.

27. Edward J. Renehan Jr., *John Burroughs: An American Naturalist*. Post Mills, VT: Chelsea Green Publishing Company, 1992, p.131.

28. 程虹：《超越绿意：美国自然文学作家克鲁奇》，《读书》2015 年第 12 期。

29. 程虹：《寻归荒野》，生活·读书·新知三联书店，2001。

30. Annie Dillard, *Pilgrim at Tinker Creek*. New York, NY: Harper Perennial, 1998, p.182.

31. Paul Brooks, *Speaking for Nature: How Literary Naturalists from Henry Thoreau to Rachel Carson Have Shaped America*. Boston, MA: Houghton Mifflin Company, 1980, p.xiv.

32. 程虹：《寻归荒野》，生活·读书·新知三联书店，2001。

33. 程虹：《寻归荒野》，生活·读书·新知三联书店，2001。

34. Edward Abbey, *Down the River*. New York, NY: First Plume Printing, 1991, p.13.

35. Henry David Thoreau, *Wild Apples and Other Natural History Essays*. Athens, GA: U of Georgia P, 2002, p.59.

36. ［美］得利斯：《梭罗》，曾永莉译，名人出版事业股份有限公司，1982。

37. ［美］R. F. 纳什：《大自然的权利》，杨通进译，梁治平校，青岛出版社，1999。

38. ［英］基思·托马斯：《人类与自然世界》，宋丽丽译，译林出版社，2008。

39. Aldo Leopold, *A Sand County Almanac, and Sketches Here and There*. New York, NY: Oxford UP, 1968, c1949, p.101.

40. 雷毅：《深层生态学：阐释与整合》，上海交通大学出版社，2012。

41. Henry David Thoreau, *The Writings of Henry David Thoreau: Journal V*. Ed. Bradford Torrey. Boston, MA: Houghton Mifflin Company, 1906, p.4.

42. Robert M. Thorson, *Walden's Shore: Henry David Thoreau and Nineteenth-Century Science*. Cambridge, MA: Havard UP, 2014.

43. Donald Worster, *Nature's Economy: A History of Ecological Ideas*. Cambridge, UK: Cambridge UP, 1985, p.4.

44. Lawrence Buell, *The Environmental Imagination: Thoreau, Nature Writing, and the Formation of American Culture*. Cambridge, MA: Belknap Press of Harvard UP, 1995, p.363.

45. David R. Frost, *Thoreau's Country: Journey through a Transformed Landscape*. Cambridge, MA: Harvard UP, 1999, p.134.

46. Richard Primack & Abraham Miller- Rushing, "Uncovering, Collecting, and

Analyzing Records to Investigate the Ecological Impacts of Climate Change: A Template from Thoreau's Concord." *BioScience*, Vol. 62(2), 2012, pp.170-181.

47. Richard Primack & Abraham Miller- Rushing, "Uncovering, Collecting, and Analyzing Records to Investigate the Ecological Impacts of Climate Change: A Template from Thoreau's Concord." *BioScience*, Vol. 62(2), 2012, pp.170-181.

48. 〔美〕托马斯·弗里德曼:《世界又热又平又挤》,王玮沁等译,湖南科学技术出版社,2009。

49. 〔美〕阿尔·戈尔:《濒临失衡的地球:生态与人类精神》,陈嘉映等译,中央编译出版社,1997。

50. 林语堂:《生活的艺术》,赵裔汉译,陕西师范大学出版社,2008。

51. 苇岸:《太阳升起以后》,中国工人出版社,2000。

52. 苇岸:《太阳升起以后》,中国工人出版社,2000。

53. 苇岸:《太阳升起以后》,中国工人出版社,2000。

54. 张爱玲:《同学少年都不贱》,天津人民出版社,2004。

55. 张炜:《张炜散文》,人民文学出版社,2008。

56. 葛红兵:《直来直去》,当代世界出版社,2004。

57. 余杰:《瓦尔登湖:大地的眸子》,《清明》2003年第6期。

58. Donald Worster, *Nature's Economy: A History of Ecological Ideas.* Cambridge, UK: Cambridge UP, 1985, p.110.

结　语

　　梭罗生前不能为同时代人所理解，身后争议不断，即便是在生态保护运动如火如荼的今天，依然无法博得大众的喜爱，犹如"上帝之眼"瓦尔登湖寂静地躺在康科德的山间。在逝世之后的近百年间，梭罗都没有获得来自官方的认可，没有一枚美国邮票是为他发行的，他的母校哈佛大学既未以其名命名一张凳子或一座楼，更没有一座城市公园里有他的雕像。但梭罗还是在他同时代的作家中留下了很深的印象。路易莎·梅·奥尔科特（Louisa May Alcott）在她的好几部小说里刻画了以梭罗为原型的人物，霍桑描写康科德生活的儿童小说里也经常有梭罗的影子。[1]还有不少艺术家为梭罗留下艺术形象：巡回肖像画家塞缪尔·劳斯（Samuel Rowse）在 1854 年为梭罗画的一幅蜡笔肖像画至今还挂在康科德的公共图书馆里；巴里·福克纳（Barry Faulkner）于 20 世纪 50 年代为新罕布什尔州的基恩国家银行所做的系列壁画中，包括了在莫纳德诺克山上

　　1　Walter Harding. *A Thoreau Handbook*. New York, NY: New York UP, 1959, p.202.

的梭罗肖像。[1] 1969 年，梭罗的雕像终于出现在了纽约的名人馆里。

　　作为生态文学作家，梭罗的作品是生态批评学者绕不过的经典，他所倡导的简单生活则是人们在经历生活的疲惫后的向往，但终因其超越性难以为人们所实践。这一百多年里，人类见证了梭罗所关注的生态问题越来越成为不能被忽视的全球问题。如今，在生态危机愈演愈烈的背景下，梭罗终于得以跻身美国经典作家之林，屹立于世界文坛，声名已经慢慢盖过爱默生。对于美国人而言，梭罗已是排名前五的伟大的作家。[2]

　　与所有伟大的作家一样，梭罗同样为我们提供了广阔的阐释空间。有着明确的生态思想，却不时夹杂着反生态的含混，这才是真实的梭罗。还原一个矛盾却丰富、坚定却犹豫的梭罗是本书努力的方向。梭罗终其一生努力建立一种与自然、社会以及分裂的自我的可行关系，这种努力引起了一系列的调整，而它们一旦形成就与经验相碰撞，使他不得不依靠自己来评估还剩下什么东西，并且编造另一个自我神话。如果说梭罗从来没有充分适应康科德的话，那么他至少对自己的不适应显示出了冷嘲式幽默，这对他来说不无裨益。

1　Walter Harding. *A Thoreau Handbook*. New York, NY: New York UP, 1959, p.204.

2　Walter Harding. *A Thoreau Handbook*. New York, NY: New York UP, 1959, p.205.

在一些生态批评家继续强调生态批评中种族、阶级、性别等不同人群面临压力的不平等时，另一些则强调人类共有的生态压力，如气候变化、土壤恶化、污染物扩散和生物多样性的丧失问题，这些早已超越了地域范畴，成为生态批评必须面对的全球范围内的共同问题。人类已经进入了一个新的地质时代——人类世（Anthropocene）[1]，人类已经极大地改变了这个星球。我们应该转变研究方向，从近几十年来基于阶级、种族、性别、权力的不同，转向将全人类视为一个整体，这是一个历史性转变。当然，我们也看到了，在学术领域提高人们减少生态破坏、维护生态平衡的意识并没有阻止人为生态灾难的发生。那么，生态批评可以做什么？"就算具备了生态意识，人们依然过着资源密集型的生活，包括我自己。这令人非常痛苦，意识到尽量不要成为问题的一部分是非常困难的。"[2]

"哪里没有生态视角，人类就将在哪里灭亡。"而且这个生态视角必须渗透我们时代的经济、政治、社会和技术，并激励它们。这个问题不是民族的，而是全球的、星际的。正如亚瑟·博伊（Arthur Boughey）指出的，"地球上没有任何人口、群落或者生态系统问题是完全与人类的文化行为没有关系的。现在（人类的）这个影响已经开始从全球扩

1　P. J. Crutzen & E. F. Stoermer. "The 'Anthropocene'." *Global Change Newsletter*, 41 (2000), pp.17-18.

2　Michelle Balaev, "The Formation of a Field: Ecocriticism in America—An Interview with Cheryll Glotfelty." *PMLA*, 127.3 (2012), pp. 607-616.

大到我们的星际系统，甚至是宇宙本身"。[1] 只有那些经历过艰难的孤独的人才会向往坚强而自由的社会，只有那些可以好好照顾自己的人才会珍惜和照顾我们这个星球，只有勇于做梦并且为了更好的世界而努力的人才能真正拥有地球。

面对不再蔚蓝如洗的天空，面对满目疮痍的大地，面对深度污染的水源，面对无法解释的病种，我们开始恐慌。是否有一天我们真的不会再听到鸟鸣？是否有一天地球上最后一滴水将是你的眼泪？世界末日的景象不再是小说或电影中危言耸听的预言，而是可能发生的将来。我们必须思考，到底从哪里开始走错了路；必须承认，我们的文明发展过度，消耗了地球；必须正视，人与自然能否和谐已然成为生态系统是否会崩溃的关键。今日重读梭罗，我们为他一百多年前的先见之明深深震撼，也许遵从梭罗的生态理想，世界就不会是今天的模样。但历史不可假设，我们可以从现在开始保护生态。

与所有伟大的作家一样，梭罗其人其文都有很多值得商榷的地方，但这才是真实而完整的梭罗，他的生态思想看似零散实则自成一统，看似矛盾实则统一，他的行为亦如此。在 19 世纪的新英格兰，人们不能容忍梭罗那种闲散的生活方式，也不会把在山林里游荡看成是一种美德。但这无碍于梭

1　William Rueckert, "Literature and Ecology: An Experiment in Ecocriticism." Ed. Cheryll Glotfelty and Harold Fromm. *The Ecocriticism Reader: Landmarks in Literary Ecology*. Athens, GA: The U of Georgia P, 1996, p.114.

罗成为生态文学的先驱，正如爱默生在梭罗葬礼上所说的，"哪里有知识，哪里有美德，哪里有美丽，他就可以在哪里找到一个家。"[1] 20世纪80年代，艾比在《漂流而下》中，套用了爱默生对梭罗的评价，略作改动："哪里有鹿和鹰，哪里有自由和冒险，哪里有荒野和奔腾的河流，梭罗便会发现他永久的家园。"[2]

1   Ralph Waldo Emerson, "Thoreau." *The Atlantic Monthly*, Vol.X, No.LVIII, August, 1862, p. 249.

2   Edward Abbey, *Down the River*. New York, NY: First Plume Printing, 1991, p.48.

附录一　梭罗年表[*]

1817 年　7 月 12 日出生于马萨诸塞州康科德镇。

1818 年　举家迁到马萨诸塞州切姆斯福德镇。

1821 年　全家迁到马萨诸塞州波士顿。

1823 年　全家返回马萨诸塞州康科德镇。

1827 年　写作《季节》，这是他最早的散文。

1833 年　进入哈佛大学。

1835 年　学期的间隙执教于马萨诸塞州坎顿；跟随俄瑞斯特斯·布朗森学习德语。

1836 年　跟随父亲到纽约兜售铅笔。

1837 年　从哈佛大学毕业，开始写日记，在康科德公共学校当了几天老师。

1838 年　和哥哥约翰一起创办私立学校，在康科德会堂做了第一场报告《社会》。

1839 年　和哥哥约翰一起泛舟康科德河和梅里马克河，艾伦·苏埃尔拜访康科德。

....

* 　见 Walter Harding ed., *A Thoreau Handbook*. New York, NY: New York UP, 1959, p.xv-xvii。另见 Joel Myerson ed. *The Cambridge Companion to Henry David Thoreau*. Cambridge, UK: Cambridge UP, 1995。

1840 年　在《日晷》上发表了他的第一篇散文《佩尔西乌斯》和第一首诗《同情》，写作《服务》。

1841 年　搬入爱默生家住了两年，在《日晷》上发表了多篇文章。

1842 年　1 月 12 日，哥哥约翰逝世；7 月，在《日晷》上发表《马萨诸塞州自然史》。

1843 年　从这一年开始，几乎每年都在康科德会堂发表演讲。帮爱默生编辑《日晷》，继续投稿给《日晷》，同时投稿给《波士顿文学汇编》以及《民主评论》。5~12 月，到斯塔滕岛给爱默生的哥哥威廉·爱默生家的孩子做家教。

1844 年　继续给最后一卷的《日晷》投稿；不小心导致公平天堂湾火灾。

1845 年　3 月开始建造他在瓦尔登湖畔的小木屋，7 月 4 日搬进去住；在《解放者》上发表《康科德会堂前的温德尔·菲利普斯》。

1846 年　7 月，因拒绝缴纳人头税入狱一晚；第一次去缅因森林。

1847 年　9 月 6 日离开瓦尔登湖；10 月，搬进爱默生家同住近一年；在卡莱尔的《格雷厄姆杂志》上发表散文；开始向哈佛大学的阿加西提交自然历史样本。

1848 年　1 月 26 日，在康科德会堂发表关于《个人对政府的责任与义务》（非暴力抵抗）的演讲；夏天，回到父亲家里住；11 月 22 日，在霍桑的邀请下，第一次在康科德以外的地方——塞勒姆做演讲；在《联合杂志》上发表《卡塔丁山和缅因森林》。

1849 年 5 月出版《在康科德和梅里马克河上的一周》；在《美学论文》上发表《对政府的抵抗》（《论公民的不服从》）；5 月 2 日，姐姐海伦逝世；10 月 9 日，第一次去科德角。

1850 年 第二次去科德角，寻找玛格丽特·富勒的尸体；和埃勒里·钱宁一起去加拿大旅行。

1853 年 第二次去缅因森林；发表《一个在加拿大的美国佬》。

1854 年 8 月，《瓦尔登湖》出版；在弗雷明翰做了《马萨诸塞州的奴隶制》讲座，该文后来发表于《解放者》。

1855 年 收到来自托马斯·乔姆利的东方书籍礼物；第三次到科德角旅行；在《帕特南的杂志》上发表《科德角》部分。

1856 年 在新泽西州的佩斯安博伊做关于"沉香木"的调查；在布鲁克林遇见瓦特·惠特曼。

1857 年 最后一次到科德角和缅因森林旅游；遇见约翰·布朗上尉。

1858 年 在《大西洋月刊》上发表《奇森库克湖》；到白山和蒙纳德诺克山旅行。

1859 年 做了《为约翰·布朗上尉请愿》和《约翰·布朗死后》的演讲；2 月 3 日，父亲逝世。

1860 年 阅读达尔文的《物种起源》；与埃勒里·钱宁在蒙

纳德诺克山露营；在《哈伯斯渡口的回声》上发表《为约翰·布朗上尉请愿》，在《解放者》上发表《约翰·布朗最后的日子》；在米德尔塞克斯家畜展览会上做了《森林的演替》的演讲，该文后来在《米德尔塞克斯农业协会议事录》上发表；11月，因站在雪地里数树的年轮感染风寒，诱发支气管炎，并引发结核病。

1861 年　5~7 月，和小霍勒斯·曼恩一起到明尼苏达州旅行；修改手稿。

1862 年　5 月 6 日病逝，长眠于睡谷；《散步》《秋色》《野苹果》在他死后刊登在《大西洋月刊》上；《瓦尔登湖》和《在康科德和梅里马克河上的一周》第二版出版。

附录二 生态批评的产生与发展

——梭罗生态思想研究的理论基础

21世纪伊始，英国生态批评家乔纳森·贝特就颇有预见性地发出警告："大自然已经岌岌可危。当前正在发生和即将发生的一系列灾难都太相似了！化石燃料燃烧所产生的二氧化碳限制了太阳热量的散发，导致了全球变暖；冰川和永冻土不断融化、海平面持续上升、降雨模式发生改变，暴风雨变得更凶猛了；海洋被过度捕捞、沙漠化更为严重、森林面积急剧减少、淡水资源越来越匮乏。地球上的物种多样性正在遭到破坏。我们正生存在一个由有毒废弃物、酸雨和各种影响正常性机能、使雄鱼和雄鸟变性、导致内分泌紊乱的有害化学物质组成的世界里。"[1] 贝特并非杞人忧天，他所指出的各种生态问题正发生在世界各地。

2022年夏天，全球有数千人因为热射病死亡，多地温度高达45℃，90%的居民不装空调的英国首次发布了高温红色预警。科学家满怀担忧地指出那些被困数万年的病毒可能随

1　Jonathan Bate, *The Song of the Earth*. Cambridge, MA: Harvard UP, 2000, p.24.

着冰川的融化而被释放出来。存活了一亿多年的长江白鲟已经宣布灭绝，全球仅剩 2 万只的短尾矮袋鼠会步其后尘吗？物种灭绝让我们经历了与各种动物的永别，基因突变带来的各种疾病困扰着人类，科技发展创生的赛博格拷问着我们的伦理底线，那些我们曾不以为然、事不关己的悲剧真真切切地在我们身边发生。

在这样的历史背景下，生态成了核心话题，也催生了一系列以生态命名的学科，比如生态批评、生态哲学、生态政治、生态伦理学等。生态批评就是其中之一。尽管至今依然存在着很多无法统一的理论问题，比如学科命名的统一、研究范畴的廓清等，但生态批评的迅猛发展却是有目共睹的，足见这个学科的生命力和发展前景。迫在眉睫、不容忽视的生态危机不仅促使生态批评从边缘走向学术视野的中心，也从某种程度上扭转了人们对文学研究总是纸上谈兵、缺乏现实观照的片面认知。

生态批评的产生："不要成为问题的一部分"

作为术语的"生态批评"（ecocriticism）出现于 20 世纪 70 年代后期。威廉·鲁克尔特（William Rueckert）在《爱荷华评论》（*Iowa Review*）上发表了题为《文学与生态：生态批评的一次实验》（Literature and Ecology: An Experiment in Ecocriticism, 1978）的论文。鲁克尔特将批评（critic）和生态学（ecology）的缩略语组合成一个新词，即生态批评

（ecocriticism）。鲁克尔特认为，在当前流行的形式主义批评、历史文化批评、精神分析批评、结构主义和现象学批评之外，文学研究应该进行新的尝试，探索新的批评范式。他要进行一场实验，将生态学运用到文学研究中，他的依据是"生态学（作为一门科学，一门学科，人类看待世界的基础）与我们生活其中的世界万物的过去和将来都有着最为密切的关系"，他将致力于"发现文学生态学或者说发展出一门生态诗学"[1]。鲁克尔特借鉴生态学的理论并将之运用到文学研究中。生态学作为一门研究动物、植物以及与它们所处的环境之间的科学，奉行的第一准则是"万事万物都是相互联系的"[2]，故而，鲁克尔特倡导研究文学中人类与自然万物之间的关系，从而实现人类与自然这两个共同体的合作共生。如今看来，当时鲁克尔特的思想中就已经颇具生态共同体的理论雏形。

　　鲁克尔特提出了生态批评的宣言，但在他之前，已经有很多学者尝试过这个领域的研究，只是这些研究者并未对自己的研究做出如此清晰的认识和界定。如果从文学研究史的角度进行梳理，生态视角的研究至少可以追溯到 20 世

1　William Rueckert, "Literature and Ecology: An Experiment in Ecocriticism." Ed. Cheryll Glotfelty and Harold Fromm. *The Ecocriticism Reader: Landmarks in Literary Ecology*. Athens, GA: U of Georgia P, 1996, p.107.

2　William Rueckert, "Literature and Ecology: An Experiment in Ecocriticism." Ed. Cheryll Glotfelty and Harold Fromm. *The Ecocriticism Reader: Landmarks in Literary Ecology*. Athens, GA: U of Georgia P, 1996, p.108.

纪早期。[1] 在《早期生态批评的一个世纪》（*A Century of Early Ecocriticism*）中，选集编辑者大卫·马泽尔（David Mazel）在序言中指出，1921 年诺曼·福斯特（Norman Foerster）和其他几位大学教授在现代语言协会（Modern Language Association，简称 MLA）下成立了美国文学的独立研究机构美国文学研究团队（American Literature Group）。福斯特认为美国文学的产生、发展都离不开新大陆自然的影响，于是以《美国文学中的自然》（*Nature in American Literature*, 1923）一书开启了美国文学研究的"一个崭新领域"[2]，即对文学与自然关系的研究。

不过布伊尔认为，就目前生态批评的发展而言，将两本产生于生态批评流派正式成立之前、但对后来的生态批评产生了巨大的文学与文化影响的书视作开端应该就足够了。一本是利奥·马克斯（Leo Marx）研究美国文学的专著《花园里的机器：美国的技术与田园理想》（*The Machine in the Garden: Technology and the Pastoral Idea in America*, 1964）；另一本是雷蒙德·威廉斯（Raymond Williams）研究英国文学的专著《现代小说中的乡村与城市》（*The Country and the City in the Modern Novel*, 1973）。[3]《花园里的机器：美国的技术与

1　Michelle Balaev, "The Formation of a Field: Ecocriticism in America—An Interview with Cheryll Glotfelty." *PMLA*, 127.3 (2012), pp.607-616.

2　David Mazel ed. *A Century of Early Ecocriticism*. Athens, GA: U of Georgia P, 2001, p.6.

3　Lawrence Buell, *The Future of Environmental Criticism: Environmental Crisis and Literary Imagination*. Malden, MA: Blackwell Publishing, 2005, pp.13-14.

田园理想》从莎士比亚的《暴风雨》(*The Tempest*)入手，将
其视作"一则关于美国的寓言"，接着对爱默生、霍桑、梭
罗、菲茨杰拉德等作家的作品进行分析，充分审视了美国文
化中"田园想象"和"工业理想"之间的区别，展示了美国
文学中从工业社会退回理想田园的努力如何因为机器（当时
最重要的象征是代表技术、工业和经济发展的铁路）的入侵
而改变，提出以田园理想来对抗工业文明对自然的破坏。《现
代小说中的乡村与城市》植入作者自身从农村到城市的体验，
通过对英国文学中来自农村地区的工人阶层作家的作品的研
究，比如致力于描写多塞特郡荒原的托马斯·哈代、出身于
诺丁汉郡矿工家庭的 D. H. 劳伦斯等，揭示乡村与城市之间的
相互作用。遗憾的是，由于分析视野的局限，这两部研究专
著并没有直接催生文学研究中的环境转向，但为这个学科的
产生提供了范式。

　　作为文学批评流派的"生态批评"肇始于 20 世纪 90
年代。1992 年，借由美国文学年会的契机，生态批评的正
式组织"文学与环境研究会"(Association for the Study of
Literature and Environment，简称 ASLE)在内华达州里诺市
的一个小咖啡馆中诞生。1993 年，帕特里克·墨菲(Patrick
Murphy)创立了生态批评专刊《文学与环境跨学科研究》
(*Interdisciplinary Studies in Literature and Environment*，简称
ISLE)，刊登包括"生态理论、生态主义、自然的概念及
描述，人类 / 自然的关系以及相关问题"的论文。研究组
织的成立和研究期刊的创立使得生态批评"成为受学界认

可的研究领域"[1]。1996 年，格罗特费尔蒂和哈罗德·弗罗姆（Harold Fromm）合作编辑了第一本生态批评经典选集《生态批评读本》（*The Ecocriticism Reader: Landmarks in Literary Ecology*），成为了解生态批评发展历程的重要参考文献。格罗特费尔蒂还为生态批评做了一个简洁而通行的定义："生态批评就是对文学与自然环境之间关系的研究。"[2]从这个定义来看，生态批评借鉴诸如马克思主义批评、女性主义批评的研究范式，旨在提出一种批评的视角，而非像新历史主义、解构主义那样强调单一的、主导的批评方法，这使得生态批评在发展过程中可以与其他研究领域相融合，从而形成一个更大的聚合体。仰赖当时新上任的内华达大学英语系主任安·罗纳德（Ann Ronald）的推荐和支持，格罗特费尔蒂获得了美国第一个文学与环境教授席位，以一种被官方任命的形式使得这个学科正式走向了公众视野。[3]

虽然已经历时三十载，"生态批评"这个学术命名还未能获得所有人的认可，相关的学术命名有环境批评

1　Cheryll Glotfelty, "Introduction." in Cheryll Glotfelty and Harold Fromm Eds., *The EcocriticismReader: Landmarks in Literary Ecology*. Athens, GA: U of Georgia P, 1996, p.XVIII.

2　Cheryll Glotfelty, "Introduction." in Cheryll Glotfelty and Harold Fromm Eds., *The EcocriticismReader: Landmarks in Literary Ecology*. Athens, GA: U of Georgia P, 1996, p.XVIII.

3　Michelle Balaev, "The Formation of a Field: Ecocriticism in America—An Interview with Cheryll Glotfelty." *PMLA*, 127.3 (2012), pp.607-616.

（Environmental Criticism），比如布伊尔；自然文学研究，
比如程虹；绿色文化研究（Green Cultural Studies），比如
詹·霍克曼（Jhan Hochman）；等等。但不管是质疑还是反
对，生态批评已经成为当今文学研究的一个主流领域，这是
毋庸置疑的事实。

　　需要说明的是，本书在理论资源的选用上，不局限于用
"生态批评"进行论述的学术成果。尽管这个学科的命名还存
在争议，但这个学科已然对文学研究、文化研究产生了巨大
的影响，而且随着生态危机的愈演愈烈，我们可以预见生态
批评将在更多的学科领域引起更大的关注。

生态批评的发展："以波为喻"

　　进入 21 世纪，气候变暖、海平面上升、物种灭绝、怪
病丛生等各类生态问题不断涌现，为生态批评的迅速发展提
供了丰厚的现实土壤。借用布伊尔教授在《环境批评的未来》
中的划分方法，生态批评的发展至今经历了四波。关注荒野，
"为自然言说"[1] 为第一波；关注城市经验、环境正义与后殖民
研究为第二波；跨越国家与民族界限的 "比较生态批评"[2] 为第

1　Lawrence Buell, *The Environmental Imagination: Thoreau, Nature Writing, and the Formation of American Culture*. Cambridge, MA: Harvard UP, 1995, p.11.

2　唐梅花：《走向比较生态文学和比较生态批评——评索恩伯的〈生态含混〉》，《中国比较文学》2013 年第 4 期。

三波；借鉴"新物质主义话语"[1]研究，如何在气候变暖日益严重的世界里可持续发展及进行环境审美为第四波。

除了以波为喻，关于生态批评发展阶段的划分还有根状或茎块结构等方式。比如德勒兹（Deleuze）和瓦达利（Guattari）就认为，较之长期以来居主导地位的等级式树状结构，应该构建一个茎块结构。这种茎块结构，可以更好地理解（社会、文化、政治体系中的）人类与（自然或生态系统中的）非人类、现实与话语（叙述、文学和文化描述）之间的关系。如果我们可以想象"现实与叙述像缠绕在一起的根茎相互作用"[2]，我们就可以更好地理解人类与非人类如何相互置换和相互转变。但是，以波为喻仍然是目前生态批评学界最为通行的划分方式。

第一波生态批评：自然·荒野·生物科学

生态批评在产生之初就以强大的介入性进入批评领域，希望可以对现实的环境危机做出有价值的贡献。第一波生态批评专注于非小说、诗歌和小说对自然世界的认识和田园想象，试图恢复人类与自然的联结。

生态批评在第一波时几乎关注了英国浪漫主义诗人及

1　Scott Slovic, "Foreword." *New International Voices in Ecocriticism*. Ed. Serpil Oppermann. Lanham, MD: Lexington Books, 2015, p.VIII.

2　Noel Gough&Leigh Price, "Rewording the World: Poststructuralism, Deconstruction and the 'Real' in Environmental Education." *South African Journal of Environmental Education*, 21 (2004), pp.23-26.

其全部的后继者，从威廉·华兹华斯到亨利·梭罗，从苏珊·库柏（Susan Cooper）到温德尔·贝瑞（Wendell Berry），再到安妮·迪拉德等。代表性的论著包括贝特的《浪漫的生态学：华兹华斯和环境传统》（*Romantic Ecology: Wordsworth and the Environmental Tradition*, 1991）、卡尔·克罗伯（Karl Kroeber）的《环境文学批评：浪漫的想象和精神生物学》（*Ecological Literary Criticism: Romantic Imagining and the Biology of Mind*, 1994）、布伊尔的《环境的想象：梭罗、自然书写和美国文化的形成》。《浪漫的生态学：华兹华斯和环境传统》考察了 19 世纪早期英国的浪漫主义作家们如何以自己生活的区域为创作的中心，又如何以自己的创作来回应生态科学、生态伦理等。《环境文学批评：浪漫的想象和精神生物学》指出生态批评应当与广泛的社会活动重新建立联系，尤其是对当代科学思想的引入，有助于跨越人文和自然科学之间的界限，帮助我们更好地理解人类与我们所居住的地球之间的相互联系。《环境的想象：梭罗、自然书写和美国文化的形成》从梭罗生态思想的形成史和美国生态文化的发展史两条线索入手，研究美国文学中的自然书写传统。

毋庸置疑，对荒野自然的关注是第一波生态批评最突出的特征，但需要特别指出的是，由于初创期对生态学的借鉴，第一波生态批评相较于后来的三个阶段，尤其强调掌握科学知识、了解科学规律的重要性。这是中国学界在评介西方生态批评发展历程中一直未给予充分重视的维度。

约瑟夫·密克尔（Joseph W. Meeker）的《喜剧的幸存：文学生态学和戏剧伦理学》（*The Comedy of Survival: Literary Ecology and a Play Ethic*, 1997）将生物的适应性行为作为区分悲喜剧的重要依据，他从生态学的视角重读了但丁、莎士比亚和威尔逊等人的作品，展示了喜剧在人类行为和动物行为之间的普遍性，指出喜剧形式如何帮助我们与自然和谐相处，而悲剧又怎样交织着人类对自然的破坏。该书的第四章"哈姆雷特与动物"以我们非常熟知的文艺复兴时期的代表作莎士比亚的《哈姆雷特》为研究对象，不同于以往研究中的人文主义视角、精神分析、宗教观念以及伦理批评等，"哈姆雷特与动物"一章从生物学的视角重新探讨了哈姆雷特延宕的原因及意义所在。面对父亲暴毙、母亲改嫁的残酷事实，哈姆雷特没有选择利剑，而是用言语对自己的母亲表示愤怒，这其实是动物间流行的方式，目的是"为了赢得优势，而非彻底毁灭对方"[1]。当然，剧情的发展后来有点失控，不明所以的恋人奥菲莉娅因为无法接受哈姆雷特的疯癫和对其父的误杀而失去理性。与克劳狄斯将毒药灌进哥哥的耳朵的行为相比，哈姆雷特采用的谴责和指摘行为更像逃避，但这并非源于他的懦弱或犹豫，恰恰体现了他的英雄性，因为哈姆雷特成功地控制住了自己杀戮同类的欲望。可以说，此书不仅扩大了文学研究中将悲伤或幽默的主题作为判断悲喜剧的分类

1　Joseph W. Meeker, *The Comedy of Survival: Literary Ecology and a Play Ethic*.Tucson, AZ: U of Arizona P,1997, p.40.

标准，而且为西方文学经典提供了一个全新的研究视角，同时也为生态批评可以适用于任何一种文学体裁提供了一个成功的例证。

凯瑟琳·海勒（Katherine Hayles）的《我们何以成为后人类：文学、信息科学和控制论中的虚拟身体》（*How We Became Posthuman：Virtual Bodies in Cybernetics, Literature, and Informtics*）同样是生态批评第一阶段的力作。该书着力于探讨人类的技术、赛博格、信息科学在相关虚构作品中的文学想象。海勒认为，人类的主体性是被建构的，而非一种生物性的存在，以此来破除人类对自然的傲慢和自以为是的幻觉，指出"人的生命扎根于复杂多样的物质世界，人的延续离不开物质世界"[1]，强调人与自然之间不可分割的联系。有意思的是，恰恰因为海勒的书中涉及太多的科学知识使它在生态批评界未能得到足够的重视，直至近几年后人类理论勃兴，该书才成为其重要的理论来源。

由此可见，第一波生态批评在非小说领域用力颇勤，同时兼顾了戏剧和小说领域，成功地拓展了生态批评的研究疆域，也为当下新兴理论领域的发展奠定了重要的基础。但形成于美国白人主流文学研究界的生态批评慢慢显示出它的傲慢和偏狭，比如对英语文学作品，尤其是英美文学的过度关注。"为了拓展读者和批评者的视野，有必要重新思考生态批

1　［美］凯瑟琳·海勒：《我们何以成为后人类：文学、信息科学和控制论中的虚拟身体》，刘宇清译，北京大学出版社，2017。

评对某些题材、某些民族的文学以及民族文学中的某些种族的偏爱。"[1]

第二波生态批评：城市・女性・动物

如果说第一波生态批评关注自然荒野，那么第二波生态批评则开始于对非自然环境的关注，同时由于对城市的回归，第二波生态批评开始关注女性、动物以及族裔文学，并催生了后殖民生态批评、生态正义等新的研究分支。

ASLE 前任主席凯瑟琳・华莱士（Kathleen Wallace）认为应该将 1999 年在西密歇根大学举行的第三届 ASLE 年会视作第二波生态批评开始的标志。[2] 理由有二：一是该年会将主题定为被人类改变的自然；二是年会选举产生的领导机构具有多元文化背景。同年，米歇尔・本尼特（Michael Bennett）和大卫・蒂格（David W. Teague）合作编辑的《城市自然：生态批评与城市环境》（*The Nature of Cities: Ecocriticism and Urban Environments*）出版，该论文集"第一次将城市的概念引入生态批评视野"[3]，试图弥合环保主义、

1　Patrick D Murphy, *Farther Afield in the Study of Nature-Oriented Literature*. Charlottesville, VA: U of Virginia P, 2000, p.58.

2　Karla Armbruster & Kathleen Wallace, "Introduction: Why Go Beyond Nature Writing, and Where to Go?" *Beyond Nature Writing: Expanding the Boundaries of Ecocriticism*. Eds. Karla Armbruster and Kathleen Wallace. Charlottesville, VA: U of Virginia P, 2001, p.3.

3　马特：《西方生态批评的新视野：城市生态批评研究述评》，《鄱阳湖学刊》2018 年第 6 期。

文化研究和城市体验之间的历史鸿沟，"提醒城市居民他们在生态系统中的位置，强调重新认知城市自然和城市文化之间关系的重要性"[1]。

帕特里克·墨菲（Patrick D. Murphy）的《自然导向文学研究的更广阔领域》（*Farther Afield in the Study of Nature-Oriented Literature*, 2000）、布伊尔的《为濒危的世界写作：美国及其他地区的文学、文化和环境》（*Writing for an Endangered World: Literature, Culture, and Environment in the U.S. and Beyond*, 2001）和卡拉·安布鲁斯特（Karla Armbruster）与凯瑟琳·华莱士合作编辑的《超越自然书写：扩大生态批评的疆界》（*Beyond Nature Writing: Expanding the Boundaries of Ecocriticism*, 2001）为第二波生态批评的建构提供了可供参考的研究范式。《自然导向文学研究的更广阔领域》关注了美国少数族裔文学和美国以外的其他国家（比如加勒比海地区、中美洲、日本等）的文学，墨菲主张"用自然导向的文学概念来扩大生态批评对文学的包容性"[2]，并用自己的研究证明了扩展研究领域、关注更多的文本有助于生态批评的良性发展。难能可贵的是，此书还非常有预见性地提出了生态批评应该注重跨民族性和比较性研究，成为第三波生态批评的理论基础。在《为濒危的世界写作：美

1　Michael Bennett & David W. Teague Eds., *The Nature of Cities: Ecocriticism and Urban Environments.* Tucson, AZ: U of Arizona P,1999, p.6.

2　Patrick D Murphy, *Farther Afield in the Study of Nature-Oriented Literature.* Charlottesville, VA: U of Virginia P, 2000, p.58.

国及其他地区的文学、文化和环境》中，布伊尔通过对沃尔特·惠特曼和威廉·卡洛斯·威廉斯（William Carlos Williams）、奥尔多·利奥波德和威廉·福克纳等作家的作品进行对比研究，倡导人们重新思考"城市与自然的相互作用以及文学的想象"[1]，将城市环境和乡村环境一起纳入考察的范畴。论文集《超越自然书写：扩大生态批评的疆界》不仅包括对乔叟、弗罗斯特等经典英美作家的研究，还包括对托妮·莫里森等美国黑人作家生态观念的探索，同时论及了电影、科幻文学、网络文学中所蕴含的生态问题。主编安布鲁斯特和华莱士坚信生态批评可以为任何文学和理论领域提供批评视角，这是他们为了"使生态批评不至于被边缘化成虽有意思却最终不能持续发展的英语系的一个子学科的努力"[2]，堪称生态批评跨越文学体裁和扩大学科范畴的典范。

随着生态批评研究视域的不断扩大，种族、动物进入了研究的范畴，出现了生态正义、后殖民生态批评等相关研究论著。乔尼·亚当森（Joni Adamson）编辑的《环境正义读本：政治学、诗学、教育学》（*The Environmental Justice Reader: Politics, Poetics and Pedagogy*, 2002）基于地方和全球

1　Lawrence Buell, *Writing for an Endangered World: Literature, Culture, and Environment in the U.S. and Beyond.* Cambridge, MA: Harvard UP, 2001, p.8.

2　Armbruster, Karla and Kathleen Wallace, "Introduction: Why Go Beyond Nature Writing, and Where to Go?" *Beyond Nature Writing: Expanding the Boundaries of Ecocriticism.* Eds. Karla Armbruster and Kathleen Wallace. Charlottesville, VA: U of Virginia P, 2001, pp.3-4.

双重背景，从政治、经济、文化等不同层面审视环境正义。
该论文集将环境问题视为社会不平等和阶级压迫的重要组成
部分，关注贫困社区和有色人种地区，维护可以维持其文化
可持续性的自然资源的种种努力，并从不同的地理、种族和
学科角度呼吁环境正义。2005 年以后兴起的后殖民生态批评，
把关注点转到殖民压迫和生态破坏、资源不公、分配不平等
等环境非正义问题上，把批评的重心转移到撒哈拉沙漠地区、
加勒比海地区和拉丁美洲文学上。英国学者格雷厄姆·哈根
（Graham Huggan）和澳大利亚学者海伦·蒂芬（Helen Tiffin）
合著的《后殖民生态批评：文学、动物、环境》（*Postcolonial
Ecocriticism: Literature, Animals, Environment*, 2010）分别从环
境和动物批评两个角度思考后殖民，考察了包括库切、笛福、
奈保尔等诸多作家在内的后殖民文本，思考人类、动物和环
境之间的关系。作者认为人类如果无法正确处理与非人类动
物以及其他族裔的等级关系，无法正确对待群体间的生态连
接，那么人类的自由将无从谈起。

　　温迪·伍德沃德（Wendy Woodward）在《动物的凝
视：南非叙述中动物的主体性》（*The Animal Gaze: Animal
Subjectivities in Southern African Narratives*, 2008）中将生
态批评实践与生活方式的选择，比如素食主义或杂食主义相
联系，并且把生态正义的范畴扩大到包括非人类物种以及它
们的权利。在南非作家的笔下，牛、马、鸟、狮子、豹、鲸
鱼等动物不再是宠物或者野性景观的象征，而是具有复杂情
感和道德的主体，有开心的权利，也有面对死亡的恐惧。当

动物的主体性得到承认时，来自动物的凝视和人类的反应就是跨物种的交流，从而消除了人类居高临下的审视感和优越感。此书融合了动物伦理、动物研究、文学研究以及非洲传统思想，从不同的角度来思考非人类动物与人类之间的关系。

第二波生态批评引发了对城市自然的关注，开启了比较生态批评的先河，与女性主义、后殖民批评、动物研究等西方当代重要的批评流派产生了深度联结并相互促进。

第三波生态批评：跨种族·跨学科·跨文化

随着研究范畴的扩大，生态批评开始往纵深方向发展，跨越了文化与民族的界限。相较于第一波生态批评对经典英美文学作品的关注，第二波生态批评开始转向族裔文学、非洲文学和加勒比海地区的文学，但依然没有跳出英语文学的世界，跨语言研究依然是少数，甚至很多东亚学者也更多关注英语文学而忽略了本国文学，跨学科研究处于起步阶段。第三波生态批评与其他学科的联系更加密切，并"跨越了种族和民族的界限，从生态视角探索人类体验的方方面面"[1]。

第三波生态批评借鉴比较文学的跨学科特征，将文学研究与人类学、地质学、历史学、语言学、哲学等学科相联系，不仅扩大了生态批评的研究领域，而且拓展了生态批评的研

1　Joni Adamson & Scott Slovic, "Guess Editors' Introduction: The Shoulders We Stand on: An Introduction to Ethnicity and Ecocriticism." *MELUS* 34.2, 2009 Summer, pp.5-24.

究范式。蒂莫西·莫顿（Timothy Morton）的《自然之外的生态》（*Ecology Without Nature*, 2007）问世可以看作生态批评的魔咒，它企图扭转 21 世纪文学研究的语言转向，却成了解构主义的佐证。之所以说是"解构"，是因为莫顿的目的不是为我们提供一个崭新的、更好的方式去理解那个非人类世界，他只是在拆解之前生态批评中对于自然的浪漫想象。莫顿认为，现代意义的"自然"不过是对自 18 世纪中叶已降欧洲资本主义造成的掠夺的浪漫反映。充满悖谬的是，我们越尊重自然，越欣赏自然，它离我们越远，越成为模糊、超验的存在。于是，自然就变成了资本货架上的一个商品，或是一个作用相当于麻醉剂的审美对象。

厄休拉·K.海塞的《处所意识和星球意识：全球的环境想象》对生态批评新的发展阶段中处所的地方性和全球性体验之间的矛盾和张力做了阐述。海塞质疑源于美国的无根感产生的生态区域主义思想在全球危机时代的适用性，美国是个流动性很强的国家，身份认同应该也只可能发生在路上，而不是某个固定的地方性处所。因此，此书致力于引导人们把对地方处所的依附扩大到全球。世界上并没有原始的荒原，更没有不被全球联系影响的本土地理，在全球联系日益紧密的语境下，"环境主义者面临的挑战是将文化想象的核心从本土处所意识转到更系统化、更少受到疆界限制的星球意识"[1]。该书借鉴了全球化理论和风险理论，分析了来自英国、美国

1　Ursula K. Heise, *Sense of Place and Sense of Planet: The Environmental Imagination of the Global*. New York, NY: Oxford UP, 2008, p.56.

和德国的文学、电影和新媒体文本，关注了人口过剩、热带雨林破坏、化学物泄漏、核污染等全球性环境问题，论证了这些环境危机如何变成了全球风险，倡导建立生态世界主义的批评视野。

卡伦·索恩伯的《生态含混：环境危机与东亚文学》的出版使得跨文化研究真正成为第三波生态批评的重要标志。作者综合运用平行研究、影响研究和阐发研究等方法比较研究了当代中国、日本、韩国和中国台湾地区的生态文学，大大延展了比较文学的生态视域，增强了东亚文学在生态批评中的在场性。尽管自第二波生态批评开始，国际生态批评学界就开始重视各国生态批评的发展，但像索恩伯这样直接引用中、日、韩语作品和研究资料的学者仍很罕见。索恩伯指出的生态文学普遍存在生态思想与非生态思想并存的含混现象，为深入思考生态问题提供了一个崭新的视角，对生态批评全面、准确地理解和评价文学作品中的生态思想具有重要的意义，也因此成为本书立论的一个重要理论基础。

第三波生态批评将研究视角扩大到了世界各地、各个民族、各个语种的生态书写，打破了美国中心主义，使得生态批评成为跨文化的批评理论。

第四波生态批评：物质·身体·叙事

生态批评进入第四波的标志是对新物质主义批评话语的引进。2012 年秋，《文学与环境跨学科研究》（ISLE）推出了关于物质生态主义的专辑，主编斯洛维克认为，"生态批评的物质转向可以代表崭新的'第四波生态批评'。"[1]

斯特西·阿莱莫（Stacy Alaimo）和苏珊·海克曼（Susan Hekman）合作主编的《物质女性主义》（*Material Feminisms*, 2008）从女性的实际体验角度审视身体与自然的冲突，凸显生态女性主义的物质转向。该书解构了西方传统思想中的二元对立思想，比如自然与文化、身体与精神等，颠覆了女性与自然、男性与文化相融合的二元性，探讨如何在一个非二元论的思想体系中有效连接话语与物质。阿莱莫提出的"跨物质"[2]（trans-corporeality）解释了人类身体和非人类世界之间的交互关系。

两年后，阿莱莫又出版专著《身体自然：科学、环境和物质自我》（*Bodily Natures*: *Science, Environment, and the Material Self*, 2010）提醒我们，人类的身体和非自然共存于同一个物质世界中，人的身体与物质世界有着千丝万缕的联系，进行着空气、水、食物等物质的交换，而你的身体清楚地知道你所处的阶级位置。因此，身体其实是自然、风险、物质及权力的综合体，是由"生物、气候、经济和政治力量相互作用最终形成的难以绘制的复杂景观"[3]。

可以说，物质具有施事能力是新物质主义最具核心意

1　Scott Slovic, "Editor's Note." *ISLE* 19. 4 (2012), p.619.

2　Stacy Alaimo & Susan Hekman, *Material Feminisms*. Bloomington, IN: Indiana UP, 2008, p.238.

3　Stacy Alaimo, *Bodily Natures*: *Science, Environment, and the Material Self*. Bloomington, IN: Indiana UP, 2010, p.2.

义的观点，关于自然力量的表现在每一个文学传统中都可以找到这样例子。简·本尼特（Jane Bennett）的《活力的物质》（*Vibrant Matter*, 2010）致力于"将物质从长期自动化或机械化的历史中解救出来"[1]。她追溯了西方哲学中关于物质活力的思想，研究了斯宾诺莎、尼采、梭罗、达尔文、阿多诺和德勒泽等人关于物质的思考，探讨物质自身的政治意义和理论意义。塞雷内拉·约维诺（Serenella Iovino）和塞普尔·奥普曼（Serpil Oppermann）的《物质生态批评》（*Material Ecocriticism*, 2014）进一步强调了物质的叙事能力，认为世界是由具有故事的物质组成，而物质都是具有叙事能力的主体。[2] 换言之，物质并非固定不变的东西，而是具有能动性的主体。进言之，不仅人类，非人类主体同样具有生成故事的能力。物质不是静止、分离的，而是动态、充满活力的现象中介，这些中介"可以被'读成'和理解成组成叙述和故事"[3]。

艾琳·詹姆斯（Erin James）的《故事世界：生态叙事学和后殖民叙事》（*The Storyworld Accord: Econarratology and Postcolonial Narrative*, 2015）将生态叙事提升到了理论的层次。该书通过对特立尼达和尼日利亚作家的后殖民文本的分

1　Jane Bennett, *Vibrant Matter*: A Political Ecology of Things. Durham, UK: Duke UP, 2010, p.3.

2　Serenella Invino & Serpil Oppermann. "Material Ecocriticism: Materiality, Agency, and Models of Narrativity." *Ecozone* 3.1 (2012), pp. 75-91.

3　Serenella Iovino & Serpil Oppermann. "Stories Come to Matter." *Material Ecocriticism*. Ed. Serenella Iovino and Serpil Oppermann. Bloomington, IN: Indiana UP, 2014, p.1.

析，探讨生态词语、生态结构等生态叙事方法如何帮助读者借助想象体验作品中的生态问题，从而在叙述者与读者之间建立联系。詹姆斯认为，后殖民生态批评倾向于忽视后殖民文学中对环境的想象性表现，而阅读后殖民文本中的故事有助于通过叙事形式和叙事结构更充分地考虑文化、意识形态、社会和环境的问题。

第四波生态批评不仅从单纯的人类 – 自然单维联系转向更复杂多元的生态 – 人文多重联系，而且转向探讨物质自身的施事能力和叙事能力，这为生态批评如何理解人类与非人类自然之间的非人类中心主义的关系提供了一个重要的途径，这也是生态批评与后现代主义相结合的最明显的例子。

小 结

正如前文提到的，生态批评的各个发展阶段之间不是泾渭分明的，而是相互交叠的。生态批评发展了三十多年后的今天，我们依然会发现，有些依然关注荒野，有些则转向城市和族裔；有些依然继续强调种族、阶级、性别等各种人类社会面临的生态非正义，还有些则强调人类共有的环境压力，如全球变暖、土壤恶化、污染物扩散和生物多样性的丧失问题。近几年来，关于人类世[1]的提法改变了很多理论的走向，

----

1 P. J. Crutzen & E. F. Stoermer. "The 'Anthropocene'." *Global Change Newsletter*, 41 (2000), pp. 17-18.

也波及生态批评领域。在人类历史上，毁灭性行为时常发生，比如战争、乱砍滥伐，但破坏都是短期的、局部的，自然尚有自我更新和恢复的能力。而如今，在高科技的指引下，人类第一次具有了大范围改变这个星球的能力和彻底破坏整个生态的力量。在生态危机面前，没有哪一个国家可以独善其身，没有哪一个地区可以置身事外。生态危机是全人类的危机，因此，我们需要从近几十年来基于阶级、种族、性别、权力的不同来进行研究，转向将全人类视为一个整体来进行研究，这是一次历史性转变。

当然，我们也会时不时地陷入各种怀疑之中。因为，正如我们所看到的，在学术领域提高人们减少生态破坏、维护生态平衡的意识并没有阻止人为生态灾难的发生，那么生态批评可以做什么？尽管不能立竿见影，生态批评确实在发挥作用，提高了人们的生态意识，潜移默化地推动社会的变革。我们应该相信，当我们在课堂上引入生态批评的解读视角时，我们就将生态思维传达给了学生，引发学生的思考，他们又将影响更多人；我们应该相信，当我们把梭罗、缪尔、利奥波德等作家的生态作品推荐给读者阅读时，一定会给他们带来思想风暴，也许会影响他们对待生活的态度，也许会在将来的某一天催生他们身为自然一分子的生态责任感。其实，这个问题本身就是一个伪命题，就像我们在问：文学有用吗？也许文学是所有学科之中最无用的学科，但正是这种看似无用的学科引领了人类文明的进程，不是吗？无用之用，乃为大用。

只是，身为生态批评学者，看到很多非文学的文化形式在生态批评界占据更为重要的地位，多少有点无奈。被后来的生态批评学者视作"直接推动了世界范围的生态思想和环保运动发生和发展"[1]的蕾切尔·卡森的《寂静的春天》在文学性上经常遭到质疑，但它在问世之后的十年时间里被翻译、介绍到许多国家，不少作家给予了回应。卡森认为DDT的使用造成严重的生态问题，日本作家吉佐和子抱持着同样的批判态度，出版了《复合污染》（*Compound Pollution*, 1975），对1956年日本因为工业污水中汞含量严重超标造成的水俣病进行了尖锐揭露。但《寂静的春天》并不是最典型的例证，在生态批评界还有一部奇书，即罗马俱乐部于1972年公布的由丹尼斯·米都斯主笔的《增长的极限》。这是一本基于数据模型对世界人口快速增长可能导致的各种资源极限进行分析的小书，在生态批评发展史中占据了极为重要的地位。我们还发现，世界上很多地方的生态运动受到文学之外的媒介的激励远超过文学，比如"国家地理"（National Geographic Channel）、"探索频道"（The Discovery Channel）等电视频道；比如美国前总统阿尔·戈尔致力于传达全球变暖的纪录片《难以忽视的真相》（*An Inconvenient Truth*, 2006）等。互联网的广泛使用更是"拓宽了风险传播的渠道，拓展了风险传播的广度，同时也为各个利益集团提供了新的

1　王诺:《欧美生态文学》，北京大学出版社，2003。

机会去影响、干扰正确信息的传达"[1]。那么，文学真的式微了吗？

毋庸置疑，生态批评可以对其他文化形式进行研究，一是因为文学与文化的其他形式是不可分割的，二是因为当代文化形式，比如电影、歌曲和广告有着更广大的受众群体。而关注更广阔的文化形式，也是生态批评介入复杂现实和拥有多重声部的必要条件。但是，问题也随之而来，当文学批评转向这些对象——科普文章、旅途见闻、电影纪录片时，就与传播学的研究相重叠了，这些会成为生态批评学科发展的绊脚石吗？如果我们深信在人文学科不断萎缩的时代，文学研究应该拥有自己的范式和审美诉求，那么这种无限扩大必然会导致研究对象和研究焦点的扩散，从而失去自身的独特性和存在性。当然，答案也可以是否定的，因为从20世纪80年代开始，文学研究都致力于关注更宽泛的领域。如果这样，我们是不是应该重新整合现有的学科定位，像海塞教授建议的那样，将生态批评视作生态人文的一个分支？"近十年来，很多文学研究领域的创新都给自己冠上'人文'后缀，用以代替之前的'－主义'，比如数字人文，还有医药人文、空间人文、环境人文和公共人文。"[2]生态人文这个命名是否

1　Sheldon Krimsky, "Risk Communication in the Internet Age: The Rise of Disorganized Skepticism." *Environmental Hazards*, Vol.7, 2007, pp.157-164.

2　Ursula K.Heise, *Comparative Literature and the Environmental Humanities*. http://stateofthediscipline.acla.org/entry/comparative-literature-and-environmental-humanities#sthash.A4d1BV5N.dpuf.

就优于生态批评呢？优点是生态人文可以整合不同学科的资源，包括生态哲学、环境史、生物学、生态批评、文化地理学、政治生态学、环境传播学、性别研究等，以使这个新的学术命名规避研究者对生物、生态、自然、环境危机的无知，更具跨学科性，更好地进入公众领域。但如果这样随意扩大一个学科的批评范畴，是不是就没有必要区分不同批评方法？换言之，是不是所有的批评流派都可以整合成某个整体流派的一部分？而且扩大之后该如何确立这些领域之间共同的概念和方法？

　　作为一本生态批评作品，本书在对生态批评发展的各个阶段进行梳理时注意抓住重点，肯定发展但也提出质疑，因为回避问题的存在并不会让问题消失，然而，解答以上问题并非本书的目的。因为不管生态批评的最新转向是超物质、赛博格、物质，还是动物，它们的目的都是一样的：重新思考人类在自然中的位置，重新思考人类与非人类的关系，找寻人与自然的和谐相处之道，而这个初衷，我认为在梭罗的作品中已经得到了充分体现。因此，本书的目的是在整合生态批评各个阶段的理论基础上，对经典生态文学作家梭罗的作品进行客观公正、全面深入的解析。前文所述的生态主义的核心思想、生态批评的基本原则与方法、生态含混的基本观点和批评范式，都是本书分析梭罗文本和阐释梭罗生态思想的前提。

参考文献

[1] Abbey, Edward. *Down the River*. New York, NY: First Plume Printing, 1991.

[2] Alcott, Amos Bronson. "The Forester." *The Atlantic Monthly*, Vol. IX, No. LIV, April 1862: 443-445.

[3] Bartlett, George B. *The Concord Guide Book*. Boston, MA: D. Lothrop, 1880.

[4] Bate, Jonathan. *The Song of the Earth*. Cambridge, MA: Harvard UP, 2000.

[5] Baym, Nina ed. *The Norton Anthology of American Literature: 1820-1865*.Vol.B, 6th ed. New York, NY: W. W. Norton & Company, 2003.

[6] — & Ronald Gottsman ed. *The Norton Anthology of American Literature*. Vol.I, 3rded. New York, NY: W. W. Norton & Company, 1989.

[7] Blake, H.O.G. *Early Spring in Massachusetts*. Boston, MA: Houghton Mifflin, 1881.

[8] Botkin, Daniel B. *No Man's Garden: Thoreau and a New Vision for Civilization and Nature*. Washington, D.C.: Island Press, 2001.

[9] Brinkley, Alan. *American History*. New York, NY: McGraw-Hill,

1995.

[10] Broderick, John C. *Thoreau's Principle of Simplicity.*The University of North Carolina at Chapel Hill, NC: ProQuest Dissertations Publishing, 1953.

[11] Brooks, Paul. *Speaking for Nature: How Literary Naturalists from Henry Thoreau to Rachel Carson Have Shaped America.* Boston, MA: Houghton Mifflin Company, 1980.

[12] Buell, Lawrence. *The Environmental Imagination: Thoreau, Nature Writing, and the Formation of American Culture.* Cambridge, MA: Belknap Press of Harvard UP, 1995.

[13] —. *The Future of Environmental Criticism: Environmental Crisis and Literary Imagination.* Malden, MA: Blackwell Publishing, 2005.

[14] Caldwell J. "Ten Volumes of Thoreau." *New Englander and Yale Review 55*, November 1890: 404-425.

[15] Cameron, Kenneth W. *Transcendental Log.* Hartford, CT: Transcendental Books, 1973, p.151. Firstly printed as S. Ripley Barlett, "Walden." *Concord Monitor, or American Saturday Review*, 17 May, 1862: 33-34.

[16] —. *American Renaissance Literary Report*, Vol.2. Hartford, CT: Transcendental Books, 1988: 123-124. Firstly printed as "Mr. Alcott on Thoreau." *Concord Freeman*, 19 August 1880: 8.

[17] Canby, Henry Seidel. *Thoreau.* Boston, MA: Houghton Mifflin Company, 1939.

[18] Case, Kristen. "Henry Thoreau, Charles Olson and the Poetics of

Place." *The Concord Saunterer*. New Series, Vol. 17, 2009: 44-72.

[19] Christy, Arthur. *The Orient in American Transcendentalism: A Study of Emerson, Thoreau and Alcott*. New York, NY: Columbia UP, 1932.

[20] Cook, Reginald Lansing. *The Concord Saunterer: Including a Discussion of the Nature Mysticism of Thoreau*. Middlebury, VT: Middlebury College Press, 1940.

[21] Dillard, Annie. *Pilgrim at Tinker Creek*. New York, NY: Harper Perennial, 1998.

[22] Emerson, Ralph Waldo. *Nature*. San Francisco, CA: Chandler Publishing Company, 1968.

[23] —. "Thoreau." *The Atlantic Monthly*, Vol.X, No.LVIII, August, 1862: 239-249.

[24] —. "Woodnotes." *The Dial,* October 1840: 242-245.

[25] Frost, David R. *Thoreau's Country: Journey through a Transformed Landscape*. Cambridge, MA: Harvard UP, 1999.

[26] Glotfelty, Cheryll and Harold Fromm ed. *The Ecocriticism Reader: Landmarks in Literary Ecology*. Athens, GA: U of Georgia P, 1996.

[27] Hahn, Stephen. *On Thoreau*. Belmont, CA: Wadsworth /Thomson Learning, 2000.

[28] Harding, Walter. *A Thoreau Handbook*. New York, NY: New York UP, 1959.

[29] —. *The Days of Henry Thoreau*. New York, NY: Dover Publications, 1982.

[30] Hildebidle, John. *Thoreau: A Naturalist's Liberty*. Cambridge, MA:

Harvard UP, 1983.

[31] Hubert, Philip G., Jr. *Liberty and a Living*. New York, NY: Putnam's Sons, 1889.

[32] Huth, Hans. *Nature and the American: Three Centuries of Changing Attitudes*. Berkeley, CA: U of California P, 1957.

[33] Ivanhoe, Philip J. "Early Confucianism and Environmental Ethics." *Confucianism and Ecology: The Interrelation of Heaven, Earth, and Humans*. Ed. Mary Evelyn Tucker and John Berthrong. Boston, MA: Harvard UP, 1998.

[34] Johnson, Rochelle L. *Passions for Nature: Nineteenth-Century America's Aesthetics of Alienation*. Athens, GA: U of Georgia P, 2009.

[35] Keiser, Albert. *The Indian in American Literature*. New York, NY: Oxford UP, 1933.

[36] Krutch, Joseph Wood. *Henry David Thoreau*. London, UK: Methuen & Co. Ltd., 1948.

[37] Leopold, Aldo. *A Sand County Almanac, and Sketches Here and There*. New York, NY: Oxford UP, 1968, c1949.

[38] —. *The River of the Mother of God*. Ed. Susan L. Flader and J. Baird Callicott. Madison, WI: U of Wisconsin P, 1991.

[39] Lewis, Sinclair. "One Man Revolution." *The Saturday Review of Literature*, Vol. XVII, No.7, 11 December. 1937.

[40] Lowell, James Russell. *Literary Essays*, Vol.1. Boston, MA: Houghton Mifflin Company, 1893.

[41] Lyon, Thomas J. ed. *This Incomperable Lande: A Book of American*

Nature Writing. Boston, MA: Houghton Mifflin Company, 1989.

[42] McCay, Mary A. *Rachel Carson*. New York, NY: Twayne Publishers, 1993.

[43] McIntosh, James. *Thoreau as Romantic Naturalist: His Shifting Stance toward Nature*. Ithaca, NY: Cornell UP, 1974.

[44] McKusick, James C. *Green Writing: Romanticism and Ecology*. New York, NY: Palgrave Macmillan, 2010.

[45] Miller, Perry. "Thoreau in the Context of International Romanticism." *The New England Quarterly*, Vol. XXXLV, No. 2, June, 1961: 150-151.

[46] More, Paul Elmer. "A Hermit's Notes on Thoreau." *The Atlantic Monthly*, Vol. LXXXVII, No. DXXIV, June, 1901.

[47] Myerson, Joel ed. *The Cambridge Companion to Henry David Thoreau*. Cambridge, UK: Cambridge UP, 1995.

[48] Nash, Roderick. *The Right of Nature: A History of Environmental Ethics*. Madison, WI: U of Wisconsin P, 1989.

[49] —. *Wilderness and the American Mind*. New Haven, CT: Yale UP, 1967.

[50] Newman, Lance. *Our Common Dwelling: Henry Thoreau, Transcendentalism, and the Class Politics of Nature*. New York, NY: Palgrave Macmillan, 2005.

[51] Paul, Sherman. *For Love of the World: Essays on Nature Writers*. Iowa City, IA: U of Iowa P, 1992.

[52] Primack, Richard & Abraham Miller- Rushing. "Uncovering,

Collecting, and Analyzing Records to Investigate the Ecological Impacts of Climate Change: A Template from Thoreau's Concord." *BioScience*, Vol. 62 (2), 2012: 170-181.

[53] Renehan, Edward J., Jr.*John Burroughs: An American Naturalist.* Post Mills, VT: Chelsea Green Publishing Company, 1992.

[54] Richardson, Robert D., Jr.*Henry Thoreau: A Life of the Mind.* Berkeley, CA: U of California P, 1986.

[55] —. "Thoreau and Concord." *The Cambridge Companion to Henry David Thoreau.* Ed. Joel Myerson. Cambridge, UK: Cambridge UP, 1995: 12-24.

[56] Ronald, Ann. ed. *Words for the Wild.* San Francisco, CA: Sierra Club Books, 1987.

[57] Rueckert, William. "Literature and Ecology: An Experiment in Ecocriticism." *The Ecocriticism Reader: Landmarks in Literary Ecology.*Ed. Cheryll Glotfelty and Harold Fromm.Athens, GA:U of Georgia P, 1996: 105-123.

[58] Schneider, Richard J.*Henry David Thoreau.* Boston, MA: Twayne Publishers, 1987.

[59] — ed. *Thoreau's Sense of Place.*Iowa City, IA: U of Iowa P, 2000.

[60] Slovic, Scott. *Going Away to Think: Engagement, Retreat, and Ecocritical Responsibility.* Reno, NV: U of Nevada P, 2008.

[61] Snyder, Gary. *The Gary Snyder Reader: Prose, Poetry and Translations.* Washington, D. C.: Counter Point, 1999.

[62] Stevenson, R. L. "Henry David Thoreau: His Character and

Opinions." *Cornhill Magazine*, June 1880; later republished in Stevenson. *Familiar Studies of Men and Books*. London, UK: Chatto and Windus, 1912, c1882: pp. 89-117.

[63] Thoreau, Henry David. *A Week on the Concord and Merrimack Rivers*. Boston, MA: Houghton Mifflin Company. 1893.

[64] —. *Miscellanies*. Boston, MA: Houghton Mifflin Company, 1893.

[65] —. *The Correspondence of Henry David Thoreau.Vol.I*.Ed. Robert N. Hudspeth. Princeton, NJ: Princeton UP, 2013.

[66] —.*The Maine Woods*. Boston, MA: Houghton Mifflin Company, 1893.

[67] —. *The Writings of Henry David Thoreau: Journal I、II、III、IX、VIII、XIV*.Ed. Bradford Torrey. Boston, MA: Houghton Mifflin, 1906.

[68] —. *Walden, Civil Disobedience and Other Writings*, 3rd ed. Ed. William Rossi. New York, NY: W. W. Norton, 2008.

[69] —. *Wild Apples and Other Natural History Essays*. Athens, GA: U of Georgia P, 2002.

[70] Thornber, Karen. *Ecoambiguity: Environmental Crises and East Asian Literature*. Ann Arbor, MI: U of Michigan P, 2012.

[71] Walls, Laura Dassow. "Greening Darwin's Century: Humboldt, Thoreau, and the Politics of Hope." *Victorian Review*, Vol. 36 (2), Fall 2010. pp.92-103.

[72] Worster, Donald. *Nature's Economy: A History of Ecological Ideas*. Cambridge, UK: Cambridge UP, 1985.

[73] —. *The Wealth of Nature: Environmental History and the Ecological*

Imagination. New York, NY: Oxford UP, 1993.

[74] ［德］爱克曼辑录《歌德谈话录》，朱光潜译，人民文学出版社，2000。

[75] ［美］比尔·麦克基本：《自然的终结》，孙晓春、马树林译，吉林人民出版社，2000。

[76] ［英］布赖恩·巴克斯特：《生态主义导论》，曾建平译，重庆出版社，2007。

[77] 陈初：《生态视角的梭罗评论的述评》，《三峡大学学报》2007 年第 3 期。

[78] 陈初：《梭罗的生态思想研究》，硕士学位论文，厦门大学，2007。

[79] 陈茂林：《和谐交融：梭罗的自然观及其启示》，《外语教学》2015 年第 5 期。

[80] 陈茂林：《诗意栖居：亨利·大卫·梭罗的生态批评》，浙江大学出版社，2009。

[81] 陈艳君：《绿色的呼唤：梭罗生态思想研究》，硕士学位论文，湖南师范大学，2015。

[82] 程虹：《超越绿意：美国自然文学作家克鲁奇》，《读书》2015 年第 12 期。

[83] 程虹：《寻归荒野》，生活·读书·新知三联书店，2001。

[84] 程顺溪：《处所视角的梭罗作品研究》，硕士学位论文，厦门大学，2015。

[85] 程映红：《瓦尔登湖的神话》，《读书》1996 年第 5 期。

[86] ［美］戴斯·贾丁斯：《环境伦理学：环境哲学导论》，林官明、

杨爱民译，北京大学出版社，2002。

[87] 〔美〕得利斯：《梭罗》，曾永莉译，名人出版事业股份有限公司，1982。

[88] 《庄子》，方勇译注，中华书局，2010。

[89] 龚晓辉：《进入〈瓦尔登湖〉》，《名作欣赏》2005 年第 12 期。

[90] 何怀宏主编《生态伦理：精神资源与哲学基础》，河北大学出版社，2002。

[91] 何怀宏：《事关梭罗》，《读书》1997 年第 3 期。

[92] 何怀宏：《梭罗与他的湖》，《中国校园文学》2019 年第 13 期。

[93] 〔英〕基思·托马斯：《人类与自然世界》，宋丽丽译，译林出版社，2008。

[94] 〔德〕康德：《纯粹理性批判》，蓝公武译，商务印书馆，2005。

[95] 雷毅：《深层生态学：阐释与整合》，上海交通大学出版社，2012。

[96] 李静：《梭罗自然观的当代意义》，《西南农业大学学报》（社会科学版）2008 年第 1 期。

[97] 李小重：《在荒野中保留着一个世界：论梭罗的生态保护思想》，《高等函授学报》2001 年第 5 期。

[98] 〔美〕列奥·施特劳斯：《自然权力与历史》，彭刚译，生活·读书·新知三联书店，2003。

[99] 林语堂：《生活的艺术》，赵裔汉译，陕西师范大学出版社，2008。

[100] 刘略昌：《梭罗与中国：东学西传后的西学东渐》，九州出版社，2018。

[101] 鲁枢元:《陶渊明的幽灵》,上海文艺出版社,2012。

[102][美]罗伯特·米尔德:《重塑梭罗》,马会娟、管兴忠译,东方出版社,2002。

[103][美]罗伯特·塞尔编《梭罗集》,陈凯等译,生活·读书·新知三联书店,1996。

[104][美]罗尔斯顿:《哲学走向荒野》,刘耳、叶平译,吉林人民出版社,2000。

[105] 苏贤贵:《梭罗的自然思想及其生态伦理意蕴》,《北京大学学报》2002 年第 2 期。

[106][美]托马斯·弗里德曼:《世界又热又平又挤》,王玮沁等译,湖南科学技术出版社,2009。

[107] 王诺:《欧美生态文学》,北京大学出版社,2003。

[108] 王诺:《生态批评与生态思想》,人民出版社,2013。

[109] 王诺:《外国文学:人学蕴涵的发掘与寻思》,科学出版社,1999。

[110] 王诺、陈初:《梭罗简单生活观的当代意义》,《烟台大学学报》2009 年第 3 期。

[111] 苇岸:《太阳升起以后》,中国工人出版社,2000。

[112] 夏光武:《美国生态文学》,学林出版社,2009。

[113] 谢志超:《超验主义对儒家思想的接受研究》,北京大学出版社,2012。

[114][古希腊]亚里士多德:《政治学》,吴寿彭译,商务印书馆,1995。

[115] 杨伯峻译注《论语译注》,中华书局,2006。

[116]［美］约翰·缪尔:《我们的国家公园》，郭名倞译，吉林人民出版社，1999。

[117] 章海荣:《可持续发展背景下的生态阅读》，《读书》2005 年第 2 期。

[118] 张群芳:《绿色荒野的生命体悟：论梭罗的自然观与生态思想》，硕士学位论文，广西师范大学，2005。

[119] 赵英:《从生态思想的角度看徐迟对〈瓦尔登湖〉的误译》，《南京师范大学文学院学报》2008 年第 4 期。

[120]［日］中野孝次:《清贫思想》，劲宇达译，上海三联书店，1997。

[121] 周晓立:《〈瓦尔登湖〉中的东方思想辨析》，《华侨大学学报》（哲学社会科学版）1998 年第 1 期。

后 记

直到我们迷了路，直到我们失去了这个世界，我们才开始发现自己。

——梭罗

本书从写作到出版经历了一个漫长的过程，从博士学位论文选题确立到如今终于与读者见面，前后经过了十年的时间。最终促成我将这本"未完成的"书出版的一个很重要的因素，是我终于想明白了一个道理：我没有理由因为书稿存在的种种不足和瑕疵而让它无缘问世，因为它承载了我的苦痛、挣扎和艰难的岁月。对于仍在学术道路上苦苦前行的人而言，它既非起点，亦非终点，它只是一个驿站，一个慰藉，一个交代。

如果说人生是一场漫长的修行，那么读博应该算是其中最艰辛、最孤独的方式之一了。上不能侍亲，下不能教子，其中种种苦涩和愧疚难以与人言。当然，这一切都已过去，或许这一切本不值得一提，这世间谁不是负重前行？又有谁不是伤痕累累？只是过去几年，我面对这本书稿就如同卡夫卡所言的"像从别人的摇篮里偷来的孩子"。博士学位论文原本应是自己未来学术生涯的起点，却因为选题预设、观点预设而不能充分表达自己的观点，终究充满遗憾。对此，我耿耿于怀，无法放下。现在想来，实为读书人的死心眼和不上道。既已毕业，自己的论文当由自己做主。在此，我想重申一下我的观点：承认梭罗思想中存在矛盾其实与生态批评的初衷并不冲突，相反，更能真切地反映出他生态思想的不同维度；为了自圆其说刻意回避与观点不符的事实，并非一个严谨的学者应有的态度，恰恰反映的是学术上的不自信。

平心而论，除去学术上的不容质疑，我打心眼里感谢我的博士生导师王诺教授，感谢他在我读博期间对我的指导和历练。谢谢他在学业上对我的严格要求，如果没有导师在博一时对我进行的魔鬼式训练，我不可能在博一上学期完成博士毕业需要发表的两篇 CSSCI 论文。犹记得博一上学期的生态哲学课，导师要求我一学期看完 60 本书，每个月上一次课，每次课看完 12 本书，然后背着去上课，导师从其中抽取任一本随意翻到任一页开始提问，这番压力让我在结课两周之内完成了一篇论文，并发表在《南开学报》的头版上，这也成为了我至今最辉煌的学术战绩。尽管我如今经常处于倦怠状态，但那段经历让我始终相信自己具有绝地反杀的能力。感谢王诺教授，他让我在重返讲台之后对学生宽容了许多！感谢王诺教授，他让我知道自己的人生充满了无数的可能！

在数十年的学习和工作生涯中，能遇见王立新教授并投入他的门下是我此生之幸。虽已从南开毕业十几年，但在老师心里，我始终是那个 16 岁就上了大学的小女孩。在我重返讲台之后，老师曾对我恨铁不成钢："我怎么觉得你博士毕业之后写的东西还不如本科时的？不管经历了什么，我希望可以看到当年那个自信、阳光的小姑娘。"虽然很受挫，很受打击，但是老师让我想起曾经那个意气风发、自信满满的自己，那个在南开大中路上悠游自在的自己，那个大三时的学年论文、大四时的本科毕业论文都可以正式发表的学术苗子。重拾信心的道路很艰难，但我还是决定从头开始。感谢王立新教授，他让我知道一个优秀的老师应有的样子！感谢王立新教授，他让我在灰头土脸的不堪生活中想起那个过去眼里有光的自己！

漂泊半生，一事无成，感谢家人的包容和支持！尤其是祖母的体谅和母亲的关爱。祖母一直是我的精神支柱，我记得当时为了申请国家留学基金委（CSC）的资助名额，我花了很多时间备战托福，却因种种原因成绩不太理想，生平第一次祖母跟我说："如果你已经尽力了，你要学会正视自己的力所不及。"我知道，祖母不是在否定我，而是在心疼我。她在告诉我人生其实有很多选择，有很多替代项，不是非如此不可的，我也可以做不到，我也可以选择放弃。当然，最后我还是顺利拿到了 CSC 的资助，到哈佛大学访学一年。我从小体弱多病，母亲曾与我言，能够长大成人已是她对我最大的期待。在我远涉重洋的那一年，只有母亲去看我。这本不足为奇，可我的母亲当年因为外祖父家里穷，一天学都没有上过。我至今都无法想象目不识丁的母亲是如何鼓足了勇气才决定迈出国门！我至今都不知道在波士顿的罗根机场一个英语单词都不会的母亲经历了怎样的焦灼！感谢我的祖母和我的母亲，她们代表了中国大地上支撑着一个个家庭的无数伟大而坚强的普通女性！

感谢我的孩子，感谢他在我疏于陪伴的岁月里，勇敢、坚强、健康地成长！感谢他用全部的爱支持我去追逐自己的梦想！在他读幼儿园中班时，我辞职读博，他跟着转学到厦门；在他小学一年级时，我到美国访学，他因此有整整365天见不到自己的妈妈；在他小学四年级时，我重新入职，他又跟着转学到漳州。当年那个4岁的孩子，如今已长成了15岁的少年。他让我明白亲子关系也应该是劳伦斯说的"双星平衡式"发展。他的督促让我最终将论文修改成书，他的信任让我最终没有放弃自己。感谢儿子在我无暇照顾他时对我的理解，感谢儿子在我陷入绝境时给予我的关怀和陪伴，感谢儿子无论何时都觉得妈妈可以的信任和引以为傲！

最应该感谢的是陪我走过前半生、不离不弃的自己。不管是小学时那个横冲直撞的自己，初中时那个愤世嫉俗的自己，高中时那个迷茫徘徊的自己，还是大学时那个志得意满的自己，硕士研究生时那个肆意洒脱的自己，抑或博士研究生时那个从波峰掉入波谷的绝望无助的自己，还是如今这个平凡无奇的自己。我知道，在这世间，只有你可以一直陪着我。虽然我没能活成母亲期待的幸福的样子，但是我知道她的内心以我为傲；虽然我没能活成儿子期待的成功的样子，但我知道他的内心因我而安宁。于我而言，这就足够。

最后，感谢闽南师范大学院校两级的领导，是你们的宽容和支持让本书最终得以付梓！感谢北京大学何怀宏教授，我们虽素昧平生，先生却欣然为本书作序，令本书增色不少！感谢社会科学文献出版社的方丽女士，她以独到的专业眼光和扎实的编辑功底让原本晦涩的学术著作呈现出令人欢喜的色彩！

世界上只有一种成功，那就是以自己的方式度过一生。愿所有读到本书的人都无忧无惧，欢喜自己，活成那个自己希望的、真实而自在的自己！

唐梅花

2023 年 8 月 25 日

图书在版编目（CIP）数据

白松与铁轨：梭罗生态思想研究 / 唐梅花著. --
北京：社会科学文献出版社, 2023.9
ISBN 978-7-5228-2204-4

Ⅰ.①白⋯　Ⅱ.①唐⋯　Ⅲ.①梭罗(Thoreau,
Henry David 1817-1862)－生态学－思想评论　Ⅳ.
①B712.49

中国国家版本馆CIP数据核字（2023）第141163号

白松与铁轨
　　——梭罗生态思想研究

著　　者 / 唐梅花

出 版 人 / 冀祥德
责任编辑 / 方　丽　李艳芳
责任印制 / 王京美

出　　版 / 社会科学文献出版社·城市和绿色发展分社（010）59367143
　　　　　　地址：北京市北三环中路甲29号院华龙大厦 邮编：100029
　　　　　　网址：www.ssap.com.cn
发　　行 / 社会科学文献出版社（010）59367028
印　　装 / 三河市东方印刷有限公司

规　　格 / 开本：889mm×1194mm 1/32
　　　　　　印张：12　插页：0.375　字数：240千字
版　　次 / 2023年9月第1版　2023年9月第1次印刷
书　　号 / ISBN 978-7-5228-2204-4
定　　价 / 79.00元

读者服务电话：4008918866